山室信一
Shinichi Yamamuro

モダン語の世界へ

——流行語で探る近現代

岩波新書
1875

はじめに――ようこそ、モダン語の世界へ

「モダン」からの連想

モダンという言葉から、なにを連想されるだろうか？

モダン・アート、モダン・ダンス、モダン・ジャズ、あるいはモダン・バレエなどであろうか？映画ファンの方なら、一九三六年に公開されたC・チャップリンの「モダン・タイムス」でチャップリンがベルトコンベアによる流れ作業に翻弄されるシーンや自動給食マシーンの実験台にされるシーン、大小の歯車に巻き込まれていくシーンなどを、真っ先に思い浮かべられるかもしれない。

それは既にフォードの自動車工場から広まっていた大量生産・大量販売方式であるフォーディズムを風刺するとともに、不況と失業の恐怖にさらされながら秒毎の時間に追い立てられ管理される産業社会として、私たちが今もその直中《ただなか》にある高速度時代の到来を予告するものだった。

この一九三六年、日本では二・二六事件が起き、本書で対象とするモダン語の時代から時局語の時代へと次第に転じていく。ヨーロッパではドイツがラインラントに進駐し、イタリアがエチオピアを併合して、ベルリン・ローマ枢軸が結成され、四年後にチャップリンが「独裁者」で風船状の地球儀

を弄《もてあそ》ぶヒットラーを痛烈に戯画化するに至るような事態が進行していた。

しかし、歴史からいったん離れ、現在の日常生活でモダンといえば、コナモン（粉もの）好きの人なら、まずはモダン焼をすぐに思い浮かべられるのではないだろうか。

そのモダン焼について、『広辞苑』（第七版）では「モダン（modern）＝現代的。近代的。モダーン」という項目の中で、「中華そば入りのお好み焼き」と解説してある。おそらく、多くの人がモダン焼は、「modern なお好み焼き」と理解されているのではないだろうか。

だが、なぜ、お好み焼に中華そばが入れば、「現代的。近代的」とみなされることになるのか。

これは時にクイズ番組などでも取り上げられることがあるように、大阪のお好み焼屋で焼そばを加えたところ、お好み焼がとても「もりだくさん」に見えたことから「もりだくさんなお好み焼」で「もだん焼」と呼んだ品名が全国的に広がったものである。つまり語源からすれば、モダン焼をモダン（modern）の項目で入れるのは、やや問題があることになる。ただ、一九六〇年代末まで熊本市で暮らしていた私は、駄菓子屋で食べるお好み焼のことを洋食や一銭洋食（現在でも京都にはその名を掲げる店がある）と呼んでいた。その洋食であるお好み焼に中華そばを加えたモダン焼は、中華と西洋の料理を日本式に合体させたという意味では、モダンな時代が生んだ料理に違いないとみてもいいように思える。水で薄く溶いた小麦粉に鰹節の削り粉や刻んだキャベツ、紅生姜、そして天かすや薄い肉片（これを付けると特別価格になる）などをのせて焼き、ウスターソースを塗った料理を「洋食」と呼ぶのは、西日本で使われたモダン語そのものだった。アメリカ産かどうかは別としてメリケン粉（メリケン＝米利堅はアメリカンの略訛）と呼んでいた小麦粉とソースなどの西洋の食材を使う安価で手軽な焼き物を、洋食＝西洋料理の一種とみなしたとしても不思議ではない。食材は違うものの、調理法だけをみればフランス料理のクレープや塩気のあるガレットの日本料理化といえなくもないからである。

ちなみに、料理名には「開化丼」など時代の尖端を行くイメージが反映されることが少なくない。現在、たこ焼として知られるコナモンの前身とされる「ラジオ（ラヂオ）焼」も、その一例である。「ラジオ焼」は、モダンな文明の最新的利器とみなされたラジオの丸いダイヤルにあやかって、それまであった水溶き小麦粉を小さな玉状に焼く「ちょぼ焼」に対して名づけられたものである。そして、「ラジオ焼」の中に入っていた牛スジ肉やコンニャクを、「明石焼」をヒントに蛸《たこ》に代えて、一九三五年から売り出されたのが「たこ焼」であった。

モダン・ライフとモダン語の誘引力

食文化にかかわるモダン語については、第3章で改めて触れるとして、「もりだくさんなお好み焼」をモダン焼と呼ぶといった命名法は、本書で取り上げていくモダン語の造語法や用法に特有の機知《エスプリ》が息づいているように思われる。

この造語法にならって書かせてもらえば、新輸入の外来語や新造語などがモダン語と呼ばれていた時代の日本と世界のつながり方を検討しようとする本書『モダン語の世界へ』は、それまで日本語化していた外来語や転借語なども加えた「もりだくさんな新語の世界へ」と、あなたを誘《いざな》う本ということになる。ではなぜ、それほど多くのモダン語が一挙にあふれ出たのか。

それは人々が激動する世界で現れつつある「**モダン・ライフ**＝近代的生活。現代生活。文化生活。最新生活」（『新語常識辞典』一九三六年）を自らの生活に取り入れようとしたからである。あるいは、その未だ実現していない、目に見ることもできない「モダン・ライフ」とは何なのかを具体的にイメージさせる手がかりとなったものが、モダン語であったともいえるかもしれない。

ブルーマース（女性解放のために考案された提灯《ちょうちん》型ズボン。日本では女子体操着のブルマー）や**ルパシカ**（ルバーシュカ、ロシアの男性用上衣）、**オールドゥーヴル**（オードブル、前菜）や**メヌウ**（メニュー、献立表）、**コンクリ**（コンクリート、その当て字が混凝土）や**アパート**（アパートメント・ハウス、蜂窩《ほうか》式共同住宅）などの衣食住の用語、**スクリーン**、**スター**、**ジャズ**、**ルムバ**（ルンバ）、**タンゴ**、**チャールストン**などの映画・音楽・ダンスの用語などは、世界で同時代的に流行している生活様式《ライフスタイル》や文化を表すモダン語として受け入れられた。いや、それらのモダン語は、単に世界的流行に追随して使われただけではない。

その普及は和服から洋服へ、和食と洋食・中華料理へ、和式木造家屋から洋風住宅へといった生活様式そして教養や娯楽のあり方などにおいて生じていた、日本史上の大転換を示すものでもあった。

それと並行して、第一次世界大戦後の大戦景気に伴う資本主義経済の発展は、階級という区別を顕在化させ、経済的格差を広げていた。一九一八年にはシベリア出兵による米価高騰に抗議して富山県で始まった「**女一揆**」が全国で七〇万人以上が参加する米騒動となり、軍隊が出動して鎮圧にあたった。米騒動後に各地で開設された生活必需品を公正な価格で提供する「**公設市場**」や軽便・安価に食事を提供する「**簡易食堂**」などが作られるとモダン語として流布していった。

こうして「モダン・ライフ」や「ブルジョワ生活様式に安価に外貌のみを追随せんとする小ブルジョワ生活」（『国民百科新語辞典』）と説かれた「文化生活」に関する記事や写真があふれ出る一方で、「**生活難**」や「**餓死線上**」もモダン語として現れる。「生活難」は「財界不況等によって就職口のないため、あるいは物価騰貴してその割合に収入の増額なき場合等において、日常生活の困難なること」（『現代模範新語大辞典』）を、「餓死線上」は「まさに餓死せんとする状態」（『モダン新語大辞典』）をさして使われた。この「生活難」や「餓死線上」にある人々の問題は、自助努力に欠ける個人の自己責任ではなく社会・経済構造の欠陥にあるとして、その変革をめざす社会運動や思想運動も活発化する。

一九一七年のロシア革命に人々が関心を寄せたのも、共産主義思想に共鳴したというよりも、そこに餓死することなく食べていける「竈《かまど》の革命」としての可能性を感じ取ったからであった。

こうした資本主義化の進展に伴う社会情勢の変化を背景として、**プチ・ブル**（プチ・ブルジョア、小市民）や**中間階級**（中産・中流階級）そして**インテリ賤民**《せんみん》（知識階級の無職・失業者）や**ルンペン・プロ**（ルンペン・プロレタリアート、定職を得られない労働者）などの階級用語、**アヴァン・ガルド**（アバン・ギャルド、前衛。新興芸術映画用語から転じて社会・労働運動の先導者）や**アジト**（アジテーティング・ポイント、移動秘密指令部・隠れ家）や**アジ・プロ**（アジテーションとプロパガンダの合成語。煽動宣伝）などの思想・運動用語が、一九二〇年以降は急速に普及していった。そして、同じような社会・思想状況とそれに対応する運動が、朝鮮や台湾などの日本統治下の地域へと、モダン語とともに急速に浸透していく。

江戸時代の儒者・荻生徂徠《おぎゅうそらい》は「世は言を載《の》せて以て遷《うつ》り、言は道を載せて以て遷る」（『学則』）と説き、現在でも流行語や新語が「社会の鏡」「時代のニックネーム」などと呼ばれることがあるように、モダン語もまた同時代の世相や人情を鮮やかに切り取って映し出していたのである。

造られ、飛び交うモダン語

こうして噴き出たモダン語については、外来語やその短縮語をさすと考えられ易い。しかし、モダン語には外来語や日本語そのままではない造語法があり、現在では一読して解らない言葉も多い。

例えば、「インハラベビー」「マルゼニング・マルゼニスト」「ミシン」「どうまり」「モタン・ボーイ」「カブキ・ガール」「団参」などは、どういう意味で使われたのであろうか?

インハラベビーは、英語に日本語を挟んだ造語で「in＋腹＋baby」から、お腹の中に赤ん坊がいる。すなわち妊婦をさす。**マルゼニング**は、洋書輸入店・丸善で外国語の本を買ってひけらかすことで、読めるのか読むのかは分からないが横文字の本を後生大事に小脇に抱えて歩く人は**マルゼニスト**と呼ばれた。**ミシン**は、ソーイング・マシンが転訛した裁縫機械をさす言葉として今日でも使われているが、モダン語では「意味深長」が「イミシン」という語となり、その更なる短縮語としても使われた。**どうまり**は、「どうもありがとう」が「どうもあり」となり、さらに縮まった語で、スピード尊重時代のモダンにふさわしいと解説されていた。これは「あけましておめでとう」を、「あけおめ」と短縮化して使う造語法と同じである。

モタン・ボーイは、「モダン・ボーイ」のもじりで、お金も恋人・妻も家屋も持たない男性を意味した。**カブキ・ガール**は、歌舞伎役者の隈取りのように原色の赤い口紅・白粉・黒の眉墨などで厚化粧した女性をさす。最後の**団参**は、どこかの国の議員さん達のように、寺社・名所などを「団体で参拝・観光」することで、流行し始めたツーリズムを表すモダン語であった。

こうした多種多彩なモダン語を本書では取り上げていくが、「ウンウン」とすぐに了解できるものもあれば、「ウ〜ン」といくら頭をひねっても解らない言葉もある。「コレダ！」と膝を打って賛同できるものもあれば、「コレ何？」と首をかしげ訝《いぶか》しさが増すだけの言葉もある。心和《やわ》らぎ、ほっこりとする「イヤシ（癒やし）」を与えられる言葉もあれば、目にし耳にするだけで心騒ぎ、うんざりして「イヤラシ（嫌らし）」と不快になるような言葉もあるはずである。

「モダン語の世界」とは、的確な表現に「スッキリ」と魅了される言葉もあるが、突拍子もない発想に「ウッカリ」気づかず、「サッパリ」分からないままに「ガックリ」落胆したり、「ジックリ」考えて「ヤッパリ」そうなるのかとなぜか納得できたりする、といった言葉に満ちた世界でもある。

このように「モダン語の世界」には、時に妖《あや》しい光を放ち、時にフッと一瞬視界から消える名も知れない満天の小惑星のような新語・造語が、呆れかえるほど、もりだくさんに散らばっている。そうした言語世界が、日本には確かにあった。そして、地球に光が届く時には、既にその星が跡形もなく無くなっているのと同じような運命をモダン語もたどって来た。

そもそも量や種類が多いことを「もりだくさん」とか「モリモリ」と表現して使われるようになったのもモダン語においてであった。「**モリモリ**」は「どしどしとかぐんぐんとかの意。「もりもりやれ」「もりもり食え」等と用いられる」(『国民百科新語辞典』)ものだった。さらに、「めちゃ苦茶《くちゃ》にとかドンドンという意。「ジャンジャン書き立てる」とか「ジャンジャン飲む」とかいう風に用いられる」モダン語である「**ジャンジャン**」と結合した「ジャンジャン・モリモリ」で「どしどしとかぐんぐんとかの意を強めた新語」(前同)として使われたのである。「ジャンジャン」は、「一生懸命、執拗《しつよう》、むきになる」(『最新百科社会語辞典』)などを意味する新語としても使われていた。ちなみに、東京・下町では一九一〇年代ごろから流行したお好み焼を「どんどん焼」と呼んで、大人も子どもも好物だったという(池波正太郎『食卓の情景』朝日新聞社、一九六八年)。現在でも、山形・岩手・富山県や仙台市などには、調理方法や食材などは異なるが「どんどん焼」と呼ばれるお好み焼がある。

このような新語が現れ、使われた背景には、西洋料理や中華料理なども家庭で作られるようになって酒食の種類や量が増えたこと、大量生産・大量消費による生活様式が現れ始めたこと、そして他方で食うや食わずの極貧生活ではあっても自助努力でひたすら前向きに「一生懸命、むきになって」進むしかなかった社会状況などを想定することができるであろう。

余談ながら、こうしたモリモリやジャンジャンの用法を踏まえて、モダン焼よりも更にボリュームたっぷりで一生懸命に精魂込めて焼かれたお好み焼をモリジャン焼かジャンモリ焼、さらに略してモジャン焼かジャンモ焼など名づけて売り出す店が現れるかもしれない。ただ、「じゃんじゃん（ヂャンヂャン）」は、半鐘やそれを激しく続いて打ち鳴らす音をさし、そこから転じて「おじゃん」で物事が終わるという意味で使われてきたから縁起が良くないともいえる。

ただ、その時はモリジャン焼やモジャン焼などのジャンは、巨大なことを表すジャンボのジャンをさすと、こじつけることもできる。このジャンボジェット機などと使われる英語のジャンボ（jumbo）は、かつて米英のサーカスなどで人気を呼んだ巨象の名前から転じたもので、一九四一年のディズニー映画「ダンボ Dumbo」は「のろま」を意味する dumb と親象の名前ジャンボとを合成した語である。ジャンボの語源については、東アフリカで使われるスワヒリ語の「族長 jumbe」あるいは「こんにちは jambo」から来たという説、西アフリカにおける部落守護神 Mumbo Jumbo に由来するといった説などがある。いずれにしても、アフリカと欧米との交流を示す語である。

モダン語の時代と「近代と現代」そして「二つの戦後と戦前」

冒頭から脱線が過ぎたが、こうした日常の衣食住や娯楽などの生活場面で使われる言葉がいかに世界的つながりの中で飛び交い、しゃれや語呂合わせ、こじつけや転借・転訛などを伴って言語文化として広がっていったのか、その時代的な意義とは何なのかを訪ね歩くことが、本書のテーマとなる。

加えて、本書で考えていきたいのは、私たちがあまり強く意識することもなく使っているモダンとは、いったいどのような事態をさすのかという問題である。近代と訳されるモダン、現代と訳されるモダン――これら「二つのモダン」は、どこが、どう違うのか。モダンとは、何らかの歴史的段階づけのための時間区分なのか、それともある特徴的事象を指し示すものなのか。

新たに生じた事象や事物に対応して、造られ、流行した新語としてのモダン語とは、社会や人間の変化をどのように映し取っていたのか。そして、その移りゆく事態の中にあって、日本および日本人は、アジアや欧米などの世界の人々とどのようにつながっていったのだろうか。

本書では、これから明らかにしていくように、日本における「モダン語の時代」をおおよそ一九一〇年から一九三九年までの期間、ほぼ三〇年という時間の幅で考えてみたい。

三〇年間という時間の幅は、英語では一世代(generation)をさし、子が親に代わり、さらにその親が子に代わられるまでの期間にあたるといわれる。日本社会を人にたとえるとすれば、この三〇年の間に、生活様式や生活文化は確かに変わり、世代は移ったはずなのである。

何よりも、この三〇年という時間の幅の中に、日露戦争と第一次世界大戦の「二つの戦後」があった。それはまた第一次世界大戦と日中戦争・第二次世界大戦の「二つの戦前」でもあった。

そうした戦後と戦前とが重なる「過渡期」を生きるという事態を、人々はどのように意識し、あるいは意識しなかったのであろうか。それらはどういう言葉で表現されたのだろうか。

以下では、こうした問いに向き合うために、モダン語を取り上げながら、近代と現代という「二つのモダン」や「二つの戦後と戦前」などについても考えてみたい。

それらを問題にするのは、世界と時代が激変した中で起きていた日本人の言語生活を考える中で浮かび上がってきた「思詞学」という見方を検証できればと思うからである。もちろん、これらの問題意識は個人的なものに過ぎない。何よりも本書の課題となるのは、読者の方々にモダン語とはどんなものだったのかについて、いささかでも関心をもっていただくことである。

そうした「モダン語の世界へ」と旅立つに際し、指針となる長田弘《おさだひろし》氏の詩の一節がある。

ほんとうは、新しい定義が必要だったのだ。
生きること、楽しむこと、そして歳をとることの。
きみは、そのことに気づいていたか？

「イッカ、向コウデ」(『死者の贈り物』みすず書房、二〇〇三年)

そうだ、私は気づいていなかった。気づこうともしていなかった。モダンやモダン語を本当に考えようとすれば、その問題意識にふさわしい新しい定義が必要だったことを。そしてモダン語に限らず生活世界の言葉こそが「生きること、楽しむこと、そして歳をとること」についての気づきを与える契機となり、心意を他の人々に時空を越えて伝える手だてとしてあったことを。

いやいや、今ここで性急に結論を求めるべきではない。そうした意味がモダン語に本当にあったのかどうかの判断は、読者の方に委ねるべきであろう。

まずは、万華鏡を覗《のぞ》き見るように変転きわまりないとも、あるいはオモチャ箱をひっくり返したように玉石混交でとりとめないともいえる、「モダン語の世界へ」、一歩足を踏み出していただきたい。

＊ 本書では、辞典の編者・出版社・刊行年などに関しては、巻末の「モダン語辞典一覧」に譲り、必要な場合に編者名や刊行年を記す。また、書籍や論文、辞典・新聞・雑誌などからの引用においては、読みやすさを最優先して漢字・かな遣い・句読点・改行などは適宜改めており、原文のままではない。〔 〕内は筆者による付記。

なお、新書としての読みやすさと紙幅を考慮して、語源とその解釈などに関しての注記や参考文献などについては省かせていただいた。多彩な分野の先行研究に御示教を得たことを深謝し、お詫びを申し上げたい。

本書では、様々な異説がある対象を扱っているため、誤った理解やより適切な説明が必要な箇所については今後機会があれば訂正させていただきたい。

目次

第1章
モダン、そしてモダン語とは？

北澤楽天「現代婦人思想」(『時事漫画』第1号「時事新報」1921年2月11日附録).「服装改良」「生活改善」「男女職業競争」「花柳病退治・拒婚同盟」「産児制限」「婦人参政権」「自由恋愛」などの「現代婦人思想」を，シャボン玉として描いている.

一　モダンという時代と世界とのつながり

イメージの中のモダン

本章では、モダンやモダン語について定義していくことから始めたい（ただ、まず第2章以下でモダン語とはどんな言葉なのかについての実例を知ってから、適宜ここに戻ってきていただいた方が良いかもしれない。御興味にあわせて選択していただきたい）。

さて、現在、障子や縁側などのインテリアや土間のある建築などを「和モダン」と呼ぶこともある。しかし、わたしたちは自分たちが生活している同時代やその世相・風俗そのものをさして、「これはモダンだ」「あれはモダンね」などと表現することはほとんどないであろう。おそらく、モダンとは「ちょうど今」ではなく、日本がかつて経験したある強烈な輪郭をもって浮かび上がってくる時期の事象について、イメージされることが多いのではないだろうか。

実際、現在刊行されている国語辞典でもモダンについて明確に時期が区切られて説明される語は、モダン・ガールやモダン・ボーイであり、それは「大正末期から昭和初期にかけての流行語」などと記されている。おそらく、モダンと聞いて多くの人が思い浮かべられるのは、モダン・ガールやモダン・ボーイであり、その略語であるモガ、モボだと思われる。ただ、モダン・ガールなどの言葉は、英語から採られた外来語だが、モガやモボは和製英語である。そうでありながら面白い新語として、日本から英語に逆輸出されるという事態も現れた(↓一二〇頁)。そこにはモダーンやモダンが日本語化して、社会生活・日常生活全般における激変を示す象徴語として広く使われたという日本社会の特異性が、外国から見れば「なぜ、それほど日本人はモダンという言葉にこだわるのか?」といった意外に思われた側面があったに違いない。

このようにモダンと関連づけられることの多いモダン・ガールから、アニメや映画そして宝塚歌劇で公演されることの多い大和和紀《やまとわき》作の漫画「はいからさんが通る」の時代をモダンとイメージされる人も少なくないであろう。この漫画では、大正デモクラシーや関東大震災などが時代背景として描かれ、「大正モダン」としてイメージされることも多いようである。

その「大正モダン」は、竹久夢二によって描かれた儚《はかな》げで哀愁を帯《お》びた美人や高畠華宵《たかばたけかしょう》の流麗な線によって色鮮やかに描かれた美少女などと重なって「大正ロマン(浪漫)」として浮かび上がってくるのかもしれない。モダン語でも「竹久夢二氏一流の繊細な画風。またその画にあるようなデリケートな婦人の型」(『新語常識辞典』)をさして「**夢二式**」と呼ばれていた。

しかし、私たちが歴史教科書などで習う「大正デモクラシー」という概念自体、第二次世界大戦後につくられたものであり、同時代においてそのように一般的に呼ばれたことはない。

同様に、「大正モダン」「大正ロマン」「昭和モダン」「日本モダニズム」なども、第二次世界大戦後に使われるようになった用語である。これらの言葉は、確かにその時代の芸術・文化の一面を鮮やかにイメージさせる。しかし、それはあくまでも容器に添付された商品名のラベルのようなもので、キャッチーだがその内容などを必ずしも的確に説明するものではない。

そして、キャッチフレーズの常として、実態を見誤らせることにもなりかねない。

そのため「大正モダン」や「昭和モダン」は、人によっては逆に「復古調」「好古的」を意味するレトロ(rétro)を付して、「大正レトロ」や「昭和レトロ」とみなされることにもなる。

もっとも、日本で流行語として使われる「レトロ」は、原義の「後ろへ」「懐古的」というよりも「どこか新鮮だ」といった意味合いで使われることもあり、「レトロこそ実は新しい！」として一九八〇年代には「レトロ・モダン」という名のカフェバーも現れていた。

「モダン」の流行と第一次グローバリゼーション

それではモダン・ガールやモダン・ボーイなどの言葉が流行していた時期において、モダンやモダーンという言葉はどのように流布していたのであろうか。

一九二七年、女性作家・長谷川時雨《しぐれ》は「明治大正美女追懐」において次のように記している。

最近三、五年の、モダーンという言葉の流行は、すべてを風靡《ふうび》しつくして、ことに美女の容姿に、心に、そのモダンぶりはすさまじい勢いである。で、美女の評価が覆《くつが》えされた感があるが、今日のモダンガールぶりは、まだすこしも洗練を経ていない。強烈な刺戟《しげき》は要するにまだ未熟で、芸術的であり得ないきらいがある。つねに流行は、そうしたものだといえばそれまでだが……。

（『太陽・特別号「明治大正の文化」』一九二七年六月）

長谷川が流行現象のもつ通弊を指摘しながらも認めざるをえなかったように、モダン・ガールの出現は、東アジア各地で心身両面での女性美の見方さえ変えるような事態を引き起こしつつあった。

しかも、モダン（モダーン）という言葉はモダン・ガールだけに止まらず、生活文化のあらゆる方面

図 1-1　描かれたモガ・モボ.
上：下川凹天《へこてん》「銀座はうつる」(『東京パック』第 18 巻 1 号, 1929 年). 二人が抱えている本は社会主義や「赤い恋」(→184 頁)を暗示する赤表紙.
下：郭建英「犬の進化——上海名産のモダン種」(郭建英絵・陳子善編『摩登上海』広西師範大学出版社, 2001 年). 中国や台湾ではモガは猫に, モボは犬に喩えられることが多かった(→144 頁).

に及んでいた。その様子については、外来新語だけを集めた辞典に次のような記述がある。

モダーン＝近代の。現代の。原語はラテン語のModernusで、現代的なごく新しい事をいう。モダーンボーイ、モダーンガールは更なりモダーンホテル、モダーン小学校、モダーン生活等々、ジャーナリズムの波に乗って忽《たちま》ちのうちに全国的に流行してしまったが、ともかくそのままモダーンといった方が便利な語である。（『世界新語大辞典』）

ここにも明記されているように、「現代的なごく新しい」多種多彩な態様をさしてモダンを付す言葉が、「ジャーナリズムの波に乗って」次々に現れ、全国的に流行しては消えていった。

こうしたモダンを冠する語が噴出する時代を創り出したのは、従来の新聞・雑誌に加えて日本各地に普及しつつあった電話・ラジオ・映画・レコード・写真グラフ誌などのニュー・メディアだった。

そのニュー・メディアによって生み出されるモダン語としての「**ニュー・ジャーナリズム**」については、「①最近米国で流行している語で、従来のジャーナリズムが新聞雑誌などに限られていたのが、ラヂオやテレヴィジョンの発明によって前者よりも遥《はる》かに敏速な報道機関をつとめるようになったことから、新聞雑誌以外の新しい報道機関のこと。②針小棒大的な誇張的な新聞調」（『新語常識辞典』）として紹介されていた。

このように、誇張も含めて商業化したニュー・ジャーナリズムが何よりも意味をもったのは、敏速性をもって全世界と同時的に情報がつながっていくという点においてであった。

そして、その情報にのせて海外からの新製品や流行の服装やコンクリート建築の小学校などが、目に見えるモダンなモノとして現れ、それがまたモダンなるものの導入に拍車をかけた。

世界とのつながりは情報やモノだけに限られてはいなかった。交通手段の迅速化と大量化によって旅行による人の交流も活発となり、現地で見聞する機会も広がった。海外移民地や日本の植民地・委任統治領からは**「母国観光団」**が訪れ、日本からは教員視察や修学旅行で海外へ出かける機会も増えた。

一九一二年には外客誘致機関としてジャパン・ツーリスト・ビューロー（現在、ＪＴＢ）が設置され、一三年からは和文・英文欄からなる機関誌『ツーリスト』が国内外に配布された。

第一次世界大戦や関東大震災による中断はあったものの、一九二五年には外貨獲得のための「漫遊外客誘致」策が推進され、二六年には日米両国間の往来における便宜を図るため入国査証料が廃止となった。一九二八年に刊行された辞典でも「**クルイズ**＝英語のCruiseで、世界周遊・世界観光・世界漫遊・世界一周・海外旅行などの意味。近頃、海外見物の旅行と共に、この言葉は屢々《しばしば》用いられる」（『新しい時代語の字引』）として、クルーズ（クルイズ）がモダン語として通用していることが指摘されていた。そして、三〇年には鉄道省に国際観光局が設置され、外客誘致の目玉政策の一つとして国立公園法が三一年に制定された。現今のインバウンド誘致にあたる政策が、一〇〇年近く前に実施されていたのである。

こうして、情報・モノ・ヒト・カネが国境を越えて交わり、地球全体が相互に影響しあいながら、ライフ・スタイルや価値観の転換に向けて始動していった。

それはまさに第一次グローバリゼーションとも呼ぶべき事象であり、世界史的な「近代から現代へ」の過渡期において現れた事象でもあった。

モダン語においても、その社会状態は「**過渡期**」として注目され、「旧態既《すで》に変化を来《きた》しながら、新態未《いま》だ興《おこ》らず。不確実不安定な状態にある中間時期をいう。「現代は過渡期である」など用う」(『社会百科尖端大辞典』一九三二年)、「社会の思想や制度などが確立せず、人心が不安動揺している時代」(『新語常識辞典』一九三六年)などと解説された。

その「過渡期」としての時代的諸相を映し取り、日本人の日常生活や身体感覚そして社会規範や価値観までを変えていく指針となったのがモダン語だったのである。

新語・流行語があふれ出る中で

それではモダン語とはいったい何だったのだろうか。

しかし、それを知ろうとしても、今やモダン語という言葉自体が辞典類から消えている。

モダン語という言葉を冠した辞典や新聞・雑誌記事があふれ出てから二〇年ほど後の一九五五年に刊行された『広辞苑』(第一版)にも、現代語・モダン語・モダン新語・尖端語など、いずれも出ていない。ただ、「新語」が「新しくできたことば」と説明されているだけである。

また、語彙《ごい》の変遷に関して最も精細な『日本国語大辞典』（第二版、全一三巻、小学館、二〇〇〇―〇一年）にもモダン語・モダン新語・尖端語のいずれも項目として出ていない。関連語としては、現代語が取り上げられているが、モダン語は特に意識されていないようである。

モダン語という言葉が広く使われるようになるのは一九二〇年代後半あたりからだが、モダン語に相当する言葉としては、当用外来語・新外来語・当代語・新時代語・時代新語・新文化語・新意語・新術語・新造語・現代新語・現代術語・モダン用語・モダン新語・尖端語・尖鋭語などが用いられていた。本書では、それらの新語・流行語を総称してモダン語と定義しておきたい。

こうした言葉が次々と造られていったということ自体、それを対象とする新たな文物や事象がいかに次々と新たに現れていたかを最も雄弁に物語るものである。そして、言葉そのものが商品として生産され、消費され尽くしていく時代となっていたことを示している。そうしたモダン語が、時代とともに辞典類にいかに現れていったのか、そのバラエティと時期的な推移については、巻末に掲げた「モダン語辞典一覧」を御覧いただくとして、二点だけ確認しておきたい。

第一に、一九一二年に刊行された『日用舶来語便覧』の「序」に「世界の日本たる我が国の言語は今や世界的となれり。従って新聞に雑誌に将《は》た平素社交の常套語《じょうとう》として、慣用せらるる舶来語を解せざる時は、社交上遜色《そんしょく》あるを免《まぬか》れざるべく、コンモンセンスを養う上にも事欠《ことか》くに至るべし」とあることに留意しておきたい。本書で「モダン語の時代」の起点と想定している一九一〇年から二年後に出た時点で、世界との交流が不可欠となった日本の言語も「今や世界的」となり、外国から受け入れた新語が日常的な交際の中で「常套語」として慣用され、それを理解しなければ常識を欠き、社会生活に支障が出てくると強調されていたのである。

通常、辞典の編纂から刊行までには数年かかることもあるため、採用される語彙の収集対象は既にそれまでに日常的に使われているのが通例である。編纂者も、その事情を強く意識し、「新国語の蒐《しゅう》集《しゅう》整理は極めて困難事にして、舶来語中には歴史的に永く生命を保つものもあるべく、或《あ》いは一時流行して忽《たちま》ち死語になれるも多かるべし。著者はその中につきて殆《ほと》ど統計的に必要なるものを蒐集せんことに努めた」（『日用舶来語便覧』「緒言」）と記している。

その観点から既に「新国語」となって日常的に用いられている「舶来語」を「日用舶来語」と定義し、これに「The Japanized words」という英訳を当てて「日本語化」した舶来語をまとめた辞典が必要となってきたというのである。

もちろん、どのように「日本語化」するのかについては、これから見ていくように転借・転訛・省略・語呂合わせ・動詞化などさまざまな造語法があったが、この「Japanized words」というキーワードがモダン語の一つの特徴となる。ちなみに、この辞典には「**ハイカラ**」について「時流を追いて服飾を飾る人」という記述はあるが、「モダン」という語は取り上げられていない。

そして、一九一〇年に刊行された金澤庄三郎『辞林』(第四版、三省堂)において、欧米語や梵語《ぼんご》(サンスクリット)、中国・朝鮮語のほかアイヌ語や琉球語を総称して「外来語」というカテゴリーに分類すると明記して以降、舶来語に代えて外来語という言葉が一般的に使われるようになる。外来語という言葉が普及していく起点も一九一〇年にあった。そして、一九一四年には『外来語辞典』と銘打った辞典が現れ、翌一五年には欧米語だけでなくアジア・アフリカ各地からの「外来の原素」を参酌して編纂された詳細な『日本外来語辞典』が刊行されることになる。

第二に、モダン語と同じような意味で使われた新語に新聞語がある。新聞語は現在では新聞紙で使われる言葉として受け取られることが多い。ただ、現れた当時は「新しく目にし、聞く言葉」という意味合いで用いられていた。『や、此《これ》は便利だ』(一九一四年)の「新聞語解説」という部でも、実際に採用・解説されているのは「新語」であり、新聞語とタイトルに冠した『袖珍新聞語辞典』(一九一九年)では「題して新聞語辞典というと雖《いえど》も単に新聞紙の読者が日々紙上に散見する用語のみならず、日常の国民生活上何人《なにびと》も知悉《ちしつ》すべき必要なる語句を摘《つ》みてこれに平易通俗なる解説を試み」た辞典であると注記されている。この他、時代的特徴を反映した流行語の名称とその意味については該当箇所で説明するとして、本書では名称や語源にかかわらず、同時代に新語として流行した言葉をモダン語として扱っていきたい。

モダン語辞典編纂と外来語研究

ただ、改めて確認しておくと、モダン語が頻繁に使われていた時代にあっても、どういう言葉をモダン語と定義するのかについての判断は難しかったように思われる。

もちろん、「現代生活における新鮮な常識となり、潑剌《はつらつ》たる生活要素となりつつある新語、外来語、術語、隠語」(『分類式モダン新用語辞典』一九三一年)などをさしてモダン語と呼ぶといった理解は共有されていた。しかし、生まれては消えていく言葉のうちで、どれをモダン語と判定するかには、困難が伴う。辞典編纂時にモダン語として説明してはいても、「覚えた頃に死語となり」というジョークもあったように、刊行された時には「**オー・エス**」(old style の頭文字から取った「時代遅れ」という意味のモダン語)や「**モダン・ルイン**」(modern ruin から「物質的に思想的に時代遅れになること」という意味のモダン語)になっていたり、異なった意味で使われていたりすることが起きていたからである。

モダン語は出所も流通する空間も様々であったため、収集するにも説明するにも用語法は流動的で、辞典編纂者を悩ませるものだった。その間の事情は、次のように語られている。

モダン語と称せられるものに限って普通の辞書には出ていず、同一語でさえ使い方次第ではガラリと意味が変ろうというのであるから、時には学者でさえも面喰《めんくら》うことが多い。加うるに坊間ありふれたモダン語や新語の字引は、多くは一夜造りの与太《よた》出版で信を置き難く、つまらぬ用語はあるが肝心のものが抜けているとか、説明が杜撰《ずさん》で馬鹿短くて分らぬとか、体裁は善いが実用に向かぬとか、一として完全なものとて無く、何《いず》れも「暇のない奴は見るな」と云《い》わぬものばかりで、内容に毫《ごう》も潤いなく面白く無く、乾燥無味にして没趣味に過ぎた憾《うら》みがあった。

（『新式モダン語辞典』「はしがき」一九三三年）

確かに、続々と刊行されたモダン語辞典の中には、粗製濫造どころかタイトルや編纂者や出版社などが異なっているものの、内容の全く同じものが数か月後に出版されることもあった。

しかし、一九三〇年代に入ると多様なモダン語を分類し、定義づける試みも始まり、「今日行なわれているモダン語なるものは、少数の隠語俗語を除けば、他は概《おおむ》ね外来語、もしくはその変形語にすぎない」（『モダン語漫画辞典』「巻末の一言」一九三一年）と断言する編纂者もいた。

しかし、モダン語を外来語とその変形語だけに限定することには、異論も唱えられている。

こうした混迷する言語状況の中で、日々あふれ出るモダン語と外来語の関係を考えなければ国語問題を直視することはできないとして英語学の岡倉由三郎《よしさぶろう》や市河三喜《さんき》、そして後に『広辞苑』編纂者となる新村出《しんむらいずる》らを顧問として組織されたのが外来語研究会であり、その機関誌として『外来語研究』が一九三二年一〇月に創刊された。研究会の発起人でもあった荒川惣兵衛《そおべえ》は、一九三一年に『日本語となった英語 Japanized English』（東京研究社）、一九三二年には「「モダン語」研究」という副題を付した『外来語学序説』（私家版）を刊行してモダン語研究に先鞭《せんべん》をつけている。

荒川はモダン語やモダン語研究者が国語学者などから病菌やシラミのように毛嫌いされることに対

し、「私は「モダン語」を色々の点で国語の中の花嫁だと思う。古語・廃語と異なって、文化の尖端を行く人の間に盛んに愛用せられ、流行を誇っている語である」(『外来語学序説』「序」)と定義し、外来語にLoan-Words、モダン語にModern Japaneseという英訳語を当てていた。

そして、「「モダン語」の中には、国語からの新造語・復活語もあれば、方言・俗語・隠語の普通語化したものもあり、また翻訳借用語もあれば、音訳借用語もあるのではあるが、「モダン語」の主体はこの最後の音訳借用語である」としたうえで、普通に外来語というのは音訳借用語であることから、モダン語が新外来語の意味に用いられるのは理由があることだと説いた。

このように日本語化した外来語をはじめとするモダン語が流行し、まとまった研究が必要だと考えられるようになったのは、世界から同時性をもって新奇な文物や新思潮が急速に流れ込み、人々がそれに関心をもって取り入れていったという事実と無縁ではない。

そのことは「『外来語研究』創刊に際して」という文章で、市河三喜が「新しい外来語が持つ一つの利益は、それが世界的、国際的であるという事である。近代人の生活は絶えず世界的、国際的なるものを求めている。国内だけでなく、世界どこへ行っても通用するような生活様式、思想態度を欲求する」として、グローバル化する時代に対応する外来語研究の必要性を説いた理由でもあった。

こうしたモダン語論を含めて、外来語とは日本語にとってどのような存在態様と意義をもっているのかについて英語学・国語学・言語学などの研究者が寄稿していた『外来語研究』も一九三八年一月をもって廃刊せざるをえなくなった。一九三七年七月に盧溝橋事件が起こり、戦時色に包まれてくると一一月には新語辞典に「モダン語」に代わって「時局新語」「時局要語」が登場していた。『外来語研究』が廃刊に追い込まれたこと、それは取りも直さず自国の文化と固有の言語こそが世界に冠たる優越性をもつのだという自国中心主義が、英語などの外来語やモダン語を排撃する時代に入っていく転換、すなわちモダン語の時代の終わりの始まりを象徴するものでもあった。

しかし、モダン語は消えても外来語を無視しては、戦場の拡大に対応できない。その後、時局語の対象は「東亜」から「大東亜」へと広がり、ヒンズー語、タイ語、マレー語、アラビア語、オランダ語などを収載した『大東亜時局語』（大阪朝日新聞社、一九四四年）が必要となってくるのである。

二　文化流入の同時性とモダン・ライフ

日訳漢語からカタカナ・モダン語へ

このようにモダン語の多くは、世界的な文化の動向に対応しながら日常生活を送っていく上で必要な外来語を音訳・省略・転訛したカタカナ借用語やそれを日本語と巧みに組み合わせた新造語として現れた。そこに外国語を漢字語に翻訳して日本語化してきたそれまでの時代とは異なり、世界と日本が同時性をもってつながっていた「モダン語の時代」の特色がある。

モダン語辞典の特徴を、一九一〇年に至るまでに刊行された『動物字彙《じい》』『兵語字書』『哲学字彙』『工学字彙』などの専門語辞書、『和独対訳辞林』『英和字彙』『漢和英字書』『仏和辞書』などの外国語辞書などと比較すると、モダン語辞典では使う人が専門家や学生に限定されないことから、日常的に使われるカタカナ語化された日本語が多く採録されているということがある。

一九一〇年ごろまでに刊行された辞典が外国語を「日訳漢語」に移し直すために彫心鏤骨《ちょうしんるこつ》の工夫を重ねたのに比して、モダン語辞典類では外国語をそのままカタカナ書きしたり、略語化したりすることが多かったのは、一つの外国語にどのような日本語訳を当てるべきかを沈思熟考できるような時間的余裕もないほどに新たな文化事象が日々流入してきたことも背景にある。

また、読者の好みや売れ行きを考慮して、厳密な定義などを省いて評論風の記述が多かったためにすぐに時流に沿わなくなり、次々に新しい辞典の刊行が要求されることにもなっていた。

ただ、このことは東アジアにおける言語文化の交流史という視点から見れば、一つの重大な転機となった。なぜなら、幕末・明治期に日本人が在華宣教師などによって編纂された英華辞典なども参照しながら作り出した鋳造語としての日本語の漢字訳語は、漢字であったため中国・朝鮮・ベトナムなどに留学生や翻訳書を通じて流入・普及して一つの文化圏を創り出していたからである。

それに反し、カタカナ表記ではその可能性が大きく制限されざるをえなくなったのである。

なお、私が「日訳漢語」と呼ぶ欧米語や日本語の漢字訳語がどのように東アジア世界に還流していったのか、また一つの外国語に対してどれほど多くの訳語が試行錯誤を重ねて案出され普及していったのか、などの問題に興味がおありであれば、二〇〇語近い代表的な事例について一覧表で示した拙著『思想課題としてのアジア――基軸・連鎖・投企』(岩波書店、二〇〇一年)を参照いただきたい。

「何となくモダン」とモダン語辞典

ここで誤解のないように記しておけば、モダン語は必ずしも外来語を翻訳したり、音訳した言葉に尽きるものではない。むしろ、直接的な翻訳・音訳だけではない言語操作がなされたところにモダン語の、さらには日本語の面白さや多様性が窺《うかが》えるはずである。

既に死語となった言葉もある「モダン語の世界」を、改めて取り上げようとするのは、日本語の造語力や造語法が「モダン語の時代」から発し、それが今なお底流として続いており、そして今後ともに息づいていくと私には思えるからである。しかしながら、それがモダン語かそうでないかについては、当時も現在も言葉だけを見てすぐに識別できるわけではない。

そもそも、「モダン」について説明するために書かれたはずの辞典でさえ、「ともかくそのままモダーンといった方が便利な語である」(『世界新語大辞典』)と書いて投げ出すより仕方なかったのである。当時の人々にとっても「ともかく何となくは新しさのようなものがわかる(気がする)」といったような雰囲気や空気感をもたらすのが、モダンに関連する言葉であった。

いつの時代にあっても、その渦中にあっては今の時代が次の時代にとって、いかなる新しさの先駆《さきが》けとなっていくのか、を予知することは難しい。とはいえ、モダン語を必要とする時代のありように全く触れないまま、モダン語辞典と銘打って編纂することは無責任ということだったのであろうか。いくつかの「モダン語辞典」には、その雰囲気や空気感を伝える序文が記されている。

その一つ『モダン流行語辞典』(一九三三年)の「序」は、唐突に次のように始まる。

> つまり、現代は止まる処《ところ》を知らず、突進するロケットである。物凄《ものすご》く時代が進転する、ルルルルル 音をたてて、突進するロケットの姿こそ、現代の姿であろう。その時代の進展に従って、我々の生活は、意志から独立して、その様式が発展して行く、特に、ラジオ、テレビジョン、キネマ、飛行機、飛行船等々の、スピード科学によって、我々の生活内容は世界的となって来た。その表現たる言葉も、秒一秒、新生して、世の中に送り出される。或《あ》る言葉はフランス風に、或る言葉はロシア風に、或る言葉はアメリカ風に、また江戸の名残《なご》りの面影をもった言葉も、多種多様、実に雑然と、従来の字引を引いても出て来そうにもない、所謂《いわゆる》モダン語が生れる。新しい言葉を知ることは、新時代精神《エスプリ・ヌーボー》を知ることである。モダン語を知らずして、新時代を解することは出来ない。所謂時代認識の不足を来《きた》す。その意味に於《おい》て、本書はあらゆるモダン語を集大成して、ここに編輯《へんしゅう》した。

急激に変化していく時代の動きを、「進転」や「進展」という言葉で示し、その新時代の精神を示すモダン流行語を知らなければ新時代を理解できない。そのモダン語は外来語だけでなく、江戸時代の面影を残す語に新たな意味内容が付されて新生してくる——という、ここに示されたモダン語認識は、それこそ雑然としてはいるが、当時のモダン語観を良く伝えているように思われる。

なお、ここでロケットやテレビジョンが「現代としてのモダン」の最尖端を象徴するものとして早くも出てくるが、一九二六年にはアメリカのR・ゴダードが世界初の液体燃料ロケット打ち上げに成功していた。また、ソ連のツィオルコフスキーは液体ロケットで宇宙へ行けることを計算で確認しており、宇宙旅行に向けて動き出していた。モダン語辞典でも、「**ロケット**」は「火薬または液体燃料の爆発による超高速度飛行機」で「これが完成した暁《あかつき》には月の世界や火星までも日帰りのピクニックが出来るのも強ち《あなが》夢想ではない」「軍器としてのロケットの応用はすでに現実の問題となっている」などと解説されている。「スピード科学」の進展は、世界から宇宙へと視界を広げていた。

テレビの定期放送はドイツで一九三五年に世界で初めて、日本では一九五三年に始まるが、「**テレビジョン**」は「電視。電送遠視。電送活動写真」などとモダン語辞典で訳され、実用に至ってはいないが日本国内でも有望な実験研究が進んでいると紹介された。これは一九二六年に高柳健次郎がブラウン管を使った電子式テレビジョンの世界最初の実験に成功したことをさしている。

もちろん、モダン語は科学技術用語に限定されていたのではなく、むしろそれらは例外的であった。ただ、モダン語という言葉が特に使われる場合には、高速度時代（↓一八七頁）に入った世界の動向に日々即応して変化するための必須語彙という意味合いが強く込められていたようである。

そのことは『誰にも必要なモダン語百科辞典』(一九三二年)の「序」でも「特に現代の高速度文明は、時々秒々、夥《おびただ》しき新日本語の速射砲で、人をして送迎に目くらむ感あらしむる実に多端な世相である。後《おく》れまい、後れまいと意識していてさえ、遠く時代の埒外《らちがい》に放棄されがちな世態である。前進！　常に恒に数歩大衆に先駆していなくては駄目だ」と強調されていた。

それでは、時々刻々と速射砲のように現れてくる世相の激動を知るための新日本語＝モダン語に追いつこうとしても時代の流れの外側に跳ね飛ばされそうになる時代、そして常に背後から押し出されるようにして他人より一歩でも速く前を進むことが要請された時代を示す「モダン」とはそもそも、どのような事態を意味する言葉だったのであろうか。

モダンとmodern――その語源と派生語

『広辞苑』ではモダン(modern)について「現代的。近代的」と並べて記されていることは「はじめに」で触れたが、ほとんどの英和辞典でもmodernの翻訳として「近世の、近代の、現代の」などと列記されている。これは古代(ancient)や中世(medieval)にモダンが対比されていることによると思われるが、私たちの通念からすれば近世・近代・現代が同じ一語で表現されても戸惑ってしまう。

もちろん、英語でも差異を設けようとすれば、moreかmostあるいはearlyかlateなどをつける用法もあるようだが、それは日本語における近世・近代・現代が時代性の質的な相異をさすのとは違い、産業や文化などの進化度や量の違いを意味するのであろう。

こうしたモダンとその訳語についての用語法や感覚の違いは、単に欧米語を日本語にどう移し換えるかという翻訳の問題に帰着するのだろうか。

そうではなく、そこにこそ一つの文明の時間的経緯として歴史段階を捉えることができた欧米世界(The West)と、その欧米世界とのつながり方の時期を念頭に置いて歴史を捉えなければならない日本を始めとする非欧米世界(The Rest)との歴史感覚の違いが基底にあるのではないだろうか。

例えば、日本では欧米諸国との国交開始をもって「近代」の始まりとし、中国では清朝とイギリスとの間に起こったアヘン戦争を「近代」の起点とする。もちろん、こうした見方はあくまでも一九世紀後半に作られた歴史像に過ぎず、日本では室町時代以降、中国でも一六世紀以降に「内発的な近代化」の過程を歩み始めていたとする議論も早くから唱えられてきている。

そこでは欧米諸国を基準としない「近代とは何か」という内実の定義が重要な意味をもつことになり、その議論が提起する問いかけはきわめて重要である。ただ、私自身は「内発性」や「固有性」という視点を重視するとしても、鎖国や海禁(中国・明清時代の鎖国令。アヘン戦争後に廃止)という国策が採られた時代でさえ、諸外国や諸民族との相互交渉・相互交流の中でいかに人々の生活世界が変化してきたのかという連鎖視点も無視できないと考えている。

他方、近世・近代・現代が同じモダンの一語で括られているとも見える欧米世界においても具体的事例に則して見れば、同じくモダンと付いてはいても、それがいつの時代をさすのかはジャンルによって違いが意識されているようである。

モダン・アートについては、二〇世紀に入ってから第二次世界大戦前までに生まれたキュビズム（立体派 cubism）・シュルレアリスム（超現実主義 surréalisme）・抽象主義などの新傾向美術をさし、第二次世界大戦以後に生まれた美術はコンテンポラリーアートとして区別されることが多い。

モダン・ダンスの場合は、二〇世紀初めに古典的・伝統的なバレエに対抗して生まれた自由で個性的な表現を重視する芸術舞踏をさすとされる。

さらにモダン・ジャズについては、従来のディキシーランド・ジャズやスイング・ジャズに比べて革新的なビバップ（bebop）奏法を基盤にする旋律・和音・リズムの複雑化・即興性の強調などを特徴として、一九四〇年代以降に生まれた新傾向のジャズの総称として用いられている。バレエや音楽などではモダンに対比してクラッシックが使われることが多いが、これは時代的に古いというだけでなく時代を越えて声価が高いという意味合いがあり、一時的に流行するポピュラーと区別されている。

ポピュラー・カルチャーがモダン・カルチャーと同視されることが多いのは、単にモダンの「今風」という意味に通じるだけでなく、モダンという時代が大衆化（popularization）に向けて動いてきた社会であるという認識とも無縁ではない。もちろん、時間軸による区切りの時点をそろえる必要はないはずだが、既に終わってしまったものに関するモダンなものと現在にまで続くモダンなものに同じ語が用いられることが欧米語にもあることには留意しておきたい。

今風、当世流としてのモダン

これに対し、現在日本で刊行されている国語辞典では、モダンについて「近代的、現代的」と並べて「今風、今様、当世風、当世流」などと説明されることが多い。

モダン(modern)の語釈については、幕末の一八六二年に刊行された『英和対訳袖珍辞書』(堀達之助編)で「Modern 当時ノ、近頃ノ、近来ノ」とあり、一九一四年刊行の『外来語辞典』では「①近代の。現代の。②近代人。現代人。」とあるように、ほとんど変わっていない(ただ、その後はモダンの一語だけで近代人や現代人をさすという用語法は減っていく)。

もちろん、このことは一五〇年来、モダンなるものが続いてきて、現在の今風や当世流などと同じであるという意味ではない。あくまでも modern という語に、時代を段階的に区切るという意味と、その時代における「たった今・当世の流行」という意味との二つの用法があることを示すに過ぎない。そして、それは modern という語の成り立ちそのものに起因している。

欧米語におけるモダンの語源説や使用された起点などについては諸説あり断定はできない。そのため、あくまで一つの説として紹介していくと、ヨーロッパで五世紀ごろからキリスト教徒が、異教の支配していたローマの時代と教会が支配する「ちょうど今」の時代とを区分するために用い始めたのがモダンやモデルネ(Moderne)とされる。これはラテン語の尺度・方法・態様をさすmodusが「寸法通り、ちょうどその通り」の意味で使われ、そこから語形変化したmodernusやmodoが「ちょうど今」「たった今」を意味するようになり、modernとして流布したとされる。その派生語として「モディスト」がフランス語(modiste)では「婦人の洋服・帽子などの流行品商」を、英語(modist)では「流行を追う人。尖端を走る者」(『世界新語大辞典』)をさすなどと辞典には紹介されていた。

他方、方法や寸法や態度などが「ちょうどその通り」の意味から、様式・音楽の音階・流行をさすモード(mode)、模型・設計図・模範・小説や写真やファッションなどのモデル(model)、建築材料・家具製作の基準となるモジュール(module)、音楽における調音や抑揚法・電子工学の変調などのモジュレーション(modulation)、さらには「型に合わせて」抑制することから節度のあることやその人をさすモデレート(moderate)、「適当な尺度を守る」ことから謙虚な・適度なことやその人をさすモデスト(modest)など、モダン語の世界でも使われる様々な言葉が派生していった。

ただ、気分・雰囲気・情調を意味するムード(mood)は、ラテン語modusとは別の語源で「心、精神」などを意味した古期英語のmodから派生したものとされている。また、一九六〇年代のイギリスでしゃれた服を着てスクーターを乗り回した若者や一九七〇年代後半からスキンヘッド族に対抗して身だしなみに気を使う若者に対して使われたモッズ(Mods)、そして前衛的で流行の最尖端をいくという意味で使われるモッド(mod)は、modern の短縮語であった。

第二次世界大戦後の日本では今風や当世流などを示すためにモダンを使うことは、少なくなった。

それに代わって、同時代の流行や新しいことをさして「ナウ(now)い」「ナウな」などが流行語となったのは、一九七二年のことだった。これはアメリカのベトナム反戦運動で合言葉となっていた「フリーダム・ナウ」を、日本ではフリーダムを落として使ったものである(そうした略語法に当時の日本人の政治意識がいかに反映しているかは、検討に値する)。そして、その「ナウい」を日本語訳して「今《いま》い」とする、といった一連の造語法に日本の特色が見出せるが、これらの流行語も既に死語となっている。同様に二〇一〇年に「ユーキャン新語・流行語大賞」でトップ10に入っていた、今どこにいるか何をしているのかなどを表現する際に語尾に付ける「〜なう」も今や死語となりつつある。

三　激動する世界とモダン語

一九一〇年を起点として

それでは、モダン語が「当世風」を知るために不可欠とされた「モダン語の時代」とは、どのような時代だったのだろうか。この時期、日本は一九一〇年八月に大韓帝国を併合して国号を朝鮮と変え、一九二〇年に第一次世界大戦の戦勝国として南洋諸島を委任統治領とし、一九三二年には満洲国を建国するなど実質的な統治空間を拡張していった。その一方、一九一五年の対華二一カ条要求以降、日中関係は曲折を経ながら、対立の度合いを深めていった。

国内では、一九一〇年、幸徳秋水や管野スガなど一二名が処刑されることになる大逆事件が起き、社会主義運動にとって「冬の時代」を迎えた。この年、石川啄木は大逆事件の内実を親交を結んでいた弁護人の平出修《ひらいでしゅう》を通じて調べながら、「我々日本の青年は未だ嘗《かつ》て彼の強権に対して何らの確執《かくしつ》を も醸《かも》した事が無いのである。従って国家が我々に取って怨敵《おんてき》となるべき機会も未だ嘗て無かったのである」という想いを「時代閉塞の現状」と題して八月に記した。

また、韓国併合に対しては「地図の上　朝鮮国に　黒々と　墨をぬりつつ　秋風を聞く」「何となく　顔が卑《さも》しき　邦人の　首府の大空を　秋の風吹く」などの歌を九月九日夜に書き留めていた。

明治という時代を通じて蓄積されて来ていた国家というものの重み＝強権が、最も強くのしかかっているような息苦しさを啄木に感じさせていたのが一九一〇年という年であった。

しかし、その同じ年の四月、文部省ではなく宮内省直轄という国内では異質な学校空間だった学習院で学んだ武者小路実篤《むしゃのこうじさねあつ》・志賀直哉・柳宗悦《むねよし》・有島武郎などによって雑誌『白樺』が創刊され、自我の尊重・人間賛歌の理想主義を基調とする文学・芸術思潮をリードしていくことになる。

一八八五年前後に生をうけた武者小路や志賀らは、夏目漱石や森鷗外らと異なって漢文学の素養の有無に悩まされることもなく、学術・文学用語の日本語訳に腐心することもなく、何よりも西欧文明との痛切な格闘体験もなかった。だが、白樺派の同人たちは写真・印刷技術の進歩の恩恵に与ってゴッホやセザンヌなどの精巧な写真複製画に接することができ、トルストイなどの文学やロダンなどの芸術についての情報をほぼ同時性をもって受け取ることができた。

さらに、『白樺』「ロダン号」をロダンに送付し、浮世絵と交換に「ロダン夫人」などブロンズ彫刻三点(現在、大原美術館蔵)も贈与されていた。また、柳宗悦らは一九〇九年に来日し、二〇年に帰国したイギリス人陶芸家B・リーチとの交流の中で「民芸」運動を進めることができた。

武者小路らは「人類愛・人間尊重」を掲げ、自らをコスモポリタンに擬することができる時代に入っていたのである。白樺派は、文学者と美術家とが分野を越えて交流する時代を生み出し、複製画の頒布会を催すなど美術品の商品化も進めたが、その活動に反発してシラカバ派を逆さ読みして「バカラシ」派とも揶揄《やゆ》された。その一方で『白樺』創刊と同じ年の五月には新設された慶応大学文科の機関誌として『三田文学』が永井荷風を主幹に創刊され、九月には東京帝大文科生の同人誌『新思潮(第二次)』が創刊されて谷崎潤一郎「刺青」などが発表されるなど、反自然主義の立場から男女の愛を多様に描く文学が現れてくる。

一九一〇年、森鷗外は小説『青年』の中で「こんど度は現代語で、現代人の微細な観察を書いて、そして古い伝説の味《あじわい》を傷《きず》つけないようにして見せよう」と工夫している作家志望の青年を描いているが、それを実現したのは鷗外その人ではなく白樺派同人や谷崎潤一郎などの「現代人」であった。

このように概観してみれば、一九一〇年という年、日本国内では国家というものの圧力が最高潮に達したがゆえにそれを突破するように個人という存在がより強く意識されるようになるとともに、個人としての日本人が東アジアさらには世界の人々とのつながりという流れの中で動き出した転回点であったとみなせるはずである。加えて、そのように日本社会が展開し始めたことをさらに象徴的に示すのが、翌一九一一年に平塚らいてう・保持研子《やすもちよしこ》・長沼(後、高村)智恵子などの日本女子大学校出身者が中心となって結成した青鞜社《せいとうしゃ》であった。一九〇〇年施行の治安警察法第五条によって政治的結社への加入や政談集会への参加が禁止されていた女性が、自らの意見を憚《はばか》ることなく公言するために自発的結社を自ら組織する時代が、ここに始まった。青鞜社そのものは文芸同人社であったが、女性の自立と男女平等そして同性愛を含む恋愛や結婚の自由を訴えることは、眼前の政治・社会秩序に対して異議申し立てをする政治的行為とみなされ、激しい批判も起きた(↓一五三頁)。

しかし、一九二〇年に平塚や市川房枝などによって、女性が能力を発揮するために不可欠な男女の機会均等や母・子の権利擁護を達成することを目的に新婦人協会が組織され、二四年に婦人参政権獲得同盟会が結成されたのは必然的展開であった。また、一九二一年には堺真柄《まがら》・伊藤野枝《のえ》・山川菊栄などの婦人社会主義者四二名によって赤瀾会《せきらんかい》が結成され、メーデーに参加して全員拘束された。山川菊栄『女二代の記』(日本評論新社、一九五六年)によれば、その状況は次のようなものであった。

ほんの少しばかりの婦人たちが何倍もの警官にとりかこまれ、打つ、蹴《け》る、ひきずりまわすという暴行をうけ、中には二年間入院をよぎなくされたほどの被害者を出そうとは夢にも思わなかったことでした。警官は単にメーデーそのものが憎かったばかりでなく、「女のくせに」という性別的な偏見のため、男子に対する以上の暴行にかりたてられたようです。

赤瀾会はこうした弾圧を受けた後、二三年以降は「国際婦人デー」の開催をめざす八日会に引き継がれた。なお、日本におけるメーデーは一九〇五年に幸徳秋水らの平民社が開催した茶話会が最初で、第一回メーデーが実施されたのは一九二〇年だった。モダン語辞典で「メーデー」とは「警官が行列をして歩く日」とあるのは、参加者の周囲を並び固めた警官の姿を活写したものだった。

図 1-2　1921 年第 2 回メーデーで逮捕される婦人(近代日本史研究会編『寫眞近代女性史』創元社，1953 年).

　八日会が開催をめざした「国際婦人デー」は、一九一七年三月八日(ロシア暦二月)に当時のロシア・ペトログラードで婦人紡績労働者が「パンを与えよ、戦地から夫を返せ！」と叫んでデモを決行し、ロシア二月革命の火蓋《ひぶた》をきったことを記念する日として多くのモダン語辞典で紹介された。

　一九七五年、国際連合は三月八日を「国際女性デー」に定めたが、この日付については一九〇四年にニューヨークで女性労働者が婦人参政権を求めて起こしたデモの日としている。実際、この日を記念として一九一〇年にコペンハーゲンで開催された国際社会主義婦人会議で「女性の政治的自由と平等のために戦う日」を「国際女性デー」とすることが提唱されて以降、国際的に広がっていた。ロシアの一九一七年の婦人労働者による大規模デモも、この日に応じたものであった。

日本では一九二三年に東京で初の「国際婦人デー」の集会が開催された。

女子教育の普及とマス・メディアの時代

こうして世界の動向を視野に入れながら、婦人選挙権獲得要求や女子労働者待遇改善、女子教育推進を求める運動などが進められ、産児制限や母性保護などの「産み、育てる性」としての女性の権利と自由のあり方をめぐって論争も起きた。このように一九一〇年代から女性の社会的進出や発言が活発化した背景には、女子中等教育の急速な普及があった。

一八九九年に修業年限四年を原則とする高等女学校令が公布されて以降、その学校数は増え続け、一九一八年に二五七校、一九二八年には七三三校と増加し、一九二〇年代には男子中学校数を上回るまでになっていた。生徒数も一九一〇年の一九三校・五万六二三九人から一九三六年の九八五校・四三万二五五三人に増加している。一九一三年には東北帝国大学理科大学が初めて三人の女学生の入学を認め、現在その入学許可日の八月二一日が「女子大生の日」とされている。なお、四月二〇日の「女子大の日」もあるが、これは一九〇一年に日本初の女子大学(学制上は女子専門学校)として日本女子大学校が開校したことを記念するものである。女性に対する中等・高等教育の普及とともに読書人口も増加し、一九一一年から三一年にかけて創刊された女性雑誌は二一四種にものぼった。そして、『主婦之友』『婦女界』『婦人世界』『婦人之友』『婦人倶楽部』『婦人公論』『婦人画報』など主要婦人誌の売上げ数は、一九二七年の九四五万部から一九三五年の一九三八万部に増加していった。

このようなリテラシーの向上と第一次世界大戦後の工業化・都市化を背景とする新聞講読者数の増大、週刊誌の創刊、そして「特権階級の芸術を全民衆に解放す」と宣言した円本全集や講座シリーズなど大形企画本の刊行が相次いだことによって未曽有の活字文化の隆盛が生まれる。さらに、一九二五年にはラジオ放送が開始されて、耳から最新情報を得るという事態も生まれた。同じ一九二五年には、治安維持法と男子普通選挙法が抱き合わせ制定され、世論の帰趨をめぐってメディアの果たす比重は増し、それを統制・誘導するための官製新語も増えていった。

アメリカのW・リップマンは一九二二年に刊行した『世論 *Public Opinion*』において、ニュー・メディア時代の人々は現実の環境と思考によって作られた疑似環境を参照しながら行動するが、そこでは事実を恣意的に選別する固定観念《ステレオタイプ》が大きく作用することに注意を促した。

その現実の環境とは異なる疑似環境を生み出すにあたって、重要な役割を果たすのはマス・メディアを通じて流される情報であり、流行語である。日本におけるモダン語の流行も、また間違いなく、疑似環境を作り出していった。いや、そもそもモダン・ライフを導入しようにも、それ自体が海の彼方にある以上、その生活様式を現実環境に変えるためにも先《ま》ずは疑似環境として受け取るしかなかった。とりわけ、モダン・ライフがそれなりに可視化されていく都市部に生活している人以外は、メディアを通じて情報を得てイメージを育んでいくしかなかった。

そして、都市部に住む人々を含めて、新刊の書籍や新聞雑誌を読むにも、ラジオ放送やレコードなどを聞くにも、そして何よりも日常会話での話題についていくためにも、日々に現れてくる新語・外来語としてのモダン語を理解することが必要となった。視聴覚にかかわる身体感覚の変化――モダンという時代は、マス・メディアを通してそれを人々に迫っていた。

モダンという時代に生きるということは、人々にとってそれが何かと問いつめる以前に、生活環境の激変に対応して自らのライフ・スタイルを変えていくことを迫られるということであった。

第一次世界大戦後の新思潮

しかし、同じくモダンな生活様式への変化とはいっても、一九一〇年代までと一九二〇年代以後とは異なる段階にあったと見たほうが、当時の人々の生活感覚にも沿っていると思われる。

一九一〇年代までのモダンを意味した文明化や欧化とは、「舶来」に同化し、「ハイカラ」になることだった。ハイカラとは、あごを突き上げるほどに「高い襟《ハイ・カラー》 high collar」の洋服を着る苦しさを我慢して先進ぶる洋行帰りの人々を揶揄する造語として広まった言葉である。

その起源となったのは『東京毎日新聞』記者の石川半山〔安治郎〕が「大隈〔重信〕、伊藤〔博文〕、西園寺〔公望〕等は進歩主義の文治派《ぶんじは》で、開国党の欧化党、胸襟闊達《きょうきんかったつ》なるハイカラ党、ネクタイ党、コスメチック党」〔石川『烏飛兎走録』北文館、一九一二年〕であるとの党派人物評を記した中で、ハイカラ党だけが流行したものであった。ハイカラは、多くの場合、流行を追って西洋風を気取ることへの非難も含まれており、幸田露伴はその吹けば飛ぶような軽薄さに対して「灰殻《はいから》」という字を当てていた。

同様な意味合いで、臭いが強く好きでもない西洋のバター料理を我慢して食べる西洋かぶれのことを「バタ臭い」ともいった。ただ、ハイカラという語には揶揄するだけではなく、女性の進取性については肯定的なニュアンスも込められた。自転車に乗ったり、バイオリンを弾いたりする人のことを「はいからさん」、髪を巻き上げて白いリボンなどをつけた髪容を「ハイカラ頭」、西洋的でセンスの良い装いなどを「ハイカラ趣味」と呼ぶなど、流行を先取りする生活スタイルをさしても使われた。

しかし、一九二〇年代以降、モダン語では「舶来化する」ことは「**ハクラる**」、「ハイカラぶる」ことは「**ハイカる**」と動詞化された。そのうえで、それらはもはや時代遅れであり、「当世風になる」「現代的にする」「モダーン振る」ことを動詞化した「**モダる**」や「**モブ**〔**ビ**〕**る**」でなければ時代の動きに取り残されるといわれるようになった。

陸続として刊行された辞典類もまたそうした欲求に応えるとともに、さらにモダン語を造っては流行させるという循環を生んだ。それでは、なぜ、モダン語辞典が次々と必要となっていったのか。

その重要な契機となったのは、第一次世界大戦後に世界的な潮流となって日本でも広まっていた社会生活全般におよぶ「**改造**」や「**改善**」を要求する声であった。そして、社会の改造や改善にとって不可欠の要請とみなされたのは、なによりも基本となる「言葉の改造」であった。

そうした時代的要請を辞典編纂者は、異口同音に次のように読者に訴える。

①十年前の新語ももはや清新の威を失うに至った。まことに言葉の進化、辞典の進化の急速なるは、吾人をして余りにその慌《あわただ》しさを嘆ぜしめずには措《お》かない。しかも欧洲大戦のもたらした世界の改造は、同時に思想の改造であり、言葉の改造でなければならなかった。現代に処する人はもはや『昨日』の人であってはならない。須《すべか》らく『今日』の人でなければならない。否《いな》進んで『明日』の人でなければならぬ。かかる時においてその座右に備《そな》うべき辞典は『昨日』の辞典であってはならない。須らく『今日』の辞典であり、『明日』の辞典でなければならない。

（『現代語解説』上巻「序」一九二四年）

②時勢は推移する。思想、智識、感情等は時代に伴って変化する。随《したが》ってこれらの総《すべ》てを表現する言語もまた常に変化して止まない。欧洲戦乱は世界を通じて人間の生活、思想等を著しく紛乱させ、流血の惨禍《さんか》は収っても、奈何《いか》に生活すべきかの問題が至る処《ところ》で争闘されている。燎原《りょうげん》の火、澎湃《ほうはい》の波瀾《はらん》は、世界の姿を変えなければ止まぬ勢いで拡《ひろ》がって行く。進化か、退化か、これに批判を加える以前、まず第一にこの新時代に処すべき道を講じなければならない。それにはどうし

ても新らしい智識がいる。新らしい智識を得るには新らしい言語を知悉《ちしつ》して置かねばならない。

（『最新現代用語辞典』「序」一九二五年）

これらを読むと、欧洲大戦（戦乱）とも呼ばれる第一次世界大戦が、いかに世界的に衝撃を与え、言葉や思想から始まって「新時代」としての「現代」において「いかに生活すべきか」がどれほどまでに喫緊《きっきん》の課題として受けとめられていたかが、切迫した呻《うめ》き声として伝わってくるようだ。

絶え間なく後ろから背中を押され、何であれ新しいものを求めて、人より半歩でも頭一つでも先に進むように急かされている気がする。言葉と時代と人の営みが緊密に結びつき、目まぐるしく動いていくという時代が目の前に現れていた。だが、この昨日より今日、今日より明日に現れるはずの「新しい何ものか《サムシング・ニュー》」を追い求めて止むことのない生き方とそれを促す言葉こそ、近代と現代つまりはモダンを生み出した駆動力そのものだったに違いない。そして、情報こそが経済的価値を生む源泉となり、「商品」となり、「消耗品」となった。とりわけ、その現象は、第一次世界大戦とロシア革命以後の世界的新思潮や新しいライフ・スタイルの怒濤《どとう》のような流入によって、一層拍車がかかっていく。

戦争によって一つとなった世界は、同時性と連動性をもって激しく動き始めた。世界史上初の社会主義国家の成立は「世界革命」への希望を生んだ。第一次世界大戦の戦勝国として五大強国に列せられた日本もまた世界の歯車の一部となって、否応なくその動きに巻き込まれていく。

モダン語の奔流、媒体の諸相

こうして間断なく動き続けなければ倒れてしまうような「時代の思潮の波頭」（堀田善太郎『街頭宣伝学』雄文閣、一九三二年）を切っていくとみなされたモダン語を収めた辞典類には、散逸したものや予告などはあっても刊行が確認できないものも多い。だが、これほど多数の紙媒体の辞典類が短期間のうちに刊行され、改版・増補を重ねるのは日本史上、空前絶後の事態といえるであろう。

モダン語についても雑誌でも頻繁に取り上げられた。『文藝春秋』では「モダン百語辞典」（一九三〇年一月号）が巻末附録として編まれた。他の雑誌でも「新時代字引選」（『新青年』一九二七年六月号）、「時勢に後れぬ新時代語」（『雄弁』一九三〇年一一月号）、「今年・流行《はや》った代表的尖端語百語の正しい解釈集」（『サラリーマン』一九三〇年一二月号）、「新語流行語」（『雄弁』一九三五年一〇月号～）、「知らぬと恥になるモダン語正解」（『経済マガジン』一九三七年六月号～）などが、また『実業之日本』では「モダン語雑記帳」（一九三〇年四月号～）、「モダン語オン・パレード」（一九三一年二月号～）、「モダン語ヴアラエテイ」（一九三二年四月号～）、「モダン語寸解」（一九三二年八月号～）、「モダン語教室」（一九三三年五月号）、「経済モダン語教室」（一九三三年九月号～）などが断続的に掲載されていった。

女性雑誌もモダン語の解説と普及に力を注いでおり、「現代女学生流行語辞典」（『婦人倶楽部』一九二六年八月号～）、「〈絵入〉新時代語《モダンゴ》辞典」（『主婦之友』一九三一年六月号～）、「新語流行語」（『婦人倶楽部』一九三二年三月号～）、「新聞語解説」（『婦女界』一九三四年七月号～）などのほか、別冊附録も刊行された。

このほか、「モダン流行」(『主婦之友』一九二九年八月号)、「モダン語風景」(『婦人公論』一九三一年一月号)や「モダン流行語写真解説」(『富士』一九三一年六月号)などでは、写真によってモダン語が表す場面を目に見える形で活写しているが、そこには批判的なコメントも付されている。

さらに、思想・社会運動や風俗を取り締まる警察業務を遂行するためにもモダン語を知らなくては支障があったため、三・一五事件(一九二八年)や四・一六事件(一九二九年)などの共産主義者の大規模検挙を受けて「特高の仕事はその対象が新興思想を中心とするものであるだけ新しい知識的要素を多分に要求される」として一九二九年には新興思想を取り締まる特高=特別高等警察のために『特高新辞典』が編纂された。また、『警察新報』(一九三二年七月号〜)でも、「モダン語辞典」が連載され、学生や社会運動家が使うモダン語についての解説が加えられている。

加えて、植民地統治においてもモダン語や隠語の理解は不可欠であり、朝鮮総督府警務局からは「部外秘」として『高等警察用語辞典』(一九三三年)が刊行されたほか、各地の警察署から出された警察用語辞典には朝鮮・台湾・中国の人々が使うモダン語も載せられた。

新聞でもモダン語の解説欄が随時設けられた。『読売新聞』では「モダン語消化欄」(一九三〇年七月一六日〜)を設けて、「イット」「ウルトラ」「フラッパー」などの語義について解釈を掲載し、さらに「モダン語訪問」(一九三一年三月二一日〜)では「サイレンラブ・丸の内恋のラッシュアワー」「とっちゃんボォイ」「グロ・怪奇にも近代味」「考現学・「世相」を採集する」などで、モダン語が生活の中で実際にどのように使われたかをレポートしている。

また、大阪朝日新聞は連載した新語解説をまとめた『新聞語』(一九三三年)を、大阪毎日新聞・東京日日新聞は『毎日年鑑』附録として『現代術語辞典』(一九三一年)を公刊した。このほか『一般的／共通的　誤字誤読モダン語の新研究』(一九三四年)は、東京・大阪・京城・釜山などで発行されていた新聞六紙からモダン語を集め、「略解」「詳解」の項目で意義や用法の誤りを指摘している。

そして、日本で出されたモダン語を収集した中国人留学生・葛祖蘭は『日本現代語辞典』(商務印書館、一九三〇年)を上梓した。これは日本の「モダン」や「ナオミズム」などのモダン語を中国文で紹介しつつ、欧米文物の受容の実態について批判的見解も加えた語彙文化交流の貴重な史料である。

また、朝鮮では崔録東『現代新語釈義』(京城・文昌社、一九二二年)や雑誌『青年朝鮮』附録「新語事典」、『人文評論』連載の「モダン文芸辞典」などでモダン語が紹介された。李鐘極『鮮和両引모던《モダン》朝鮮外来語辞典』(京城・漢城図書、一九三七年)によると「テクる」「ステクる」「サボる」「エスる(逃亡する)」などのモダン語が使われていた。そして、「青年はモダンな飲食と観念を食べたがる」「彼女は贅沢《ぜいたく》でモダンな「ナオミ」だった」などの表現もされていたという。

こうした中国と朝鮮における日本のモダン語とその用法の流通を見ると、そこには「モダン」そして谷崎潤一郎の小説『痴人の愛』のナオミやナオミズム(↓一二五頁)についての解釈が東アジアで共有されていた一面が浮かび上がってくる。

第2章

百花繚乱

モダン語のパノラマ

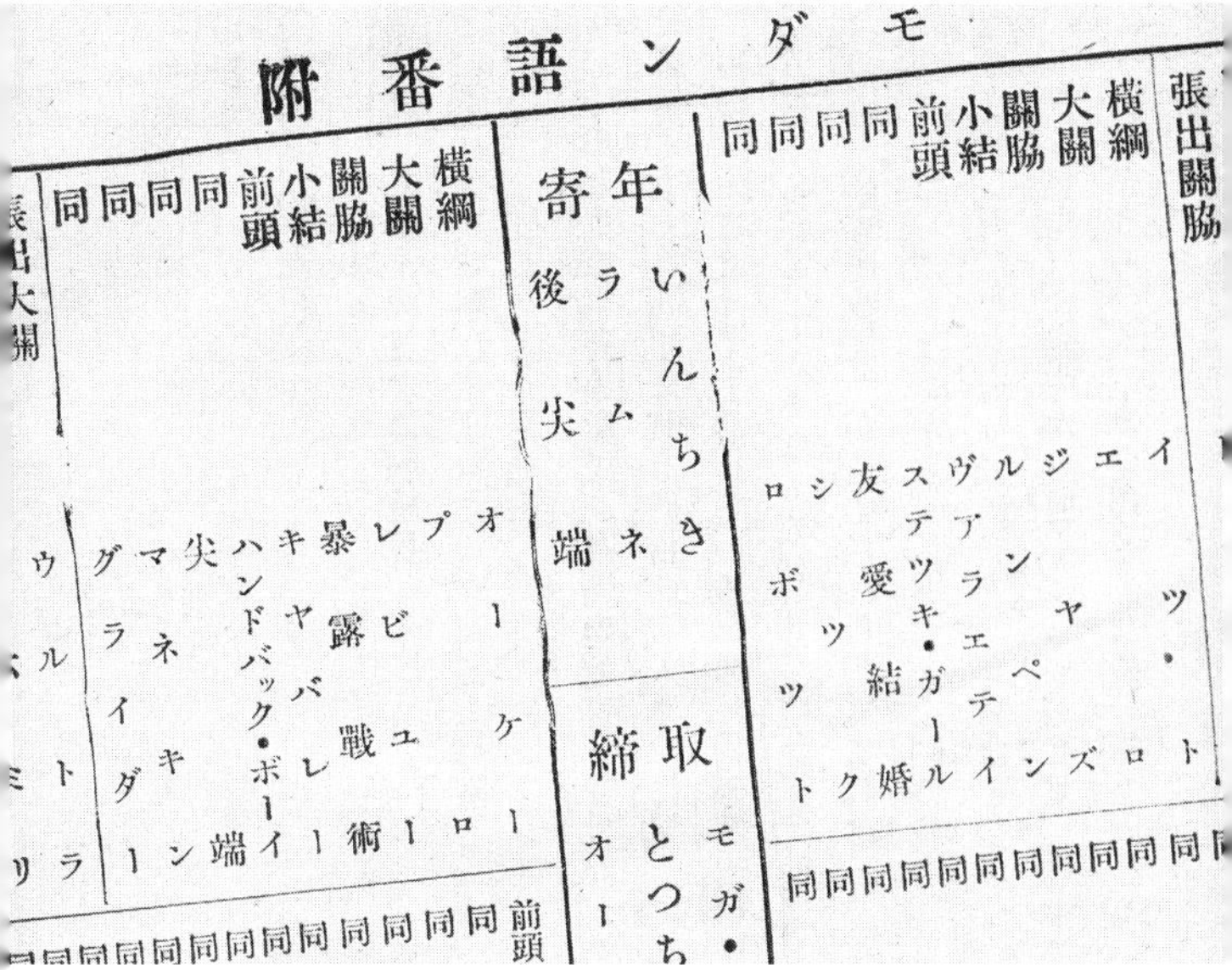

モダン語番附

横綱 エロ
大關 ジヤズ
關脇 ルンペン
小結 ヴアラエテイ
前頭 ステツキ・ガール
同 友愛結婚
同 シツク
同 ロボツト
張出關脇 イツ・ト

横綱 オーケー
大關 レビユー
關脇 プロ
小結 暴露戰術
前頭 キヤバレー
同 ハンドバツク・ボーイ
同 尖端
同 マネキン
同 グライダー
張出大關 ウルトラ

年寄
いんちき
ラムネ
後尖端

取締
モガ・
とつち
オー

「モダン語番附」(『現代世相百番附』『実業之日本』1931年新年号特別附録).

一　モダン語の二つの眼差し

それでは激動する世界と日本社会を背景に生まれたモダン語とは、どんなものだったのだろうか。具体的に見ていきたい。

高等なる遊民・貧民・遊牧民、成金・成貧と洋服細民

まず、夏目漱石の小説などで知られる「**高等遊民**＝高等の教育を受けながら就職難その他の理由によって職業を持たず、また求めようともせずに無為徒食せる人々」に対して造られた「**高等貧民**」がある。これは「月給など一定の収入によって生活しているため、物価騰貴の影響で生活難を叫ぶ中産階級」「世間でいう貧民階級より一段だけ上にあるため高等貧民と呼ぶ」などと解説された。

さらに、新風俗を示すために「**高等遊牧民**」が造語されたが、これは「遊牧民が牧草を追って漂泊《ひょうはく》するようにカフェーからカフェー、レストランからレストランを回り歩き、五色の酒・青い酒などを飲んで気焔《きえん》を挙げる人々」をさす。現在なら退社後にファミレスなどをふらつく「フラリーマン」に当たるのだろうか。なお、モダン語では「勤先《つとめさき》から直《す》ぐには帰宅せず、途中で遊んで帰る不真面目《ふまじめ》な連中」(千葉『新聞語辞典』)は、街路をうろつく不良少年・少女の一隊と同じく「愚連隊《ぐれんたい》」と呼ばれた。

また、第一次世界大戦とともに、俄《にわか》に大金持ちとなった「**成金**」については歴史教科書などでも絵入りで説明されているが、モダン語として流通したのは「**成貧**」であり、「不景気などの影響で、一定の収入が有っても無くても一挙に貧困に陥った人」などと説かれた。こうした経済格差の拡大は、新たに増え始めたサラリーマン生活の悲哀を込めながら「洋服細民」「通過駅」「ラムネ階級」「恩給生活」などの同時代の新風俗を織り込んだモダン語を生む苗床になっていく。

「**洋服細民**」とは「中流階級以下の月給取り、サラリーマンのこと。外見はもっともらしく西洋風の洋服は着てはいるが、生活内容は極めて貧弱なことをいう」ものであり、「**通過駅**」は「月給取りは月給をもらっても直《す》ぐに右から左へと月々の支払いに出てしまい、一時たりともお金が停留しない。これは小さな駅に列車が停まらないことと似ていることから、安月給のサラリーマン」をさした。

同様に、「**ラムネ階級**」とは「洋服、靴、帽子、家具から家に至るまで月賦販売品ばかりで生活している勤人《つとめにん》・サラリーマン階級のこと」をさすものだった。なぜ、月賦販売品だけで生活していることがラムネ(レモネードの転訛)につながるのかといえば、炭酸飲料であるラムネを飲むとすぐにゲップが出ることから「月賦」のことをモダン語ではラムネとしゃれて呼んだことによる。「**恩給生活**」は本来、退職後の比較的気楽な生活をさす言葉として使われていた。しかし、モダン語では若いサラリーマンが恩給(一時金や年金)程度の安月給で切りつめた生活を強いられることを意味し、「ちょっとばかり悲しくもなる。「若者よ何故《なぜ》泣くか?」と言って慰めてやりたくなる」(『モダン語漫画辞典』)という哀愁を込めた用法だった。ちなみに、私たちがペンションと呼んでいるホテル形式の洋風民宿はフランス語・英語で年金・恩給をさすpensionから来ているが、これは年金生活者が自宅の空き部屋などを寮や下宿式ホテルとしたことから生まれた呼称で、日本では一九七〇年に群馬県草津で開業した。

このようにモダン語には、新しく流行し始めた事象を取り入れながら、その表裏を複眼的に穿《うが》ち見る眼差しがあり、社会への批判や揶揄《やゆ》そして毒気や悪意も含まれた。それは男女や階級の差異や社会主義運動に関するモダン語に特徴的に現れてくる。そこでは世界的動向を吸収するモダン語こそ日本語の国際化につながると説く推奨論と、雑駁で浮薄なモダン語こそ日本語の乱れをもたらす元凶だと主張する排斥論が対立する。モダン語への嫌悪・警戒心を恐怖症(phobia)とみなす「モダン語フォビア」さえモダン語として注目される――そうした混沌《こんとん》たる時代がモダン語の時代だった。

こうした社会変動を時々刻々と反映し、多彩な成り立ちと意味合いをもつモダン語を明確に分類することには困難が伴う。やや強引とならざるをえないが、幾つかのパターンを見ていきたい。

二　モダン語の作り方

名詞を動詞化する

判じ物めいて恐縮だが、次のようなモダン語はどういう意味で使われたと思われるだろうか。

①テクる・タクる、②ステクる、③デカる、④デコる、⑤デパる、⑥コスメる、⑦トーす、⑧バアバる(バーばる)、⑨マンダる、⑩モノポる、⑪リベる、⑫オペる、⑬トロットる、⑭アサクサる、⑮ガイコる、⑯ハイクる、⑰ヒスる、⑱ジャズる。

これらのモダン語は、概略、次のように解説されている。

①**テクる・タクる**、の「テクる」はテクテク歩くから徒歩で行くこと、「タクる」はタクシーに乗ることを意味した。さらに徒歩については「テクるタクシー」の洒落で「テクシー」というモダン語も生まれた。「タクる」に関して『モダン語漫画辞典』は「日本人という人種は、何て変チキリンな言葉を作るのが巧《うま》いんだろう」との感慨を記している。一九三一年公演の宝塚歌劇『ローズ・パリ』劇中歌「モン・パパ」(白井鐵造・訳詞)では、「タクシーで行くのはいつもママ　テクシーで行くのはいつもパパ」と歌われ、榎本健一《エノケン》などが作った替え歌もヒットしている。

②**ステクる**、はステッキ(stick)=杖《つえ》を使って行く「散歩、特にステッキ役の女性(ステッキ・ガール)と二人連れで散歩する」ことをさし、これは①の「テクる」とステッキとを合わせた造語だった。

③**デカる**、は頽廃《たいはい》的な生活態度や傾向をさすフランス語デカダンス(décadence)から「遊び呆《ほう》ける」「自暴自棄になる」こと。また、探偵を隠語でデカということから労働争議などで相手を偵察すること。

④**デコる**、はデコレーション(decoration)から「おしゃれをする」「飾り立てる」こと。「デコる」は

「デコデコと着飾る」として「満艦飾」と同じく過剰な装飾を嘲笑する語でもあった。ただ、「美しくデコる佳人《かじん》」などと褒《ほ》める意味でも使われた。

⑤**デパる**、は「消費と娯楽の殿堂」であったデパートに行くこと。デパートで見合いやデートをするという意味でも使われた。休日に家族そろってデパートの屋上庭園や遊園地で憩い、大食堂で「御子様洋食《ランチ》」などを食べるのがモダン生活ともみなされていた。当初、デパートは高級商品を購入する顧客を選別する意味もあって下足預り制度だった。三越は一九二四年にこれを廃止して土足で入店できるように改め、浅草松屋は屋上にスポーツランドを、伊勢丹は季節によってスケートリンクを開設するなど行楽の場としての魅力を競った。また、一九〇九年に創設された三越少年音楽隊が評判を呼ぶと白木屋少女音楽隊、京都大丸少年音楽隊などが次々とつくられたが、それらの人気を参考に小林一三《いちぞう》箕面有馬電気軌道(現在、阪急電鉄)社長が一九一三年に宝塚唱歌隊(すぐに宝塚少女歌劇養成会と改称)をつくり、一九一九年に宝塚少女歌劇団となっている。

⑥**コスメる**、は皮膚・頭髪用の化粧品であるコスメチック(cosmetic)で化粧すること。転じて、身の回りを飾り・繕うことや「ハイカラぶる」ことも意味した。コスメチックの略語が「チック」で、男性用の頭髪や口ひげなど整える固形クリームの名称としても使われたことから「コスメる」は主に「身の回りを美しく繕い着飾る男子にいう。めかす」という意味で使われた。

⑦**トーす**、はトースト・パンなど、何かを焼く(toast)ことだが、これは「火を通す《トー》」の掛詞だった。

また、「焼きもちを焼く」意味で多く使われた。

⑧**バアバる**(**バーばる**)、は散髪をする(barber)ではなく、バーバリズム(barbalism)から「蛮カラぶる」ことだが、「めちゃくちゃに頑張る」「一生懸命になる」という意味でも使われた。ちなみに、身なりや言動が粗野で荒々しいことやわざとそのように装う意味で使われる「蛮《バン》カラ」は、西洋風や新奇なものを好むハイカラの対語で「野蛮なヤカラ(族・輩)」という意味ももつ。

⑨**マンダる**、は外来語からではなく、日本語の「漫談」から来たもので「漫だる。尽きることなく興味本位の話をする」ことを意味した。なお、漫談は漫画や漫文がある中で、これに対応する話術がないことから、活弁の大辻司郎が徳川夢声と相談して落語に代わる話術形式として造語したモダン語だった。大辻はくすぐり・ジャズ気分などを詰め込んだ「話のデパート」と呼ばれる話術を得意としたため、大辻式の筋も結論もない話法も「マンダる」と呼ばれた。さらに、漫談という言葉が流行したことから一九三二年に大阪の吉本興業では従来の「万才」を「漫才」と表記し始めた。

⑩**モノポる**、は専売品・独占権などを意味するモノポリー(monopoly)から、人気のある物や女性などを「自分だけのものにしてしまう、独占する」こと。

⑪**リベる**、はリベラリズム(liberalism)から「自分の自由にする、身勝手にする」という用法が主だったが、ドイツ語のリーベ(Liebe 恋・愛人)から「恋愛をする、愛人になる」ことも意味した。

⑫**オペる**、は歌劇《オペラ》を演ずることではなく、「オペラの女優に肩入れし、熱中すること」。

⑬**トロットる、**は英語 trot の動詞化。フォックス・トロット(fox-trot)というリズムに乗って踊るという意味でも使われたが、「銀座などの街頭をチョコチョコ足で散歩すること」。モダン・ガールやモダン・ボーイが熱中した社交ダンスのフォックス・トロットからの転借語。フォックス・トロットは、緩歩と速歩を含む4分の4拍子の舞踏でアメリカから流行した。語源については、アメリカ人の舞踏教師フォックスの名に因《ちな》むという説と、ダンスの足の運びが狐(fox)の歩き方に似ていることに因るとの説がある。中国では「狐歩舞」と訳された。韓国では、現在でもトロットは成人歌謡や伝統演歌などの音楽ジャンルの名称として使われている。

⑭**アサクサる、**は「朝、腐る」の掛詞とも思われるが、気分が乗らずに「学校を脱け出して浅草に行き、映画や演劇などを見て遊びまわる」ことを意味した。浅草公園は一八七六年に開園し、七区に仕切られたが、その六区が奥山の見世物などといわれて興行物を集めていた。そして一九〇三年に電気館が日本最初の映画常設館として開館して以降、映画館街となった。さらに一九一七年からは浅草オペラ、一九一九年からは澤田正二郎(愛称さわしょう)の新国劇などの剣劇、一九二九年からは水族館に併設された榎本健一らのカジノ・フォーリーなどのレビューなどによって、浅草六区は日本最大の興行街として賑わった。こうした浅草の状況をさして造られたモダン語が「浅草式」で「歓楽街浅草より出《い》で強烈な色彩で人にあくどい感じを与えたり、挑発的な気分を与える」(『社会百科尖端大辞典』)言動や濃厚で低級な感じを与えるものをさした。なお、浅草の歓楽街に行くことを

婉曲に表現するために浅草公園は、公園の倒語で園公やエンコと俗称された。
⑮**ガイコる**、は外部と交渉することから商売などで相手の感情をうまく操縦して巧みに勧誘する意味でも使われたが、多くは男性が女性を「甘く説きつけるという意味の略語」として用いられた。また、女学生が多くの男子学生と恋愛関係になることもさし、その女学生を「外交家」と呼んだ。
⑯**ハイクる**、はハイキングをするという意味にも使われたが、俳句をひねることであり、俳人はハイクルマンと称された。これに対し、下手な俳句・つまらない俳句をさす「駄句」を作ることは「**ダクる**」といい、駄句しか作れない人はダクルマンと呼ばれた。
⑰**ヒスる**、のヒスはドイツ語のヒステリー(Hysterie)の略語で、感情を制御できずに激しい興奮や怒りなどをむき出しにすること。つまらない事に泣いたり笑ったりすること。
⑱**ジャズる**、は文字通りジャズ音楽から出て、ジャズに合わせて踊ることや騒々しく喋《しゃべ》ること。また、騒々しく、ヨタ話をする人は「ジャズさん」と呼ばれた。しかし、モダン語としては「頽廃的なジャズ音楽そのもののようなデタラメな生活すること」として使われることが多かった。
これらのモダン語は、基本的に名詞を動詞化したものである。愚痴から「ぐちる」、洒落から「しゃれる」、駄弁から「駄弁《ダベ》る」、野次から「やじる」とした語法と同式の造語法である。

同様に、外来語と組み合わせて動詞化する造語法も多用された。

例えば、アジ(ヂ)テーション(agitation)から煽動することを「アジ(ヂ)る」、エスケープ(escape 逃れる）からずる休みをすることを「エスる」、エロチック（erotic）から色気を発散することを「エロる」、エンビイ（envy）から嫉妬し羨《うらや》むことを「エンビる」、カモフラージュ（フランス語 camouflage）から自分の不都合なことを取り繕って隠すのは「カモフる」「カモフラる」、コンパニー（company）から仲間で飲食してクジ引きで支払いをするのは「コンパる」、サボタージュ（フランス語 sabotage）から怠けて休むことを「サボる」、デマゴーギー（ドイツ語 Demagogie）から意図的に虚偽の情報を流して中傷することを「デマる」「デマぐる」、デモンストレーション（demonstration）から示威行動をすることを「デモる」、自動車を運転することをオートモービル（automobile）から「モビる」、映画の野外撮影をさすロケーション（location）から男女が遠出で会うことを「ロケる」——などがモダン語として生まれた。

これらは、長い単語やいいにくい外来語を日常的に使い易いように短縮化したともいえるが、仲間うちの隠語として使われてもいた。多用されるに従って単語を略したり、短く発音するのはモダン語の特徴の一つで、「モダン」も当初は「モーダン」や「モダーン」だった。

以上のような造語法は、軽蔑・無礼を意味するディスリスペクト（disrespect）を「ディスる」と動詞化して「見下す、侮辱する」意味で用いたり、ソーシャルメディアでハッシュタグから情報を参照することを日本語の「手繰《たぐ》る」とかけて「タグる」と呼んだり、情緒的・感傷的を意味するエモーショナル（emotional）から感情が揺《ゆ》さぶられることを「エモい」と表現したり、パワー・ハラスメントをパワハラ、「神がかっている」を「神《かみ》ってる」などと短縮する形で、現在も生きている。

人名を動詞化する

次に挙げるのは、名詞の動詞化と同じような造語法で人名から作られたモダン語だが、どのような意味だと思われるだろうか。

①アマカす・アマカされる、②サンガる、③ノラる、④ハラケる、⑤マグダ張《ばり》、⑥ゴンべる、⑦カポネる、⑧シデハる、⑨オラガる。

これらの造語は当時の世相や思潮を反映しているため、現在では分かりにくいものとなっているが、歴史的事件となっていることが同時代の人々にどのように捉えられていたかを知るためには好個の手がかりとなるように思われる。順次見ていこう。

①**アマカす・アマカされる**、は関東大震災直後に大杉栄・伊藤野枝《のえ》夫妻と甥の橘宗一が甘粕《あまかす》正彦ら憲兵隊員によって虐殺された事件を背景にモダン語となった。辞典では「甘粕大尉の行為を動詞に使い、やっつけること、又は破壊すること」「甘粕大尉からもじった言葉。主義者をやっつけること」を「アマカす」といい、「首をしめ、殺されること」「左翼の間で思想に弾圧を加えられること」を「アマカされる」というなどと説明された。辞典類には書かれていないが、三人も殺害したはずの甘粕が三年弱で出獄し公費でフランスに渡り、その後は満洲国で絶大な権限をもったことに対し、官権の意思を忖度《そんたく》した行為は「甘やかされる」ことへの批判も、この語には潜んでいたのかもしれ

ない。逆に取り締まる側からすれば、社会主義者であれば三人程度を殺しても重罰を課せられるどころか、違った栄達の道があるという意味合いで罪悪感もなく「アマカすぞ」という脅し文句として使われることになった。

②**サンガる**、はアメリカの産児制限運動家で一九二二年以降、幾度も来日したサンガー(Sanger)夫人の主張のように、「産児制限する」の意味で使われた。産児制限の英語 Birth Control から「B《ビー》・C《シー》」や「**バス・コン**」も「**サンガーイズム**＝産児制限主義」とともにモダン語として広がった。サンガー夫人はスラム街における貧苦と多産の悪循環を打破するために「少なく産んで良く育てる」ことを主張したが、産むか産まないかの選択は家族とりわけ母性としての女性が行うべきだとした論調と相まって多くの賛同者を得た。しかし、反対論者からは「子を産むことをむしろよくないことのようにいう」として「産害夫人《サンガー》」とも称された。また、サンガー夫人をもじって「ヤドガー夫人」というモダン語も流行した。これは話の中に夫のことを引き合いに出して「宿《ヤド》(＝夫)が、宿が……」と連発する夫人のことで、これに対し妻を引き合いに出して「妻《サイ》が、妻が……」という夫は「サイガ先生」と呼ばれた。産児制限運動は、「母体の早老と生活の困難を救うため、比較的害の少ない避妊法を採用して、子供は二人位に止めて置けと主張する」新マルサス主義とともに一時普及したが、一九三九年になると「産めよ殖《ふ》やせよ国のため」という国策によって封殺されていった。

③**ノラる**、はノルウェーの作家で近代演劇の祖と呼ばれるイプセン(Ibsen)の小説『人形の家』の女主

人公ノラが近代的自我に覚醒し、自立するために夫や子供とも別れて家出したことから転じて、モダン語では「妻が夫を威嚇《いかく》するために、ちょっと家出すること」をさす。家出して外泊することを「野良《ノラ》る」と懸けていたのかもしれない。

④**ハラケる**、は「腹、蹴《け》る」ではなくて「原敬《はらけ》る」で、その意味は「うそをいうことを意味する。又は、づうづうしい。大正三年春の議会以来の流行語」「その態度の如何《いか》にもずうずうしいことをいう」などと解説されている。原敬《たかし》は一九一八年に爵位をもたない政党政治家として組閣し、「平民宰相」と呼ばれて大正デモクラシーを代表する政治家と戦後には高く評価されてきたが、こうした眼差しで見られていたことに気づかせてくれるのもモダン語の効用である。この造語法は「○○る」として、○○に政治家の姓や名を入れれば、すぐに活用できる。だが、そこに自省的な批判精神がなければ、人格攻撃か追従《ついしょう》に帰するだろう。

⑤**マグダ張**、はドイツの劇作家ズーダーマン(Sudermann)作『故郷』の女主人公マグダのように、「父親の意志に盲従しない娘の態度を指す」ものだが、辞典によっては「転じて我儘《わがまま》娘をいう」と男性目線で解説したものもある。「張《ばり》」は「〜を気取る、〜のような生き方」の意味。ノラやマグダは当時、最も人気のあった松井須磨子《すまこ》が舞台で演じたことで「新しい女」の典型とみなされ、その生き方に影響を受けた女性も多かった。そして、二人の生き方が女性解放の問題を提起したという日本での評価が東アジア世界に紹介されたこともあって同様の現象が起きている。

⑥**ゴンべる**、は一九一四年にドイツのシーメンス社から軍艦を受注した際に海軍高官への贈賄などの事実が発覚して山本権兵衛《ごんべえ》内閣が総辞職したシーメンス事件以後、贈賄や法外な手数料(コミッション)を要求したり受け取ったりする、ピンはねする、といった意味で使われた。山本自身や権兵衛という名前の人には、はた迷惑なモダン語だったであろう。

⑦**カポネる**、はアメリカのギャング王アル・カポネから「脅迫して幾らかの金にすること」。禁酒法の裏をかいた酒密売で利益をあげ、敵対者を残酷に殺害してシカゴの暗黒街に君臨した巨悪の名を動詞化するにしては、ユスリ・タカリ程度の犯罪をさすのは、日米の罪悪感や犯罪スケールの相異の現れだったのであろうか。

⑧**シデハる**、は外務大臣の幣原喜重郎《しではらきじゅうろう》が協調外交によって日中関係の改善を進めたことで「軟弱外交」と批判されたことから、相手の立場を尊重することで却《かえ》って自らの不利益や悪評を招くこと。また、我意を張り通すという意味の「ガンバる(頑張る)」の反対語として、控え目にすること。

⑨**オラガる**、は幣原とは反対に山東出兵などの「積極外交」を推進した田中義一《ぎいち》首相が故郷長州の言葉で自分のことを「おらが、おらが」と連呼する口癖に対して「オラが大将」と呼ばれたことから造られたモダン語。当初「おらが」は、大衆的な雰囲気を醸し出すような言動をするといった響きもあった。しかし、それが「安直に済ませる、適当に対処する」という意味で使われるようになった。その動詞化の経緯については、「おらが首相がオラガ・ビイルになり、それからおらがるの動

詞になった。オラガ・ビイル一本二十八銭のところから、安直で行くことをおらがるといい出した。「今日は時節がらおらがって置こうぜ。」のように」(『モダン語辞典』一九三〇年)と説明されている。ただ、オラガを冠した商品はビールだけでなくオラガ・ラジオなどもあった。これらは、すぐには買えそうもないが欲しい商品に「安価で手軽だが質はよい」というイメージを与えて購買欲を駆り立てる効果をもった。こうした廉価多売の方式を普及させる中で出色だったのが、一九三〇年に寿屋(現在、サントリー)から発売された「オラガビール」だった。当時、清酒一升(ほぼ一・八リットル)は上等で二円前後、ビール大瓶は一本三五銭前後で、割高な飲料であるはずのビールが二八銭から二九銭で買えたことから、販売直後から「オラガる」という動詞化が行われて流行していったのである。商品名が流行語となれば、さらに商品が売れる、という循環がここに生まれる(↓二七一頁)。

語呂合わせ、もじり

名詞や人名の動詞化のほか、モダン語の造語法としては外来語の転用や音借など、こじつけ・言葉遊びともいえるものが少なくない。言葉としては、無意味なのかもしれないが、「音と響きを楽しむ」ことは会話において潤滑油となることも否定できない。幾つか例を挙げよう。

まず、「**ナイフ**」は、小刀(knife)ではなく、「ワイフが無い」ということから独身男性をさす。

また、「**マルクス・ガール**」は、辞典類では新思想としてのマルクス主義や社会主義思想をかじる半可通のモダン・ガールなどと解説されたが、「腹を丸くす《マルクス》」から若い妊婦の意味ともなった。

さらに、学術用語も生活世界に転用された。当時、フロイトなどの心理学・精神分析学が関心を呼んでいたが、心理学＝サイコロジー（psychology）の音を借りて「**サイノロジー（サイノロジイ）**」というモダン語が造られる。これは、「妻《さい》に甘いこと、愛妻主義あるいは恐妻家を指す。「細君にのろい」をサイコロジーの発音をもじっていう。妻惚《のろ》＋gyである」とされた。そして、「心理学とは違って家庭の平和を促進するのに役立ち、事毎《ことごと》に「妻《サイ》が、妻が」を連発する「女房孝行」、何としても御目出度《おめでた》いことは此上《このうえ》もなき活《い》きた学問である。この学派を奉じる学徒は、概《おおむ》ね鼻と口の距離長く、眉が八字型をしているのが特徴だということだ」（『モダン語漫画辞典』）といった皮肉を交えた解説もあった。

他方、妻が夫＝亭主をのろける「テイノロジー（亭惚＋gy）」も造られて一対となり、その実践者はサイノロジスト、テイノロジストと呼ばれた。こうした人前で「のろける」ことは「**ノローキング**」というモダン語になったが、一連の造語はそれ以前では憚《はばか》られることであった言動が冷やかしの対象となりながらも、普及しつつあった状況をうかがわせる。何よりも**psychology**は「プシチョロギイ」とも発音されていたが、モダン語の普及で発音を正す効果があったのかもしれない。

この他、現在、大正デモクラシーと呼ばれている時代にあっては、デモクラシーの転用語として「**デモクラシイイ主義**」というモダン語が流通した。これは「でも暮らし良い《デモクラシイイ》主義」の政治を求める期待を込めたものだった。また、貴族制・貴族政治を意味するアリストクラシー（aristocracy）を借りて「**アルトクラシイイ**」が使われたが、これも貴族制などを歓迎したのではない。生活に「有ると暮らし良い」事物、とりわけ「お金があると良い。有福《ゆうふく》」をさし、さらに拝金主義《マンモニズム》をも意味した。

そして、新しい文物が生活世界に入ってくると、身近なものに比して隠語的に使われるモダン語も増えてくる。上水道の普及は、一部の都市に限られてはいたが、それまでの井戸や川からの水くみ労働から解放されることで重宝がられた。その便利さから水道は「**ヒネルシャー**」と呼ばれ、辞典では「栓《せん》をひねるとシャーと水が出るから」などと書かれている。これに関連して、「**鉄管ビール**」というモダン語が流行したが、これは「水道の水。水道管が鉄でできていることから」来たものでビールを飲めない人たちが「今夜は冷たい鉄管ビールですまそうか」などと悔し紛れに使っていた。

また、ラジオ放送が始まると、寄生虫をもじって「**寄生聴**《きせいちょう》」というモダン語が現れた。これは「寄生虫は動物のからだに寄生して生活しているが、それにたとえられるのは、ラジオの寄生聴であろう。自分の家にラジオの拡声器がなくとも、隣の家で毎晩ラジオをかけてくれれば、手間・費用要らずで、坐《い》ながらに聞くことが出来る。隣家のラジオで自分が楽しめるということを諷した俗語」と説明されている。「**ラジオ**」という語そのものも、「無線放送から無銭に通じ、全くお金のない状態」あるいは「無銭飲食」をさすモダン語として使われた。

この他、英語を日本語にこじつけてモダン語とする造語法もあった。例えば、「**百科全書**」というモダン語は辞書・事典とは無関係に「美しい妻をもって苦労している男」をさした。これは英語のエンサイクロペディアが「艶妻苦労《エンサイクロウ》ペチャンコ」と語呂が合っているからだとされた。ペチャンコは、やり込められて手も足もでない駄目な男の意味だが、この言葉については「けだしモダン語としては悪趣味も甚《はなは》だしい愚劣極まる粗悪品だ」(『モダン語漫画辞典』)という批判もあった。

以上、見てきたように、モダン語の造語法には現在に通じるものが少なくない。その多くは駄洒落や掛詞でもある。だが、講壇や論壇などで一義的に定義された言葉が重んじられたのと異なり、裏の意味を謎かけ式にはめ込んだり、一つの言葉から違った意味を操り出す造語の巧みさが見出せる。悪態も交えながら、時に微妙に、時に大胆に、原義をズラスことで新たな語義の地平を拓き、言葉自体を享楽の対象とし、生活になにがしかの潤いを与える——このモダン語の妙味は、心ざわめかせる日常と平談俗語の世界の多義性を反映したものでもあった。

三　モダン語、あれも？　これも？

言葉の不思議な世界

モダン語の世界は、これまで挙げてきたような事例に収まりきらない広がりをさらに見せる。しかし、様々な造語法で多種多層な意味合いをもつ言葉を創り出そうとするのは、当然のことながら日本のモダン語に限られたものではない。

例えば、ルイス・キャロルの『不思議の国のアリス』や『鏡の国のアリス』は、現実世界とは異なる言語世界を創り出す言葉遊びの面白さによって、今なお世界中で親しまれている。

そこでは聖書やマザーグースなどの字句の転借や同音・類音で異なった意義をもつ言葉や成句を掛けて用いる語呂合わせ（pun）、そして違った言葉の一部分を組み合わせて新しい言葉を造るカバン語（portmanteau word）などの語法が駆使されている。そもそも作者の筆名も、本名をラテン語で表記し、それを再び英語に直して文字順を入れ替えるアナグラムによって造られたものであり、ルイス・キャロル lú:is kǽrəl 発音にはアリス ǽlis という音素が含まれていた。

カバン語とは、smoke（煙）と fog（霧）を合わせて smog（スモッグ）という新語を造るような語法であり、日本では一九七〇年代にこれに「光化学」を加えて光化学スモッグという語が造られた。

そもそもカバン語という用語自体、『鏡の国のアリス』の中で「この言葉は旅行カバンのように、二つの意味が一つの言葉に詰め込まれている」として、一連の造語を、真ん中から二つに開く大型のカバン《ポートマントー》になぞらえたことに由来している。

アリスの「不思議な国《ワンダーランド》」は、現実世界で使われている言葉が窮屈でありながらもいかに曖昧模糊としたものであるかという事実を、言葉を自由に操作することで鏡に映して見せる「言葉の国《ワードランド》」でもある。ただ、アリスの「言葉の国」はあくまでも英語という一つの言語世界の中で成立しえたものであり、もし作者がドイツ語などで書いたなら違ったものになったであろう。これに対し、日本におけるモダン語の世界は、日本語のみならず欧米語・中国語・朝鮮語・マレー語などを様々に取捨選択し、借用・転義・省略・倒置・複合などの方法を取り混ぜて造られたハイブリッドな新語使用（neologism）の世界であった。カバン語は混成語《ブレンド・ワーズ》とも呼ばれるが、モダン語の一つの特徴もそこにある。

こうしたモダン語をカバン語風にアレンジするなら、modern と neologism（新語義使用）とを合わせた modenologism でモデノロジズムと名づけることもできるのかもしれない。

モデノロジズムの造語法

それでは日本のモデノロジズムには、どのような造語法があったのだろうか。

まず、日本語の組合せによるカバン語があった。そのうち現在も使われているものとしては、久米正雄が造語した「**微苦笑**」がある。これは「微苦笑と云《い》ふのは、私の成語で、微《かす》かな苦笑と云ふ意味ではない。微笑にして同時に苦笑であるの謂《いい》である」（『微苦笑芸術』「小序」一九二四年）と自ら解説しているように、微笑＋苦笑のカバン語だった。モダン語ではさらにここから「痛《いた》く自分の腸《はらわた》をえぐるために、思わず鼻の先に浮び出る微かな苦笑い、これから思いついて「**鼻苦笑**《びくしょう》」の新造語も現れた」（『新しい時代語の字引』一九二八年）とされている。

次に、違った国の言葉を組み合わせたカバン語としては、「アルカイックスマイル」（フランス語＋英語）、「カフスボタン」（英語＋ポルトガル語）、「テーマソング」（ドイツ語＋英語）などがある。また、窓ガラス（日本語＋オランダ語）、雨ガッパ（日本語＋ポルトガル語）、救済カンパ（日本語＋ロシア語）などのように日本語と外国語のカバン語もある。この他、金がないことを意味する「**ゲルピン**」はドイツ語の金《ゲルト》（Geld）と英語の窮地・危機を意味するピンチ（pinch）ないし「貧」の転訛から成るカバン語である。

さらに、英語の接尾辞であるイストやティックそしてイズムなどを付したカバン語なども多かった。例えば、「**タンキスト**」は「短歌に英語の「イスト」を加えて作った新語。短歌を作る人」（『新語常識辞典』）のことだが、「ある外国人が与謝野晶子氏を立派なタンキストだといったところから始まったという」「近来は「啖呵《たんか》を切る人」のことにも使っている」（『現代新語辞典』）、「外国でも日本の歌人をタンキストと称している」（『国民百科新語辞典』）という説明もある。加えて「短気な人」もタンキストと呼ばれた。このように人を意味するイストを付したモダン語としては、お金がなくてタクシーなどに乗れない人や徒歩主義者を**アルキニスト**と呼んだが、これは登山家アルピニストのもじりでもあった。同様に、いいかげんな与太話を吹聴する人は**ヨタリスト**、怠惰《たいだ》に暮らす人は**ダラリスト**、ニヤニヤ笑っているだけの人は**ニヤリスト**、呑気に暮らす人は**ノンキスト**、暴利をむさぼる「ぼり屋」は**ボリスト**、学業を怠ける人は**サボリスト**などと称された。イストには「何かに耽《ふけ》る人」の意味も込められ、自動車《オートモービル》から**オートモリスト**で自動車狂をさした。吉永小百合ファンの人をサユリストと称するのも、こうした造語法につながっている。

接尾辞を用いたカバン語として良く使われたのは、「的」と音が通じるティックで「的＝tic の訳。

…の、…の上の、ふさわしい、としての、の如き」(『新らしい言葉の字引』)などの意味で使われ、「さんまんティック」で「散漫を形容詞化して、しまりない、纏《まと》まりがないこと」、「まんだんティック」で「取り止めのない話し方や話題のこと」をさすなどのモダン語が造られた。この造語法から漫画チック、乙女チックなどのカバン語が生まれた。なお、メルヘンチック(童話的)は、ドイツ語 Märchen(童話、お伽噺)と英語 tic のカバン語である。

これに加えて、英語と日本語のカバン語ではあるが、日本社会の習慣に適用されたモダン語として、「**デモクラ気分**」がある。これはデモクラシーを実現して満喫することではなく、「肝胆相照《かんたんあいて》らす無礼《ぶれい》講《こう》の席上の気分」(『常用モダン語辞典』)や雰囲気をさすものであった。こうした日常的な地位や身分による格差意識を一時的に忘れるといった方向でデモクラシーを捉えることを「**デモクラチる**」ともいった。また、雇用主の婦人と対等にふるまおうとする台所で働く女中(おさんどん)は「**デモクラおさん**」と呼ばれた。しかし、これとは逆に、細井和喜蔵『女工哀史』(一九二五年)では不平・不満を述べるという意味で「あいつデモクラ起《おこ》しとる」という語法が紹介されている。ここでのデモクラには、酷使されている女工からすれば当然の人権保障の要求に過ぎないものが、雇用者側から見て不当にも反抗しているといった意味合いが含まれている。この論理こそ、天賦人権(自然法)論に基づく普通選挙権・婦人参政権運動や男女平等要求などに対して「**与《あた》えよ病《やまい》**」=何の自覚も思想もなく流行的に権利のみを主張すること」(千葉『新聞語辞典』)と名づけて排撃したのと同じく、権利そのものを抑圧しようとするものだった。

この他にもデモクラシーを連想させるかのようなモダン語として「**モトクラシー**」「**モトクラシズム**」があった。しかし、これは「灯台下暗《もとくら》し」をもじった「下暗主義」のことで、「手近なる眼前の要件を侮《あなど》りて、遠い将来を夢見て憧憬する生き方」(『現代語新辞典これさへあれば』)をさし、「**モトクラ主義者**《モトクライスト》」は「下暗人」で「遠い将来の事にのみにあこがれ夢みて目先の事を疎《おろそ》かにする人」(『現代語大辞典』)と定義された。さらに、デモクラシーの日本語訳として吉野作造らが唱導した民本主義が普及すると、「**客本主義**」というモダン語が造られた。これは「御客を本位とする営業法である。品質本位と言うも同じような意味である。顧客本位とも言い、親切を以て良品を廉価に提供する程の意である」(『現代語講義』)と紹介されている。この語は「何本《なにほん》主義という言葉が流行《はや》るので、民本主義あたりをもじったに違いない」(『新らしい言葉の字引』)という説もある。ただ、「**デモクラティック・オッフアー**＝丸善会社の夏帽子広告に出た新しい言葉。民衆的提供。お客本位の販売の意味」(『常用モダン語辞典』)とあるように democratic-offer の訳語として丸善や松坂屋などが広告に使い始めたものだった。同様に、「**人本主義**」というモダン語も流行したが、これは「人間本位の主義。即ち個性尊重のこと」(『日常便覧現代新語辞典』)で、人文主義《ヒューマニズム》と同じ意味でも使われた。

こうしたモダン語は、外来思想として受容されたデモクラシーやデモクラティックなどが生活世界でいかに受け取られ、転用されていたかを知るために重要な史料となる。

語音と意味の結合

次に注目しておきたいのは、モダン語の造語において語音と意味の結合が駆使されたことである。例えば、「**モデン**」というと英語そのもののように聞こえるが、実は「「モダン電車」の略。神奈川県の横浜から同県の金沢・横須賀方面へ通ずる現代的な展望車式の湘南電車のこと」(『現代語大辞典』)だった。また、ワイシャツがYシャツではなく、英語のホワイトシャツの訛《なま》りとして普及したことは知られている。そのワイシャツと区別がつきにくい「**カッターシャツ**」は英語のcutter-shirtではない。綿シャツを意味するcotton-shirtが転訛したという説もあるが、一九一八年に運動具用品メーカーの美津濃(現在、ミズノ)の創業者・水野利八らがスポーツシャツにふさわしいようにと「勝った〜」という語に掛けて命名したことから広がったものである。

このようなモダン語が造語されていく中で、音韻の共鳴性などを通して外国語が日本語に融けこんでいく用例が出てくる。現在でも「つぶれる、駄目になる」という意味で「**ポシャる**」という言葉が使われるが、この不思議な音からなる言葉の語源はなんであろうか。実は、これはフランス語の帽子であるchapeau《シャポー》からきている。ではなぜ、帽子が「駄目になる」といった意味になるのか。

これについては「帽子を取ってあやまる意味から来たのであろう」(『かくし言葉の字引』)、「音の感じから来た語」(『これ一つで何でもわかる』)という説明もある。おそらくは、帽子を脱いで頭を下げる様子が、相手にかなわないと知って降参する「兜《かぶと》を脱ぐ」という日本語を連想させて「シャッポを脱ぐ」となった。そこから単に「しゃっぽ」「しゃっぽん」だけで「駄目」「詫びる」「失敗する」という意味になり、さらに「シャッポ」のポとシャを逆さ読みにして「ポシャる」となったのであろう。

そして、「**シャッポ**」そのものも「フランス語のシャポー、即ち「帽子」の事で、昔から日本語になっている言葉だが、最近流行の意味は又違う。「駄目」「詫《あや》まる」または「アテが外《はず》れた」「やり損《そこ》ねた」ということに使われる。「あんたシャッポね」なんて女給にいわれたら余り有難くないと知るべし」(『現代新語辞典』)という意味で使われた。ここで「昔から日本語になっている」と書かれているのは「明治六、しゃっぽ、かぶって牛喰《ぎゅうく》へば、失礼しても開化文明」(『新聞雑誌』明治六年三月)などと狂歌に詠まれたように、帽子が文明開化のシンボルとして使い始められたことをさしている。

シャッポは、さらにカフェーでチップを置かない客や「芸事の下手な人を指していう」(『かくし言葉の字引』)といった広がりも見せた。その語源に関しては、「シャッポ＝あてが外れた、やり損ねたの意味になった、その「起こりはどうもシャッパリ分かりません」」(『社交用語の字引』一九二五年)と、モダン語辞典ならではのシャレで「あてが外れた」解説をしているものもあった。なお、「帽子を脱ぐ」については「「さァさァキスでも何でも御随意に」という博愛的精神から、自発的にこの邪魔物を取除いてくれること」(『モダン語漫画辞典』)から恋人になることを意味するとも説かれた。

この「ポシャる」と同じように、語感と意味から日本語化したモダン語に、人の態度のつかみどころのないさまをいう「**ぬうぼう**」「**ヌーボー(式)**」がある。これは「「ぬうっと」「ぼうっと」に掛けていう」と、『広辞苑』などでは説明されている。それも確かに語源の一つと思われる。ただ、モダン語の辞典類からは、異なった語源が浮かび上がってくる。

実はこれもフランス語の「新芸術＝アール・ヌーヴォー(art nouveau)」が「ヌーボー式」として紹介されたことに由来している。この一九世紀末からフランスを中心にヨーロッパで流行した美術様式は、植物の枝や蔓《つる》を思わせる曲線の流れなどを単調な色彩と同一の太さの線を用いて描く図案を特徴としていた。この単調さと何ものにもとらわれないことから、「日本ではこれを新語化して、単に、ヌーボー式と称《とな》え、大きくぼうっとした性格の持主、又はぬらりくらりと、捕《とら》え所のない処世術・外交振りを弄《ろう》する人の意味に用いている」(『新しい時代語の字引』)ようになった。

しかしながら、モダン語のぬうぼうやヌーボー式は、要領を得ない人といった否定的な意味だけではなく、「ぼうとしていて捕えどころのないように見えるが、その実なんとなく重みや大きさのある人の動作をいう」(『新語常識辞典』)として肯定的な意味でも使われ、具体的に「かかる人物は、大人物の型に多く西郷隆盛、頭山満《とうやまみつる》などはその最なるものである」(『現代語講義』)と評するものもあった。さらには、「ヌーボー式は処世上の一技巧にもされている」(『これ一つで何でもわかる』)とあるように、ぬうぼうを装うことで自らの度量の大きさを誇示することが処世術ともなっていたのである。

諧謔《かいぎゃく》性と批判性

このようにモダン語には語音などに諧謔性や批判性が込められていることが多いが、同じような事例として「ワニチ(ワンチ)」「オイちゃん」「何番学校《ナンバースクール》」が挙げられる。

「**ワニチ(ワンチ)**」は、「和製ニーチェの義。超人ぶって失敗する人。無茶苦茶な破壊説をいう人」(『いろは引現代語大辞典』)、「自分勝手のぶち壊《こわ》しのみをいう人」(『国民百科新語辞典』)をさした。このモダン語は、ニーチェ哲学がどのような印象をもって一般に受け取られていたかを示すものである。

次の「**オイちゃん**」という響きからは、映画『男はつらいよ・フーテンの寅』の草団子屋の叔父ちゃんが想起される。しかし、これは牡蠣《かき》=オイスター(oyster)のように「口が堅い・寡黙《かもく》な人」から転じて面白みに欠ける人をさしており、「本物の牡蠣なら、時に真珠に打《ぶ》つかるという楽しみもあるが、この「オイちゃん」はそんな利益は与えないらしい」(『モダン語新式辞典』)と説明されている。

最後の「**何番学校**」「**ナンバースクール**」は、旧制の第一高等学校から第八高等学校をさすのではない。これは「電話交換所(局)」のことで「生徒さん達は毎日袴《はかま》をつけて、この学校に通って何番何番と数字をよんでいる」(『尖端語百科』)、「交換手が女学生風にて、その仕事がもしもし何番というより来る」(『現代語新辞典これさへあれば』)というものだった。自動交換方式になる以前の電話は通話しようとする人の電話線と相手方の電話線を接続する必要があったため、交換手が電話番号を確認しなければならなかったことによる。その業務に携わる未婚の電話交換手は、「ナンバン・ガール」「何番嬢」「電話姫」などと呼ばれ、最新の機器を操作できる「職業婦人」として注目を浴びていた。「職業婦人」というモダン語は、第一次世界大戦後の世界的動向に対応して、従来の「婦人労働者」に対して現れたが、その出現に注目する意義を辞典編纂者は次のように説いていた。

最近マネキンガールという職業婦人がある。必要によってものが生ずるかは論議の外において、こういう職業婦人の出現によって、現代の社会相の一面は充分に窺《うかが》うことが出来る。平凡な一婦人職業に対する智識も、この意味に於《お》いて、社会生活上必要なものになってくる。

（『社会常識辞典』「編纂のことば」一九二九年）

ここでも例示されているように「職業婦人」の中でも花形と呼ばれたのが、「**マネキン・ガール（嬢）**」である。マネキン・ガールは一九二二年に上野公園で開かれた平和記念東京博覧会で初めて登場し、デパートなどで衣服や化粧品などを宣伝しながら販売する業務を担っていた。マネキンはフランス語のマヌカン（mannequin）として入ってきたモダン語で、一九八六年に女性歌手・ややが歌ってヒットした「夜霧のハウスマヌカン」のように、本来はマヌカンと発音するものであった。

しかし、日本ではマヌカンは「客を招かん」につながるとして敬遠された。その間の事情については「平和博覧会に、某百貨店が始めて広告人形の代りに生きた人間を使った事がありますが、その時、『マヌカン』という言葉は縁喜《えんぎ》が悪いから、フランス字をそのまま英語読みにして『マネキン』と呼ぶ事にしようじゃないかという事になって、以後これが一般的に使われる」（『新語新知識』一九三四年）

ようになったという。「招き猫」ならぬ「招き人《まねきん》」＝「招金」にあやかったのであろう。

このマネキン・ガールについては、「先祖は衣裳人形であったが、商売人、生きた人形へ目を付けて見出されたる、流行を売るガアルである。イットと愛嬌と肉体はその資本である。最近これではならじとマネキン・ボオイも現われてきた」(『モダン語辞典』一九三三年)と紹介された。

ここで「**イット**」といわれているのは英語の it で、「それ、あれ」というに過ぎない。だが、このイットこそ代表的なモダン語であり、「流行語としては、性的魅力・色気などの意味」(『新語常識辞典』)で使われ、「イット・ガアルの大乱舞」といった看板が浅草興行街に林立したことが川端康成『浅草紅団』などで紹介されて評判となり流行に拍車がかかった。

イットは、アメリカの女性作家エリナ・グリーンの小説『イット *It and other story*』が一九二七年に映画化され、主演女優クララ・ボウのような魅力をさして使われるようになり、イットの中でも美人はイットシャン(シャンはドイツ語の美しいを意味する schön の転訛)と呼ばれた。イットは中国でも流行し「これを「異性快快」と訳している」(千葉『新聞語辞典』)と紹介された。

そして、「**あれ**」というモダン語も流行し、「英語のイット It の訳。転じてイットと同じく性的魅力をいう。又、性そのものをもかくいう」(『いろは引現代語大辞典』)として広まり、「猛烈な性的魅力」や「性そのもの」を強調する場合には「**イット・セルフ**(Itself)」といった。モダン語は、ここから語音によって更にその用例を広げる。it の綴り字を「アイ・ティ」と読んで、会いたいや「相手」の意味としても使われ、トゲなどが刺さった時にイットと叫べば「あ痛《いて》え！」の代用ともなった。

このようにモダン語の世界では、外国語と日本語の音韻構造や意味が自由に組み合わされ、語音を転用した言葉遊びも行われた。そこには「ナンセンス」というモダン語が流行した時代の風潮が、色濃くにじみ出ている。しかし、言葉の意義や無意味さを考えるとき、「意」という字が「音」と「心」を合わせた会意文字であり、「音声によって察知される人の心の意」（諸橋轍次『大漢和辞典』）を表すことにも留意しておきたい。

こうした音声と人心を自在に絡《から》ませたモダン語が流行していた時代にあって、新語の歴史的あり方を検討した柳田国男は「語音の組合せは遠い昔から、人が新語を案出する大切な手引きになって居る」（『国語史新語篇』一九三六年）と的確に指摘していた。そして、「言葉は呼吸の一種だから、これだけはもう少し各人の自由にさせたい」と、商業的新語やスローガン的官製語によって言語空間が窒息させられる予兆に警鐘を鳴らしていた。しかし、その後、事態は柳田が警戒した方向へと突き進んだ。いったんは鳴りを静めていたモダン語排斥の声は、軍靴の音と共に高まる。英米語やそれらを転用したモダン語などのカタカナ語は「敵性語」として駆逐され、モダン語は自粛を強いられていった。

しかし、戦時下でも「ぜいたくは敵だ」という標語に一字を加え、「ぜいたくは素敵だ」として意味を一転させるモダン語感覚は、冗句《ジョーク》で強権による抑圧を跳ね返すバネとして強《したた》かに息づいていた。

第3章

行き交う言葉と変転する文化

冷やしたコーヒーを「モダンコーヒー」として立ち売りする街頭風景と，「支那そば」の屋台．1931年(『眼で見る昭和』上巻：元年～20年，朝日新聞社，1972年)．冷やしたコーヒーは，モダン語でコールド・コーヒー，コール・コーヒー，冷コーヒーなどと表記し，関西では冷やしコーヒー，冷(れい)コー，レイコなどと呼ばれた．なお，cold coffeeは米俗語ではビールをさす．

一　変転する食文化の光景

国際から民際へ

モダン語は、世界各地において新たな事物や思潮が同時性をもって共振しあうようになったことによって噴き出た。それまでの日常生活では無かったものが、新たに生活世界に現れるようになれば、それを新語としてのモダン語で言い表してみることが必要だったからである。

それはまた第一次世界大戦によって、世界が「ヨーロッパ中心の世界」から「世界各地が中心になりうる世界」へと移り変わっていくことの現れでもあった。そこで始まったモノ・カネ・ヒトの世界的な相互交流は、それまでとは全く異なった人々の生活様式や文化形態そして価値観を生み出した。

この一九二〇年代に始まった事態は、「近代としてのモダン」の終点となったとともに、「現代としてのモダン」の始点であったのではないだろうか。そうした見方は国家間関係の国際化《インターナショナリゼーション》とは異なる、個人の日常生活が国境というボーダーを越えてつながる人々の民際化《トランスナショナリゼーション》という意味でのグローバリゼーションの起点が、一九二〇年代にあったのではないかという視点につながる。

むろん、事態は一直線に進んだわけではない。こうして動き始めたグローバル化に対する拒絶反応が極点に達したからこそ、ヨーロッパではドイツとイタリアが、アジアでは日本が眼前の国際秩序を否定して「新秩序」の樹立を求め、世界は次なる大戦に突入していったのである。

交流が進めば、衝突や排除も生まれる。とりわけヒトの交流が生活世界の中で目につくようになると、開放と排除、実益と体面、優越感と劣等感などの相反する想念が複雑骨折を起こす。さらに日本では、欧米とアジアに対する感情的立ち位置《スタンス》の相異という問題が絡《から》んでくる。とりわけ、一九二〇年代に入ると、日中間では政治的次元における対立が深まっていった。

しかし、食や文字などの生活文化に着目すれば、政治的対立とは違った様相が見えてくる。

その実相を如実に示したのも、欧米から受容されたのとは異なる由来をもつモダン語であった。

交錯する時空間

それでは、「現代としてのモダン」と第一次グローバリゼーションの起点と本書で想定している一九二〇年代、生活文化の次元においてどのような変化が起きていたのだろうか？

生活文化の変化に着目するとき、その変化が最も顕著に現れるのは「日常茶飯事」という言葉もあるように、日常の食文化であり、第一次世界大戦後の一九二〇年代こそ、八世紀以来およそ一二〇〇年近く続いてきた日本の食卓の光景が一変した日本史上の転機となった。

それまで日本人は、個人が所有する膳《ぜん》の上にご飯を入れた椀《わん》と汁椀とおかずの皿を並べて食べていた。そして、椀や箸《はし》などは個人ごとに決められたものを使い、他人の膳の料理に手を出すことは戒められた。鉢や皿に盛《も》られた漬け物などの副菜を取り回す場合でも、自分の箸で直接に取る直箸《じかばし》を使うことは禁じられ、菜箸《さいばし》や取り箸を用いることが多かった。

こうした個々人が自前の膳である銘銘膳《めいめいぜん》を使う食文化から家族が座って食事をするための食卓であるチャブ台を囲んで大皿や鍋からおかずを自由に取るといった食文化へと大きく変わっていったのが、一九一〇年代以降であった。とりわけ一九二三年の関東大震災を経て都市部では急速にチャブ台が普及していった。ただ、都市部でも商家などでは使用人が空き時間を使って食事をするために銘銘膳が残った。他方、チャブ台ではなくテーブルと椅子で食事を取る欧米風の生活様式を取り入れる洋風住宅の家庭も現れた。もちろん、銘銘膳からチャブ台さらにはダイニング・テーブルへの移行時期には、地域や職業などで差がある。農村部までチャブ台が普及したのは一九三〇年代半ばとされるが、一九六〇年代でも銘銘膳を使っていた家庭があった。

そして、高度経済成長期を経た一九八〇年代には、チャブ台よりダイニング・テーブルが主流となっていく。現在では「ちゃぶ台返し」という言葉は使われるが、チャブ台そのものを知らない世代も多くなってきた。このような銘銘膳からの移行は、西洋風の生活様式の普及であると考えられるかもしれないが、単なる欧米化というよりは中国化とみなせる側面もあった。

なぜなら、このチャブという言葉は、シッポクうどんやシッポク蕎麦《そば》そして長崎の郷土料理として知られる「しっぽく」と同じ卓袱という漢字から出たものだったからである。

これに関して中国文学者の青木正児《まさる》は、「卓袱《たくふく》とは、唐代の仏典「百丈清規」に『卓袱ヲ設ク』とか『盤袱《ばんふく》ヲ備フ』とか有る用例から見ると、卓に掛ける布帛《ふはく》、即ちテーブル・クロースを指すことは明らかである。……『卓』の字を『シッ』と発音するのは広東《クワントン》か東京《トンキン》の方言だと云《い》う説もある」(『唐《から》風《ふう》十題・卓袱料理」一九二八年)と記していた。そして、一七〇八年編著の『舜水朱氏談綺《しゅんすいしゅしだんき》』では卓の一字にシッポクと訳語を付けてあることから、卓袱が既《すで》に卓布から卓そのものを意味していたと説いている。確かに、その後に出た料理書には卓・卓子・卓袱などにシッポク・シツホコ・シツホクなどの訓が付されているものが多い。他方、卓袱は現代中国語でzhuōfú《チュオフー》と発音するが、モダン語辞典では「ちゃぶ」と読んで「支那語のChe-fu《チエフー》から出た語」(『社会百科尖端大辞典』)といった説明がなされている。要するに、シッポクもチャブも同じ卓袱をさすものであった。チャブ台をシッポク台・シップク台・シッポコ台と呼ぶ地方があったのは、そのためである。

膳からチャブ台へ

それでは、そもそも銘銘膳とはどのようなものであり、いかにチャブ台に替わっていったのだろうか。まず、日本の食文化を東北アジアの中で見ておきたい。

中国では後漢ごろまでは個人用の脚つき食卓の案《あん》や脚のない盆状の盤《ばん》を用いていた。しかし、唐代以降、シルクロード経由で伝わったテーブルと椅子を利用する食卓形式となった。これによって主食は個人用に取り分けておき、副食物や汁などは食卓中央に置いた大きな食器から各自が箸や匙《さじ》で取る食事作法が生まれた。この作法はチャブ台やダイニング・テーブルによって日本でも採り入れられる。

しかし、それ以前の日本と朝鮮半島では、基本的に個人別の食卓に予め配膳し、座って食べる作法が続いてきた。朝鮮では一人用の膳である床《サン》や小盤《ソバン》を用い、床暖房の温突《オンドル》の上に座って食べる独床《トクサン》が一般的で、牀《しょう》や榻《とう》という座具と寝台を兼ねた低い台に座ることもあった。大形の食卓である周盤《トウリバン》や兼《キョム》床《サン》や交子床《キョジャサン》を囲んでの宴会も行われたが、椅子・テーブル式の食卓とはならなかった。

日本では平安時代から台盤（大盤）という脚つき横長の台が食事に際して用いられた。ただ、これは食卓そのものというよりも食器や料理を載せて、膳を準備するための台であった。この台盤を置く場が台盤所《だいばんどころ》であり、そこから煮炊きや調理・配膳をする部屋そのものをさして台盤所と呼ぶようになり、鎌倉時代ごろから略して台所と称されるようになった。

他方、食器や食品をのせる盤台として一般には折敷《おしき》や盤《さら》などが早くから用いられた。オシキは、「木の葉を折り敷いて食物を置く」あるいは「食《お》し物を載せる敷物」から来たといわれる。『広辞苑』では折敷について、「(「折り敷く」の連用形から)四方に折りまわした縁をつけた、へぎ製の角盆または隅切盆。食器や神饌《しんせん》をのせるのに用いる」と説かれている。折敷を小型化し、蓋《ふた》をつけると駅弁などで使われていた削木《へぎ》製の折箱となる。折敷は足がなく縁が低かったが、これに脚や台をつけて食事に便利な高さにした懸盤《かけばん》や高い脚のある皿様の高坏《たかつき》などが膳と総称されるようになった。このような膳は一人ひとりがもつ食卓という意味で銘銘膳（各自膳《めいめいぜん》）と総称されるが、その形は身分・職業・地域・時代などによって多様な変化を遂げていた。

そして、一八世紀ごろからは台の部分が箱となる箱膳が普及し、箱の中に使用者の食器と箸を収納する形式となった。箱膳が好まれたのは、同じ家族の中でも食器と箸は共用しないという食習慣に適したからであった。箱膳は各人が戸棚などから出し入れをし、食後はご飯椀に注いだお湯やお茶で椀や箸を洗い、その洗い汁を飲んで片づけていた。個人用の食器や箸を自ら管理し、共用しなかった背景には食器や箸には使用者の人格や思いが宿っており、他の人が使うと穢《けが》れるといった観念があったためであろう。死者が出ると枕元に一膳飯を盛って箸を一本立て、出棺に際して故人が使用していた茶椀を割り、箸を折るという仕来《しきた》りがあるのは、椀と箸がその人だけのものだからと私も幼いころに教えられた。現在の衛生観念からすれば椀

図 3-1　箱膳．縁のある蓋を裏返して置き，その上に内部に収めてあった椀と箸を並べて使う（『伊那』2000 年 7 月号）．

や箸を湯茶で洗《すす》いで布巾《ふきん》で拭くだけで、丁寧に洗うのは年に数回だったのは不潔と思われるかもしれない。しかし、西洋料理や中華料理などのように油脂分が多い料理が飲食されず、上水道もなかった時代には貴重な水で食事ごとに洗う必要は感じられなかったのである。

そして、西洋料理や中華料理などが家庭でも調理されるようになると、各自に配膳するよりも食卓中央に大皿や大鉢に並べて出す方が料理も冷めず簡便だと考えられるようになった。また、都市化が進み、広い家に住めない工場労働者や俸給生活者が増えると各人の箱膳を収める膳棚を備えるのも難しかった。そこで注目されたのが卓袱《しっぽく》料理店などで座って使うように改良されていた脚の短い食卓を、家庭用飯台＝チャブ台として使うことであった。

さらに脚を折りたためるチャブ台が現れると、用が済めばたたんで部屋の隅に立てかけ、押し入れから蒲団を出して敷けば同じ場所が寝室となる便宜さが重宝された。こうしてチャブ台が普及していくと、チャブ台は家族が織りなす悲喜交々《こもごも》の日常生活を象徴する生活用具となる。小津安二郎や成瀬巳喜男《みきお》などが監督した映画や向田邦子脚本のテレビドラマ「寺内貫太郎一家」などで、あるいは漫画『巨人の星』（梶原一騎・原作、川崎のぼる・作画）などで描かれたチャブ台やチャブ台返しは、庶民生活の明け暮れを描いて共感を呼ぶ必須アイテムだった。

このことはチャブ台の普及が、単に日本人の食事作法を変えたという以上に大きな意識革命をもたらしたことを示している。チャブ台は、日本人の食文化のマナーや食器類を洗うという衛生観念を転換させただけではなかった。チャブ台は、何よりも家庭内の人間関係を変える契機となった。

銘銘膳の時代には、膳自体にも形式や塗《ぬ》りなどに格差があり、それぞれの人が座る場所も男女や年齢や雇用関係などによって定められた。しかし、チャブ台とりわけ丸いチャブ台を家族で囲む時、銘銘膳の時代ではありえなかった夫婦や親子が性差の別なく隣り合って座るという事態が生まれる。位置と距離によって作られていた位階秩序は、同一平面を囲んで横並びに転ずる。チャブ台は、銘銘膳が作っていた序列と性差別の空間を序々に打ち壊《こわ》した。さらに、座る位置も近づいて家人それぞれの表情の機微も分かるようになり、食事中は話をしないといった戒めも次第に薄れていった。

こうしたチャブ台がもつ効用を「食事の時は、即ち家族会が開ける」ことにあるとして、いち早く自らが掲げる平民主義の立場から推奨したのが社会主義者の堺利彦であった。

堺はチャブ台を家族全員が囲むことで家庭内の民主主義が実現して家庭の団欒《だんらん》がもたらされ、それこそが女性の自立を促す第一歩になるとして、次のように訴えた。

一家団欒の景色は最も多く食事の時にある。此点《このてん》から考えれば、食事は必ず同時に同一食卓においてせねばならぬ。食卓と云えば、丸くても四角でも大きな一つの台の事で、テーブルと云っても善《よ》い、シッポク台と云っても善い、とにかく従来の膳というものを廃したいと我輩は思う。

（「内務大臣としての事務（二）」『家庭の事務』内外出版協会、一九〇一年）

堺はこのようにチャブ台やテーブルを同時に家族全員が囲んで同じ物を食べることによって、妻子が家長の目を恐れながら、あるいは別間でコソコソと食事してきた弊風を廃し、家族全員が自由に話し合える「平民主義の美しい新家庭」を作ることを勧めたのである。

チャブ台は、デモクラシーの思潮が家庭の居間に入っていく窓口ともなった。

チャブとチャプスイ

さて、『広辞苑』では「ちゃぶ」について「(「卓袱」の中国語音 zhuofu の転。明治初期の語)食事」と解説している。同様に、『横浜市史稿・風俗編』(横浜市役所、一九三二年)には明治期の横浜言葉として正午になると「チャブだ」「チャブろう」「チャブした」など、食事の意味で使われた用例が記録されている。しかし、食事を提供する店さらには食事をする人そのものをさすなど、多様な語法でチャブが使われるようになったのはモダン語の時代になってからである。

モダン語辞典で最も多く見られるのが「**ちゃぶや**」である。これは「支那語の cho-fu(卓袱)の転化した語で、開港地の外人相手の曖昧《あいまい》小料理屋をいう。洋式淫売屋。横浜の本牧海岸にあるのが最も有名である」(『現代語大辞典』)、「開港場などにある小さい飲食店、曖昧屋。支那語の Che-fu《チエフー》から出た語」(『社会百科尖端大辞典』)などと説明されている。なお、横浜・本牧のチャブ屋街は有名で、フランスの港湾都市に因《ちな》んでマルセーユという隠語で呼ばれた。ただ、「ちゃぶや」は英語の chop-house をさし、肉の切り身を意味する chop の op を日本人が「アブ」と聞き間違え、「ちゃぶ」＝肉料理を出す店

(house)を「や＝屋」と訳したものだとする説もあった。前掲の『横浜市史稿・風俗編』もchop-house説を採り、その上で茶巫屋《ちゃぶや》の字を当てている。こうした中国語や英語に語源を求める説の他に、茶漬けなどを食べる際の擬音である「ちゃぶちゃぶ」という日本語から来たという説もある。

語源はともかく、この「ちゃぶ」が食べるという意味で多様に使われたのが、モダン語の特徴であった。例えば、「**ノー・チャブ**」は「浮浪人隠語でチャブは「残飯」のこと。従って残飯すらない「飯を食わぬこと」。「すっかりあぶれちゃって(仕事がなく)今日はノーチャブだい」」(『社会百科尖端大辞典』)といった使われ方をした。また、「**かんちゃぶ**(簡卓袱)」は、生活難と物価高騰に対する施設として設けられた安価な「簡易食堂で常に飲食する人(卓袱は飲食の意)」(『新語常識辞典』)あるいは「簡易食堂で食事する事」(『音引正解近代新用語辞典』)であった。

さらに、「**きんちゃぶ**」は「自由労働者の用語、仕事にあぶれて飯も食えず金魚のように水を飲むこと」(『モダン新語辞典』一九三一年)で、「**いもちゃぼ**(芋卓袱)」は「薩摩芋を以て食事に代えることの俗語」(『新語常識辞典』)であった。また、薩摩芋の産地として有名な埼玉県・川越から、「**川越ちゃぶ**(ちゃぼ)」も「いもちゃぼ」と同じ意味で使われた。これらのモダン語には、食べていくだけでも苦労の多かった世相が鮮やかに映し取られている。

この他、料理の名称としても「ちゃぶ」が使われた。その一例として「**カメちゃぶ**」がある。これは、亀を食べることではなく、カメ＝犬の餌に似た食べ物という意味で「**いん(犬)ちゃぼ**」ともいわれた。カメが犬を表すのは、よく知られているように外国人が犬を呼ぶのに「カム、カム(come, come)」といったことから犬のことをカメというと誤って理解したものが、広く流布したものである。その洋犬が食べているような食べ物という意味で、「牛馬豚肉などの煮込みをかけた飯」、すなわち流行し始めていた「牛めし」や牛丼などの汁かけ丼が「カメちゃぶ」と呼ばれたのである。

以上の例からも分かるように、チャブはチャボともいわれ、さらにチャップやチョップとも混用された。そこから「ノーチャップ」でも「自由労働者の言葉で、仕事がなくて飯を食ってないのをいう」(『一般的／共通的・誤字誤読モダン語の新研究』)意味となった。そして、「**チョップ・ハウス**」は「米国で流行の一膳めしや。簡易料理店。またチャブ屋や支那の税関のこと」(『店員常識新語解説集』)と記されたが、ここでチョップ・ハウスとあるのは、薄切り肉専門の安い肉料理店や中国の税関(custom-house)を意味する英語 chop-house をさす。

このように中国語や英語の転訛や聞き違えを伴いながら、食文化は変化していったが、そこからは英語と中国語、伝統と再生との交錯した理解も生まれてくる。それは中国料理が世界的に食べられるようになり、アメリカでの流行が日本へと還流していた第一次グローバリゼーション時代の現れでもあった。アメリカで使われた中国料理の呼称に chop-suey があるが、これについては異なった訳語表記が現れた。すなわち、「**チョプスーイ**＝油で揚げるか又は煮た肉類の小切片と野菜類を一緒に煮たもの。米国で盛んに賞味されている」(『英語から生れた現代語の辞典』)、「**チャプスィ**＝正しくはチォプスィである。「米国式支那料理」とでもいおうか、異国趣味ハンタ〔ー〕の米国人達が、自分等の口にあうように支那料理を改造した、それがチャプスィである。野球熱と共に、目下全米を風靡《ふうび》しているといっても過言でない」(『モダン語新式辞典』)、「**チャプ・スイ**＝米国などで盛んに流行している支那風の肉片・野菜などを寄集めて煮込んだ料理」(『新語常識辞典』)などの表記と説明があった。

表記の違いだけではない。原語は英語のchop-sueyではなく、広東語のチャプスイ(Chop-sui雑碎《ざっさい》ないし雑炊《ぞうすい》)が転訛したものとも説かれた。英語学者の岡倉由三郎《よしさぶろう》に依れば、雑碎こそ「〃動物のはらわた〃すなわち〃ぞうもつ〃の料理につかう」(『外来語雑碎』一九三三年)という中国語の意義に合致するとされる。ちなみに、現在の中国語でも雑碎**zásui**《ザアスウイ》は、牛や羊の臓物を煮て細切りにした料理名として使われている。語源の当否とは別に、本来は中国料理の一品名だったチョプスイが中国料理全体の名称として世界的に広がったのは、清朝高官の李鴻章が英米訪問時にあり合わせの材料で作られた中国料理のゴッタ煮＝雑碎を喜んで食べたと誇大に宣伝に使われて広まったという説もある。

現在、フィリピンや沖縄はじめ日本各地に様々な具材を用いるチャプスイという名の郷土料理やチャプスイを餡にして麺や御飯にかける丼などがある。これらのチャプスイがアメリカ軍の駐留と関係があるのかどうかは不明だが、チャプスイというモダン語から生まれた料理は今後も様々にアレンジされていくのであろう。

共食と孤食

個人的な記憶で恐縮だが、一九六〇年代に小・中学生だった私は早朝に神棚と仏壇の水を替え、炊き上がった御飯を最初に仏飯器に盛って供え、お祈りをするのが与えられた日課だった。

そして、チャブ台に向かい箸を合わせた両手に挟んで「いただきます」と唱えて食事を始めたが、一連の作法によって食事は家族と共にするだけでなく神仏や御先祖様と一緒にいただくものであるように思えていた。もちろん、チャブ台を囲んで家族がそろって食事をする共食が数十年前に始まったことなど知る由もなく、家族間で自由に話していた。

しかし、テレビ放送が始まるとテレビが見える位置に座るようになり、視線は家族間ではなくテレビ画面に集まり、話題もそこから生まれるようになった。家庭団欒を象徴するのは、チャブ台そのものではなくテレビとそこに映し出されるチャブ台となった。

そして現在、テレビからは一人鍋のCMが流れる。単身者はコンビニ弁当をスマホ片手に食べる。家族そろって同時に食べるには、誰もが時間に追われている。飲食店や大学食堂でも、「お一人様」席や間仕切りのある「ぼっち席」で誰の視線も気にせずに食べることを好む人が増えた。さらに、二〇二〇年以降の新型コロナウイルス蔓延の中で、ソーシャル・ディスタンス（社会的距離）を取るために席の間を空け、アクリル板などで仕切って食事をすること、デートでも対面で食べない、声を出さずに「黙食」すること等々が、ウィズ（with）コロナの「新しい生活様式」として推奨されてもいる。

銘銘膳から共食のチャブ台やダイニング・テーブルへと推移してきた、この一世紀の日本の食事文化。それは一〇〇年近く前に始まった「新しい生活様式」の採用によるものであった。

アフター・コロナ時代の「ニューノーマル（新しい通常）」の中で、外食よりも宅配（出前）が増え、オンライン飲み会やZoom飲食会などが広がる中で、食文化はどのような新たなスタイルを生み出していくのだろうか。

二　憧憬と侮蔑の間で

支那と中華

「おい、ラーメン三ツ、チャーシューうんと入れろよなあ。」

これは一九三六年に公開された小津安二郎のトーキー映画第一作『一人息子』で、信州から東京に訪ねてきた母親に息子がラーメンを味わわせるために屋台で注文する場面のセリフである。

ただ、シナリオではその前に「支那ソバのチャルメラの音が聞えて来る」シーンで「おッ母さん支那ソバ食べた事ありますか。一寸変っていいもんですよ」（『シナリオ文学全集　第2巻』河出書房、一九三六年）と語りかけている。当時は支那ソバと呼ぶのが普通であり、ラーメンというのは極めて稀だったはずだが、小津は東京における新流行の世相を映そうとしたのかもしれない。

その意図はともあれ、支那ソバが好物の一つだった小津は、第二次世界大戦後に幾度「今は中華そばといわなければならない」と忠告されても支那ソバと呼び続けたという。ではなぜ、支那ソバは戦後に中華そばと呼ばなければならなくなったのか。それは「支那」という表記を避けるためだった。

この「支那」について『広辞苑』では「(シン(秦)の転訛)外国人の中国に対する呼称。初めインドの仏典に現れ、日本では江戸中期以来第二次大戦末まで用いられた。戦後は「支那」の表記を避けて多く「シナ」と書く」とされている。この解説では、「支那」という漢字表記は避けるが東シナ海などと書くことに問題はないように読める。実際、それが慣例となっている。

元来、支那は仏典などで至那・震旦などと同じく音訳された漢字表記の一つであった。支那には知恵があるという意味があるともされるが、支がバラバラになる、那に極めて短い時間の意味があるとして不吉とする解釈もあった。その支那という漢字表記が戦後に避けられるようになったのは、一九四六年六月に外務次官から「支那という文字は中華民国として極度に嫌うものであり、現に終戦後同国代表者が公式非公式に此《こ》の字の使用をやめて貰《もら》い度《た》いとの要求があったので今後は理屈を抜きにして先方の嫌がる文字を使わぬ様にしたい」との通知が官公庁や新聞・出版社に出され、七月には文部次官から大学・専門学校あてに同旨の文書が通達されたことによる。

しかし、この呼称問題は戦後日本で突如起きた訳ではなく、清朝末期の中国でも現れていた。すなわち、清朝の支配に反対する革命家や留学生は「大清国」や「大清帝国」と自国を呼ぶことを拒絶する意志を示すために、支那や中国を国号の一つとして選び、『二十世紀之支那』という雑誌も東京で刊行していた。清朝保皇派の理論的リーダーであった梁啓超《りょうけいちょう》も中国には王朝名だけあって一貫した国名がないと慨嘆し、通史的国名を表す方便として支那や中国を当てていた。

他方、日本では新井白石などが王朝名とは別に国名と地理名に当たるものとして支那を使い始めた。そして、明治政府は清朝との条約では清国・清帝国などを用いていた。だが、一九一二年に中華民国が成立すると外交上の名称が問題となった。結局、日本政府は一九一三年一〇月六日に国家承認を行い、正式国号を「支那共和国」と呼び、その略称を「支那」とし、漢文版の往復文書では「中華民国」を用いることとした。これに対し、支那という呼称を好まなかった中国官民からは対等外交の原則に従って、相互に正式国号を使用すべきだと要求する声が強まっていった。

こうした抗議を受けて一九三〇年一〇月二九日、外交文書では正式呼称を「中華民国」と変更し、中国や中華などの語は慣行に委ねるとの閣議決定がなされた。ただ、この決定をリードした幣原喜重郎《しではらきじゅうろう》外相に対して軟弱外交だとして批判が出たため、閣議決定の遵守は徹底されなかった。

その後も日本は支那を国号の略称ないし地理的名称として使い、支那駐屯軍や支那派遣軍などの官制名にも冠せられた。そして、一九三二年の満洲国建国以後、満蒙は支那に含まれないと主張した日本は満洲国以南を北支・中支・南支と区分し、各区に北支那方面軍や北支那開発株式会社、中支那振興株式会社などを設けた。こうした事態を主権侵害とみなし、戦争遂行を担う軍隊や国策会社の名称に使われる支那という語に対して反感が更に強まったのは当然であった。

その反感を熟知した上で、日本は一九三七年七月の盧溝橋事件以後の軍事衝突を支那事変と呼び、暴支膺懲《ぼうしようちよう》を唱えた。支那という語は、中国への敵愾心《てきがいしん》を煽《あお》る蔑称として広まっていった。にもかかわらず、一九四六年の次官通知では「理屈を抜きにして」と敢えて記し、なぜ避けなければならないのかという最も肝心な理由説明という問題をスルーした。しかし、問題は支那という「文字表記」だけではなく、一九一〇年代以降の日中関係の中での使われ方にあったのである。

このように支那という語には、日本の対中政策と煽動の痕跡が色濃く刻印されているため、漢字の表記・使用は控えられてきた。しかし、毀誉褒貶《きよほうへん》を含め、歴史の実相を探ることを目的とする本書では、「支那」という表記については辞典などの記載のまま引用しておくことにしたい。

ラーメン・チャンポン・ビーフン

さて、現在の中国という地域や国名については支那だけではなく、唐《から》・唐土《もろこし》や南京《ナンキン》なども使われてきた。支那ソバも、はじめは南京蕎麦《そば》と呼ばれていた。それは南京という語が、「支那の地名より来《きた》りて、種種の舶来品の名に被《かぶ》らする語」(『言海』一八九一年)であったとともに、開港場の南京町で食されていたためであった。南京蕎麦は柳麵《ラウミン》とも呼ばれていたが、これを支那蕎麦と銘打って一九一〇年から提供し始めたのが浅草の「來々軒」だった。支那蕎麦は豚や鶏などからスープを取り、醬油味をつけたもので叉焼《チャーシュー》と支那竹《シナチク》・海苔などがトッピングされた。

このラーメンに付き物とされる支那竹は、料理書では竹蓀《チュースウン》(孫)などと書かれ、「支那筍。乾したタケノコを米の磨《と》ぎ汁か糠《ぬか》湯《ゆ》に一昼夜以上漬けて戻し、適宜に切って豚骨スープに塩・醤油・砂糖で味付けして数時間煮込む。赤くするには食紅を使う」といった手間のかかる食材だった。そのため缶詰でも販売されるようになった。この支那筍は、台湾南部の嘉義周辺で取れる麻竹の筍(麻《ま》筍《ちく》)を醱酵・乾燥させて豚肉などと煮込む料理に使われていた。その乾燥麻筍が乾干《スンガン》として台湾から輸入されていた品を、日本の竹とは違うという意味合いで支那竹と呼んだものである。

支那竹を現在ではメンマ・麺麻などと書くため、ラーメン用のトッピング食材名であったように考えられがちだが、これは丸松物産の創業者・松村秋水が一九五〇年ごろ、台湾から輸出しながらシナチクと標記しているのはおかしいとの抗議を受けて「麺《メン》にのせる麻筍《マチク》」から「メンマ」という商品名を付けたものである。ただ、日本では商標登録できなかったため、普通名詞として使われていった。中国や台湾では、汁麺に麻竹の加工品をのせる食習慣はなく、支那竹やメンマはラーメンとともに「日式」にアレンジされたものだった。

さて、この浅草「來々軒」の支那蕎麦が一般化したものを支那ソバと呼ぶとすれば、違う由縁でラーメンと名づけられた汁麺があった。それは北海道帝国大学前にあった「支那料理竹屋食堂」で中国人留学生に人気のあった肉絲麺《ロウスーミエン》である。これを調理人の王文彩《ワンウエンツアイ》が出来上がったという意味で「好了《ハオラー》」

とラーを引っ張って知らせたことから、「ラーの麺」＝ラーメンとしてメニュー化されたものだった。

ただ、ラーメンの語源には諸説あり、中国語の引っ張って長く伸ばす意味の拉(lā)《ラ》の麺である拉麺・拉面から来たとする『広辞苑』などの他、柳麺(面)、老麺(面)などを挙げるものもある。

しかし、モダン語辞典や『婦人倶楽部』などの婦人雑誌やその附録にある「支那料理」記事で、これらの表記は当初使われていなかった。板状に延ばした麺を線状にする切り方が日本そばと同じことから切麺《チエーミエン》、梘水《かんすい》を混ぜて独特の色が出ることから光麺《コウメン》など、中国語もどきの呼称が支那ソバの正式名称のように記してある。梘水麺を使う汁そばがラーメンという名で全国的に広まったのは、一九五八年に即席麺「日清チキンラーメン」が発売されてからである。

札幌のラーメンと同様に、中国人留学生に提供する麺料理名として広まったのがチャンポンだった。チャンポンは長崎の「四海樓」で主人の陳平順《チエンピンシユウン》と留学生が福建語で「御飯を食べる」という意味で吃飯《シヤポン》と会話しながら食べていた豚肉・海鮮・野菜などを炒めてのせた五目湯麺を、チャンポンと呼ぶと日本人が勘違いしたことに由来するという。

ただ、モダン語の「ちゃんぽん」は、麺をさすよりも多くの場合「混交すること。酒とビールその他をまぜまぜに飲む時などによく用う」(『外語から生れた新語辞典』)言葉だった。その語源については、マレー語の「champor《チアンホウオ》＝混合する」あるいは中国語の「攙和《ざんわ》 chānhuo＝まざった」が転訛したという説がある。また、音曲でチャン(鉦《かね》)とポン(鼓《つづみ》)とを交互に鳴らすことから、異なるものを混ぜ合わせるという意味で「ちゃんぽん」が使われていたとする説もある。

この他、「支那料理」として食べられるようになった麺にビーフンがある。これは中国南部の発祥で米粉と書くように、粳米《うるちまい》を原料とする麺である。それを中国語の mǐfěn《ミーフェン》ではなくビーフンと呼ぶのは、日本には台湾から入ってきたため、閩南語《みんなんご》の bí-hún によって発音されたことによる。

「支那料理」の「日式」化

こうして様々な麺料理が普及していった背景には、開港後に各地に中華街（南京町）ができ、日清戦争後に留学生や亡命政客などが中国から訪れて中華料理による食生活を広めたこと、あるいは逆に北京や上海そして遼東半島の関東州などで生活した日本人がその地で食べた料理を日本に持ち帰ったことなどの食文化の相互交流があった。

北京の「正陽楼」という店で鷲沢与四二《わしざわよしじ》（時事新報社特派員）らが羊の焼肉を食べて感激し、それをジンギスカン鍋（成吉斯汗鍋、成吉思汗鍋）と名づけて広まったといわれるのは、その事例の一つである。宗教上の理由から豚肉を食べないムスリム（回教民、回民）の料理である羊の焼肉は烤羊肉《カオヤンロウ》といい、ジンギスカンとは呼ばないし鍋料理でさえない。在中国二〇年という体験を踏まえて書かれた山田政平『素人に出来る支那料理』（婦人之友社、一九二六年）には「成吉斯汗鍋《じんぎすかんなべ》といっても鍋を用いる訳ではなく、本当の名前は羊烤肉《ヤンカオロー》という回々《ふいふい》料理であります。原始的な美味《おい》しい料理として、在支日本人の一部が斯《か》く命名し、これを歓迎して居る」と名前の由来を記し、その調理法は必ず屋外で「箱火鉢か鍋のようなものに火をおこし、それに金網もしくは鉄の棒を渡し、羊肉を焙《あぶ》りながら、支那の醤油をつけて賞味」するものだと紹介されている。それはバーベキュー料理やケバブ料理に近いもので、私の体験では串にさした羊肉串《ヤンロウチョアン》が北京の屋台などで売られていた。

烤羊用をジンギスカン鍋と名づけたのは、羊肉料理といえば牧羊、牧羊といえばモンゴル、モンゴルといえばジンギスカン、そのジンギスカンが遠征中に鉄兜《てつかぶと》を鍋の代わりにして肉を焼いた野趣味あふれる料理ならばこれだ——といった連想によるものだったと思われる。そして、この連想が日本人のジンギスカン像に合致していたために、由来が明らかになっても普及してきたのであろう。

もちろん、日本では飼育されることが少なく、臭みもある羊肉が食用として普及していったのは、推進する政策と団体があったからである。それは第一次世界大戦によってオーストラリアやイギリスから羊毛が輸入できなくなった中で防寒具やシベリアや満洲へ出兵するための軍服用の羊毛を生産する必要が高まったこと、また肉食が普及して牛・豚・兎・鶏の肉だけでは供給が不足してきたために食用肉の生産が課題となってきたことに対応するためであった。

そして、一九一八年に二五年で緬羊《めんよう》を一〇〇万頭に増やす計画が立てられた。この緬羊増産政策を推進する運動母体となったのが陸軍糧秣廠《りょうまつしょう》の外郭団体・糧友会であり、糧友会が羊肉食の普及のために機関誌『糧友』の愛読者に贈呈した特製「家庭用成吉思汗鍋」が国産鍋の先駆となった。鍋とはいっても、当初は肉だけを焼く鉄棒を簀《す》の子状に並べて山形に渡したような穴のあいた形であったが、次第に肉とともに野菜なども焼く調理法に変わって現在のような焼き汁が落ちない周囲に溝がある形になったと推察される。

他方、中華料理とともに中国から日本に伝わってきたと思われがちな中華料理店の「中華テーブル」とも呼ばれる回転式丸テーブルは、一九三二年頃に日本で創案・製造されたものが東アジア世界に広がっていったものである。考案したのは日本式料亭「芝浦雅叙園」(現在、ホテル雅叙園東京)の店主であった細川力蔵で、席に座ったまま料理を取り分けて次の人にスムーズに譲るために工夫したとされる。実際、「支那食卓作法」についての説明書を見ると大皿の取りにくい料理が来るたびに、ホストとなる人が立ち上がって各人の前に順次差し出すようになっており、座卓の場合はさらに大変だったと思われる。中国では正式には八仙桌《パシエンチュオ》という四角の大テーブルに主人・主客など八人が身分などに応じて座る席順が厳しく守られていたため、当初は回転テーブルには心理的抵抗も強かった。しかし、人数や格差の制限が少ないこと

図 3-2　雅叙園の回転式座卓で提供された「シナ料理」．チャブ台に回転台を作り付け，座って食べていたことがわかる．当時，中華料理はボーナスが出たときなど故郷から親兄弟を招いて食べる料理になっていた．写真：影山正雄〔光洋〕(『戦争と日本人――あるカメラマンの記録』岩波写真文庫，1953 年)．

から徐々に導入され、現在では転台《チョアンタイ》と呼ばれて普及している。なお、中華料理とは関係ないが、日本で考案される以前にもイギリスにレイジー・スーザン(Lazy Susan)と称される回転テーブルがあった。名称の起源には複数の説があるが、椅子に座ったままで配膳することが怠慢とみなされたことによるのであろう。

ここで話を料理に戻すと、中国では羊肉を野菜と一緒に鍋で焼く調理法は無かったため、ジンギスカン鍋やジンギスカン料理と呼ばれるものは、中華料理というよりも日本式(日式)料理と見れば良いのかしれない。ただ、モンゴルの方からは日本人が勝手に英傑チンギス・ハン(Chinggis Khan)の名にあやかって料理名とし、それにパクつくのはあまり良い気持ちはしない由、仄聞した。

他方、中国でも火鍋子《ホウオクオヅー》という鍋を使って羊肉と野菜を食べる料理はある。涮羊肉《シュワンヤンロウ》と呼ばれる薄く切った羊肉をシャブシャブ式に食べるもので、一九八〇年代に北京王府井《ワンフーチン》の東安市場にあった東来順《トンライシュン》の味と雰囲気は格別だった思い出がある。いや、ここでシャブシャブ式という言い方は正確ではない。

これも諸説あるが、日本のシャブシャブ料理の発祥は、「民芸」運動の指導者でもあった吉田璋也《しょうや》が軍医として赴任した中国で食べた涮羊肉の調理法(涮《サン》は「すすぐ」の意)にならって「牛肉のすすぎ鍋」として日本に伝えたものとされる(吉田が立ち上げた鳥取市の「たくみ割烹店」で現在も提供されている)。

その吉田の助言を得て京都・花見小路の「十二段家」では「牛肉の水炊き」として提供し、「大阪スエヒロ」店主の三宅忠一が一九五八年に「肉のしゃぶしゃぶ」などの名称を考案して商標登録されたという。

　このように食文化における日中交流が進んだが、同時並行的に高級料理とみなされていた西洋料理も日本風にアレンジされ、カレー・コロッケ・トンカツ・ビーフステーキ・ハヤシライスなどが庶民的な「**洋食**」として普及していった。コロッケが流行したのは一九一七年に帝国劇場で公演された『ドッチャダンネ』の挿入歌「コロッケの唄」で「今日もコロッケ　明日もコロッケ　これじゃ年がら年中コロッケ」（益田《ますだ》太《た》郎冠《ろうか》者《じゃ》・作詞）と新婚家庭の様子を歌ったことが流行語となったことによる。コロッケは、フランス語（croquette）から来たとして「コロッケット」「クロッケ」「クロケット」「コロッケー」などとモダン語辞典では表記された。

　トンカツはフランス語（côtelette）や英語（cutlet）から来たカツレツを略したカツの中で、豚肉のカツをさすとされた。これは一八九九年に東京・銀座の「煉瓦亭」が、薄切り牛肉を使うフランス料理コートレットを豚肉に代えて「ポークカツレツ」とし、キャベツの千切りを添えて提供し始めたものである。そして、東京・上野「ぽん多本家」の島田新二郎が脂身を落とした厚切り豚肉をじっくり低温で揚げて箸で食べやすいように切った「カツレツ」スタイルとしたものが、「トンカツ」という名称で呼ばれて一九三〇年代に広まっていった。ただ、モダン語辞典では「**トンカツ**＝豚カツレツのこと。また下等洋食の代名詞」（『昭和現代新語辞典』）とも説かれている。

また、ビーフ・ステーキは「ビステキ」「テキ」とも略されていた。ハヤシライスも日本式の洋食で、家庭で手軽に作るために「固形ハヤシライスの種(素《もと》)」なども発売された。その語源については、ハッシュドビーフ・ウィズ・ライス(hashed beef with rice)のハッシュの転訛という説や「細かく切り刻む」という意味の古語「はやす」の転訛、丸善の創業者早矢仕有的《はやしゆうてき》が作ったなど、諸説ある。いずれにしても和製英語であり、ハイシライスとも呼ばれ、関西では現在でも使われている。

これらの料理が中華料理とともに日常食になりつつあったことは、小津の映画『一人息子』でも主人公に進学を勧めた教師が上京してトンカツ屋を営む設定となっていることにも表れており、支那ソバとトンカツはちょっとした贅沢をする食生活空間を表徴する品目とされている。

実際、支那ソバ屋は道具と麺・具材などを屋台とセットで借りて開業できたため、推理作家の江戸川乱歩もデビュー前には屋台を引いていた。

関東大震災後の東京や横浜では店舗を失った支那ソバ屋が屋台で営業しただけでなく、屋台貸し出しシステムもあって支那ソバが各地に広がるとともに中華料理も普及し、「目下大流行の支那料理屋を始めるには」(『実業之日本』一九二四年六月一日号)などの記事が雑誌に続出する。山本政敏『生活戦話 裸一貫生活法』(東京作新社、一九二六年)では、ワンタン屋、支那ソバ屋、台湾名物ビーフンなどを営む「小資活用法」が勧められた。新聞や雑誌では、両親や父を震災などで失った少年や戦争未亡人などが中華料理の屋台で一家の生計を支えるために奮闘している美談が度々掲載されていった。

そして、中華料理の普及を反映してモダン語辞典にも「**チャシューメン**（叉焼麺）＝支那料理で蕎麺を湯掻き器に入れ、上から味付汁をかけ、チャシューの薄切、支那竹の子を入れたもの」（『新語常識辞典』）、「**シューマイ Shumai**＝支那料理の「焼売」、即ち豚の挽肉の中にねぎの細く切ったのを混じ塩、胡椒等で味をつけ皮にて包んで蒸した食品」（『世界新語大辞典』）、「**ワンタン**（云呑）＝「シューマイ」に似た支那料理の一種。豚肉《とんにく》と蝦《えび》とを細かく切り、「メリケン」粉と鶏卵とを混ぜて薄くのばしたのに包み、此《これ》を茹《ゆ》でて汁の中に入れて食べる。その中に蕎麦を入れたのが「ワンタン」麺」（『音引正解近代新用語辞典』）など、中国語の発音に近い表記で多数掲載された。

また、『超モダン用語辞典』のように「支那料理用語集」を付載したものもある。大日本料理研究会編『支那料理辞典』（料理の友社、一九三九年）では四声などの発音方法を説明し、用語すべてに中国音式のカタカナ表記が付してある。ただ、辞典や料理書の表記には、北京語・広東語・福建語と日本語読みが混用されており、同じ料理でも多様な表記があった。

ちなみに、屋台の支那ソバにつきものだった「**チャルメラ**」については、リード楽器（笛）を意味するポルトガル語の **charamela** から来たとされたが、「支那そば屋等の用うる一種のラッパで、その音は哀調を帯《お》びている」（『世界新語大辞典』）などと書かれている。

チャルメラは、中国の哨吶《スウオナー》として日本には伝わったが、これは発祥のペルシャ語スールナーイ（祭sūr 笛 nāy）の音訳だった。しかし、渡来したポルトガル人がチャラメラと呼んだことから転訛していった。唐人笛・南蛮笛・太平簫《たいへいしょう》（ハングルではテピョンソ）などとも書き、江戸城に参内した琉球や朝鮮の使者も演奏した。民間でも支那ソバ屋が使う前には、飴売りの客寄せ宣伝用にも使われていた。

このように中華料理に関する用語は、漢字そのままでは読めても意味不明なこともあってカタカナ表記されることが多かった。しかし、それが人々に中華料理を新来のモダンなものと感じさせ、家庭で作る意欲を高めたのであろう。その要求に応じて、小林定美『手軽に出来る　珍味支那料理法』（弘成社、一九二六年）など多くの料理書が刊行された。また、雑誌附録として『簡単な西洋料理支那料理・附食事作法』（『婦人倶楽部』一九三一年一月号）や『簡単に出来る家庭向支那料理三百種』（『婦人倶楽部』一九三三年一一月号）などが発行され、調理法や「支那食卓作法」がカラー写真・図版つきで詳しく解説された。これらの紹介記事には、中華料理が西洋料理よりも日本人の好みに合うだけでなく安価で滋養とバラエティーに富むなどの利点が強調されており、批判的な論調はない。

中華料理が日本人の食生活に急速に融けこんでいった景況については「大正四、五年頃までは東京市内の支那料理店は数える程しかなかったものであるが、震災後は漸次《ぜんじ》市人の嗜好《しこう》に投じ、純粋の支那料理というよりも日本化された支那料理店が続出して、支那蕎麦・ワンタン・シユウーマイ等、軽便なる支那料理は、日本蕎麦を凌駕《りょうが》するほどの、流行を示すに至った」（和田健次『事物起源辞典』京文社書店、一九三六年）と説明されている。そして、一九三二年には大阪・梅田の阪急百貨店にモダンな中華料理を提供する支那食堂も開店し、銀座のカフェーにも支那食堂室が付設された。

中華料理の名は日常生活でも使われ、「**点心**」は「支那語で菓子のことであるが、転用されて軽い興趣などを形容する場合に用いられる」(『分類式モダン新用語辞典』)ようになる。

支那趣味と異国情調そして支那学

こうした中華料理の普及とともに、その背景にある中国の文化・文物への興味も呼び起こされ、支那趣味という言葉が現れる。

支那趣味というと欧米で流行した中国趣味《シノワズリ》(chinoiserie)が思い浮かぶ。だが、一九一〇年以降における日本の支那趣味は、欧米とは異なり、欧米化が進む社会生活に居心地の悪さを感じて文人趣味や江戸情調にノスタルジーを抱く日本特有の一面があった。それは漢学を研究し、漢詩を作るといった趣味とも異なり、支那服や中国茶を愛用し、中国の筆・硯・墨・紙の文房四宝《ぶんぼうしほう》や書画、陶磁器などを収集して楽しむことで、西洋趣味のハイカラに対して中国趣味の人は「**チャンカラ**」とも呼ばれた。

モダン語としての支那趣味は、『中央公論』一九二二年一月号に五編の論文からなる「支那趣味の研究」が出たことで知られるようになる。この特集で「支那趣味と云《い》ふこと」を書いた谷崎潤一郎は、佐藤春夫・芥川龍之介・後藤朝太郎などとともに、支那趣味の唱導者となっていく。食魔とも呼ばれた谷崎は、中国各地で料理に舌鼓をうち、「あんな複雑な料理を拵《こしら》えてそれを鱈腹《たらふく》喰う国民は兎《と》に角《かく》偉大な国民だ」(「支那の料理」『大阪朝日新聞』一九一九年一〇月)と驚嘆し、「世界中で最も発達した、最も変化に富むと言われている濃厚な支那料理」にヒントを得た幻想小説「美食倶楽部」(一九一九年)も著した。また、小説「鶴唳《かくれい》」(一九二一年)では、中国を放浪した後に日本で中国風家屋を建て、支那服を娘や中国人少女と共に着て中国語しか話さないという支那趣味に耽溺《たんでき》する男性を描いている。

こうした支那趣味は小説世界にとどまらず、生活世界でも流行した。泉俊秀『流行商品変遷の研究』(文雅堂、一九二二年)によれば、「支那趣味の新流行が起り、支那製の日用品雑貨類が需要を喚起し、値段が割合に安いのと支那趣味という特別の時好からして、段々と勢力を有《も》って来た事は流行界の新現象」(「支那趣味の流行」)となっていた。しかも、支那趣味は日本に限らず、パリでも再び流行していることから世界的な流行が訪れることになるはずだとの予測もなされていた。

関東大震災で倒壊した凌雲閣(通称、浅草十二階)には計四六店舗の諸外国の物品販売店があったが、中国物産店では店員全員が中国服を着て販売にあたって好評を博していたという。また、日本各地にも中国物産品を扱う商店が数多くあった。そして、支那団扇《うちわ》、支那靴を始め男性用の支那服である長《チャン》袍《パオ》、女性用の旗袍《チーパオ》とそれを改良したチャイナドレス(和製英語)を愛用する支那趣味も流行した。

また、支那服の女性を描くことも流行し、安井曽太郎「支那服を着たる女」、藤島武二「東洋振り」、岸田劉生「支那服を着た妹照子像」、三岸好太郎「支那の少女」、正宗得三郎「赤い支那服」、島成園「上海娘」などが続々と制作された。こうした支那服を描いた絵画については、中国を女性という立場に置き、中国を支配しようとする帝国日本の軍事的欲望が潜んでいるという見方がある。それは否定できない。支那趣味という憧憬も、侮蔑の裏返しに過ぎないという見方もできるだろう。だが、岸田は妹を、正宗は妻をモデルとし、島は自身が女性であった。また、支那服を愛用したのは男性だけでなく、日本女性に人気があったことも事実であり、婦人雑誌にも多様なデザインが紹介されていた。そこに日本や中国といった境界を越えた美なるものへの渇望は、皆無だったのだろうか。

例えば、藤島は支那服を六〇枚近く集め、それを着た女性を描くことで「東洋とか西洋とかいう観念を撤回する」(「足跡を辿りて」『美術新論』一九三〇年五月号)という年来の願望を具体化したかったと力説していた。ここには西洋と東洋とが混交する第一次グローバリゼーションの時代だったからこそ生まれた、特異な支那趣味の歴史的境位を見出すことはできないであろうか。

だが、服装などの趣味はあくまでも嗜《たしな》み味わうものとして、満喫されると一過性の流行に終わった。その顚末《てんまつ》を鑑みるとき、一九二〇年代に流行した中国憧憬は、グローバル化する時代を象徴するモダン語として頻出《ひんしゅつ》した「異国情調」と通底するように思われる。

「**異国情調**」とは、「Exotic《エキソテイック》の気分のこと。文学・絵画・建築・音楽・映画その他社会事物の全般に渉《わた》り、外国の風物・調子・気分・様式などを取り入れ、それによって醸《かも》される新しい独得の気分をいう。とかく外国のもの――殊《こと》に未《ま》だ見ぬ国の、あるいは忘れがたい外国の憧憬《あこが》れの風物こそは、慕《した》わしくなつかしいものである。その風物にさも似た気分を眼《ま》のあたり味《あじわ》う、そこに快い異国情調が漂《ただよ》うわけである」(『新しい時代語の字引』)と説かれたようなものだった。

こうした異国情調を伴った支那趣味に先んじ、中国の歴史と現況を探求する学問分野として京都帝国大学の狩野《かの》直喜《なおき》・内藤湖南《こなん》・桑原隲蔵《くわばらじつぞう》らによって立ち上げられたのが、支那学であった。これは旧態依然たる漢文読み下し式の注釈漢学に対抗すべく、ヨーロッパで興隆していた中国研究《シノロジー》(sinologie・sinology)や清朝考証学の「事実に基づいて物事の真理・真相を明らかにする」という実事求是《じつじきゅうぜ》主義の方法論を採り入れたものであった。戦前の中国研究をリードした京大支那学は、大きな権威を誇っていたかのように思われがちだが、一九二〇年に創刊された学会誌『支那学』の青木正児によるとされる「発刊の辞」には「人の支那学を顧みざる、当世より甚《はなは》だしきは莫《な》し」との慷慨《こうがい》が記されていた。

しかし、京大支那学が影響力を持つに至ると、その方法論と言説に疑念を抱き、眼前の流動する中国を直視すべきだと考える竹内好《よしみ》や武田泰淳《たいじゅん》などが一九三四年ごろ、中国現代文学を研究対象とすると宣言して東京帝国大学支那哲学科・支那文学科の卒業生を中心として中国文学研究会を立ち上げた。

これは「中国」を正式会名に掲げた研究団体として、画期的なものであった。ただ、その画期性を評価する反面で、支那学という名称の故をもって、京大支那学の蓄積を排斥ないし軽視しようとする今に至る思潮もまた不毛である。

憧憬と侮辱の間で、今も捻《ねじ》れ続ける日中関係。

その捻れを解《ほど》くためにも、言説の背後に潜む事実を確認し続ける他《ほか》ない。

三　国語と漢語が行き交う中で

常用漢字と漢語整理

さて、人類史上初めて総力戦として戦われた第一次世界大戦以後、各国政府は経済戦・科学戦・思想戦などに対応できる国民をどのように育成していくかという課題に直面することになる。長期的な大量消耗戦に対応するためには、先進的な知識と技術を効率的に多くの国民に与え、自発的に国策を理解し支持する国民を育成する必要があったからである。

一九一八年の米騒動後に成立した原敬内閣が、大学令と改正高等学校令によって現在に至る国公私立の高等教育機関を認可する方向に転じたのは、大衆社会化への対応であるとともに国家総動員体制を作っていくためでもあった。原内閣の下《もと》ではまた政府の施策を周知徹底させるために、文語文に代わって理解しやすい口語体の公用文が初めて用いられた。

しかし、国民に先進的な知識と技術を与え、官民の意思疎通を図っていくうえで一大障害と考えられたのが、国語国字問題であった。開国以後の日本においては、世界と交流していくにあたって、日本語とそこで使用する文字をいかに整備すべきかが課題となってきた。

幕末には前島密《まえじまひそか》が「漢字御廃止之議」を建議し、明治に入ると森有礼《ありのり》が英語国語化を唱え、西周《あまね》は「洋字ヲ以テ国語ヲ書スルノ論」(『明六雑誌』第一号)でローマ字採用論を説いた。その後も漢字の全廃か節減か、カナを使うとすれば平仮名と片仮名のいずれにするか、ローマ字を採用するとしてヘボン式か五〇音図に基づく日本式とするか、それとも全く新たな国字を創製するか、といった対立が続いていた。こうした問題を解決するため一九〇二年、文部省に国語調査委員会が設置されて「漢字要覧」「仮名遣及仮名字体沿革史料」「口語法」などがまとめられたが、実用には至らなかった。

しかし、第一次グローバリゼーションの時代に入って、新聞・雑誌の発行部数が飛躍的に増大すると、一字一字の活字を選んで文章に組み立てていく日本式印刷方法は極めて非効率で高価となることが問題となった。最大一〇〇〇万の活字を備え、原稿を片手にした文選工が一日に一三キロも走り回るといわれた新聞界からは、異体字の多い漢字・仮名の整理を要求する声が高まった。教育界からは小中学生に漢字や仮名遣いの学習に多大な時間と辛苦を強いるのではなく、社会生活に必要な字数の漢字学習に抑え、より多くの時間を理化学教育などに振り向けるべきだとの意見も出された。

こうした要請を受け、一九二一年に臨時国語調査会が設けられ、東京・大阪の新聞社や出版・印刷の関係者も委員に加わった。臨時国語調査会は、国民生活に直結する国語問題に焦点を絞り、「常用漢字表」「仮名遣改定案」「字体整理案」「漢語整理案」などを決定した。

一九二三年に発表された「常用漢字表」では、国民生活を送る上で支障を生じない漢字一九六二字を選び、表にない漢字は仮名で書くこととされた。また、「字体整理案」では、異体字が混在している漢字の字体を中国の『康熙字典《こうきじてん》』を基準に統一した。

その後も、漢字表については改訂が続けられ、二〇一〇年からは「改定常用漢字表」二一三六字が用いられている。そして、「常用漢字表」を選定したことによって「常用漢字と仮名とを用いて文章を書き綴り得るように漢語を整理」することが必要となり、一九二六年から二八年まで一三回にわたって漢語整理案が発表された。これは「常用漢字表」に無い漢字を含んだ漢語を書き改めるものであり、一攫千金《いっかくせんきん》を「ぬれ手で粟」、忖度《そんたく》を「推測、あて推量、おしはかる」などと整理したものだった。

だが、一攫千金や忖度などが現在も使われているように、漢語整理案には実効性がなかった。

さらに、漢字・漢語整理という要求と相まって中等教育における漢文科の廃止を要請する声も高まっていた。それは中国の古文である漢文を日本式に訓読する訓練をしても現代の社会生活に役立たないだけでなく、中国との思想交換や交易にも使えない、日中親善に必要なら漢文ではなく外国語として中国語を教える方が有益だと主張するものであった。

モダン語としての漢語

しかしながら、いかに漢字・漢語を節減し整理しようとしても中国などとの交流が活発化していったモダン語の時代においては、新たな漢字・漢語が新語として日常生活で使われるようになることを押しとどめることはできなかった。

中国で刊行された漢訳西洋書（西学書）や華英辞典などを参考に日本で新たな意味を付与された日訳

漢語や、手続・取締などの日本漢字語が摩擦を伴いながらも東アジア世界に普及していった過程については研究が進んでいる。ただ、第一次グローバリゼーションの時代において中国などから日本に、いかなる言葉が新たに入ってきたかについての研究は空白に近い。この空白を埋める鍵となるのは、モダン語辞典の中に中国や朝鮮から入ったと明記されている言葉である。

そのうち中国語に注目してみると、生活世界で使われた言葉には語感で受け入れられたり、諧謔《かいぎゃく》的に用いられたものが多かった。それらの言葉の一つに「オヤ、ポコペン・ポコペン」とリフレインを入れる「ポコペン節」などの流行歌に使われたポコペンがある。

この「**ポコペン**」は『広辞苑』に「(中国語で、元手にも足りない意)だめだ。話にならない」とあるように、「支那語の不殼本児《プコーペール》から来た言葉で、引き合わぬ、駄目だという意味」(『現代新語辞典』)、「支那語より出た言葉。矛盾と同義」(『現代語新辞典これさへあれば』)という意味で使われた。これは値段交渉に際して、元値が切れるから駄目だとして中国人が不彀本(現代中国語では不够本《プウコウペン》)というのをポコペンと日本人が聞き取ったもので、中国に住む日本人が日常的に使う言葉でもあった。そのため中国在住邦人が日本語を交えて使う特異な中国語は「ぽこぺん語」「ぽこぺん支那語」、兵士が使う中国語は「ぽこぺん兵隊語」とも称された。さらに中国人をさしてポコペンと呼ぶこともあった。

なお、音感だけで意味のつながりはないと思われるが、現在でもポコペンという語が歌詞に入る童歌や「～～、ぽこぺん!」と掛け声をかける缶蹴《け》りや鬼ごっこなどの戸外遊戯が残っている。

また、語感が似ているために誤解されそうだが、製菓メーカー・不二家のマスコット名、「ポコちゃん」は幼児をさす古語「ぼこ」を、「ペコちゃん」は子牛の愛称「べこ」を、それぞれ西洋風にアレンジしたものでポコペンとは全く関係ない。

ポコペンとは違って良い意味で使われた言葉に、モダン語特有の「ハイカラ、おしゃれの意」（『社会ユーモア・モダン語辞典』）を示す「**漂亮**《ヒヨーリヨー》」（現代中国語では漂亮《ピアオリアン》）という漢語がある。これは「支那語から出たもので、特に「あでやか」とか「仇《あだ》っぽい」とか又は「粋な」などの意味」（『モダン新語大辞典』）だった。また、フランス語の「**アベック**」（avec）、ドイツ語の「**アイン・パール**」（ein Paar）と同じような意味で、「**一男一女**《イー・ナン・イー・ニュー》」という中国語が「夫婦さし向い」（『社会ユーモア・モダン語辞典』）を表すモダン語として流行したが、これは日本語での直接的な表現を避ける言葉遊びだった。

この他、中国から入ってきたマージャン用語も生活世界に浸透し、様々に転用されていった。マージャンは初め **mahjong** という英語から日本へ明治末期に伝わったともいわれる。しかし、日本で流行するようになったのは中国で英語教師をしていた名川彦作が一九〇九年、帰国の際に麻雀牌を持ち帰ったことに始まる。そして、関東大震災後に急速に愛好者が広がって麻雀屋や麻雀クラブが次々と生まれ、一九二九年には各地の組織を統合して菊池寛を総裁に日本麻雀聯盟が創設されるに至った。

こうして「麻雀《マアヂャン》を知らずんば近代人の資格なしと云わるる迄《まで》」（菊池寛ほか編『麻雀大講座・入門編』春陽堂、一九三〇年）のブームとなり、菊池の文藝春秋社は麻雀牌の輸入販売も手がけた。

麻雀の流行とともに、「麻雀クラブで客にサーヴィスする娘」（『新語常識辞典』）、「メンバーが足りない時は加わって麻雀の相手をし、又初心者に手解《てほど》きをする新しい職業婦人。又麻雀狂の女をも指す」（『世界新語大辞典』）モダン語として「**麻雀ガール**」が注目を浴びた。『社会百科尖端大辞典』（一九三二年）には「麻雀の遊び方と用語集」が載せられ、用語すべてに中国語の発音が付されている。

これらの麻雀用語から向かい合うことを意味する「**対面**《トイメン》」や、後一個必要な牌《パイ》が入れば上がれる状態をさす聴牌《テンパイ》を動詞化した「**テンパる**」というモダン語が生まれた。ただ、「テンパる」は準備ができた直前の状態の意味から次第に転じて、目一杯・切羽詰って余裕がない状態という意味でも使われるようになった。麻雀用語でもあった「**面子**《メンツ》」については、「支那人の性格に特有なもので、日本で云えば「顔を立てる」「男を立てる」の意だが、広く、深く支那人間に浸《し》みこんだもので、支那人の総《あら》ゆる現象、動静はこの骨を知らずしては理解出来ない」（『モダン辞典』）と強調されている。

さらに「麻雀の白板から出た言葉で、色の白いのっぺりした男の嘲笑的呼び方」（『社会百科尖端大辞典』）として「**白板野**《パイパンや》**郎**《ろう》」というモダン語も流行した。

同様に「**ツーモる**」「**ツモ**（**自模**）**る**」は「麻雀用語のツーモーを動詞化した語。取ってくること」（『新語常識辞典』）で良いタイミングで自動車を拾う、恋人と出会うなどの意味でも使われた。麻雀用語が、更に露骨な性的意味に転用されたこともモダン語辞典には記されている。

新聞語としての支那現代語

麻雀などの娯楽用語とともに、辛亥革命以後の日中関係が複雑な軌跡を描く中で、中国の社会・政治情勢を反映した言葉もモダン語として日本に入ってくる。

そのうち時事語に関して、大阪毎日新聞社の用字用語集『大阪毎日新聞スタイル・ブック』(一九三一年)には、「支那現代語」として八四語が挙げられている。ここでは訳語を付したものは訳語を用いるとして、影戯館↓映画館、影片↓フイルム、工会↓労働組合、工作↓事業、工人↓労働者、華僑↓在外支那人、接収↓引継、抵制↓日貨(排斥)、電影↓映画、伝単↓ビラ、買弁↓ブローカー、飯店↓ホテル、罷工《ひこう》↓ストライキなどの訳語例が挙げられている。ただ、この中にある語でも他の新聞・雑誌では原語のまま使われ、日本語として定着した中国語も多かった。

他方、そのまま用いるとされる語として、海関、改編、合作、糺察隊《きゅうさつたい》、下野、公司、合弁、国恥記念日、通電、特区、土豪劣紳、便衣隊、面子、洋行、要人などが挙げられたが、語義の説明はない。

それでは、これらの言葉はモダン語辞典でどのように解説されたのだろうか。

まず、それまでの日本語の用法と全く違った意味で入ってきた代表的な中国語に「**工作**」がある。工作について『広辞苑』では、「①器物などをつくること。②土木・建築などに関する仕事。③ある目的のためにあらかじめ計画的な働きかけを行うこと。「裏面—」」と解説されている。

このうちの③が中国から入ってきた語法であり、「支那語から出たもので、計画実行の意。政治工作、内部工作等最近しばしば用いられる」(『モダン新語辞典』)、「ある事を計画し行うこと、手段を講ずること。政治工作、軍事工作などと用いられる」(『新語新知識』)と説かれた。さらに、「これこそまがいもない支那生れの現代語。「工夫して仕上げる」つまり画策という意である。我国へ輸入されたのも確か昭和になってからで、「非常時局の対策として工作が足りない」とか、「我国は対支文化工作についても相当頭を搾《しぼ》る必要があろう」とか、「欧洲の和平工作」などと用いられ、又やや尖端的なのになると「恋愛工作」「追出し工作」などいうのもある」(『新語と新形容』)と説かれたように、政治や軍事に関する以外に生活世界にも当てはめて使われた。この工作に関連するのが「**合作**」で、「支那語から来た新流行語。「合同動作」又は「共同作業」のこと」(『常用モダン語辞典』)、「中華民国語の帰化したもので「合同動作」の意味。他に「合同製作」の略語としても用いられる」(『モダン語漫画辞典』)と説明されたが、国共合作や合作社などとの関連については触れられていない。

政治関係で注目される言葉としては、下野や要人そして打倒や賄選《わいせん》がある。「下野」は「**シヤエ**=支那で政界から身を引くこと。「蔣介石の下野問題」」(『新語常識辞典』)などと例示されているように当時の中国の政治情勢を反映したモダン語だった。また、要人という言葉自体は日本にもあったが、「**要人**(**ヨーニン**)=日本では大官と言うが、支那ではそういう権力のある当路の人を要人という」(『モダン新語大辞典』)と日本語と違う発音を注記するものと「**要人**《ようじん》=支那政府の大官連をさす」(『新語と新形容』)とするものがあった。打倒については「支那から出た語で、打ち倒す義。即ち打倒帝国主義、打倒軍閥主義等と種々用いられる。この頃日本にも打倒浜口内閣、打倒若槻内閣などと無産党が用いるようになった」(『モダン新語大辞典』)と、また賄選については「投票買収による選挙。支那語に由来す」(『最新百科社会語辞典』)と説明されている。

賄選に関連して「**賄選議員**」もモダン語となり、「賄賂《わいろ》で選挙人を買収して当選した議員をいう。口に選挙の革正《かくせい》が叫ばれていても、その実こんな不正手段を弄《もてあそ》ぶ議員が未だに根絶されないとは、さてさて困ったものだ」(『モダン語漫画辞典』)と慨嘆されていたが、この辞典が出た一九三一年から一〇〇年近く経てもなお同じ状態にあるのは「さてさて困ったものだ」と嘆いてすむ話ではないであろう。

さらに、資本主義化が進む中国社会に現れた階層をさすモダン語として注目されたのが、工人であった。「**工人**」は中国から「亡命して来た語で、「労働者」のこと。何事も「らしく無く」見せたいのが時代のカレントなのか、こんな言葉までが相当幅を利かせているから笑かせる」(『モダン語漫画辞典』)という批判的見方と、反対に「支那の労働者のこと。日本の労働者と書くよりは、この方が簡単で且つ要を得ている」(『モダン新語大辞典』)と評価する見方があった。ただ、工人も労働組合を意味する工会も、普及はしなかった。

深まる対立の中で

このような政治・経済関係の言葉以上に中国からのモダン語として注目されたのが、軍事に関する用語であった。例えば、改編や改組という言葉は、「**改編**＝支那の戦争で、勝軍が敗軍を自己の軍隊へ編成替をなすこと」「**改組**＝改編と同じ。組織がえのこと」（『国民百科新語辞典』）と紹介された。

また、軍隊組織そのものについては多様な任務や形態があったことから、より詳細に解説された。「**公安隊**」と「**護路軍**」については「公安隊とか保安隊とかいうのは同じようなもので、特別警察隊です。上海の日本軍撤退区域や、現に最近の北支の停戦区域内の警備などに当っているのがそれです。他の地方にも処《ところ》によって無論存在していまする」「護路軍とは鉄道の守備をする軍隊のことです。支那では鉄道といわず、鉄路といいますから」（『新語新知識』）と紹介された。

この他、軍隊ではないが、「社会運動、政治運動等に於《おい》て、裏切り者や他の妨害者を防止する為に設ける所の部隊のこと。大正十四年支那に勃発した排外運動の時、この名称が始めて用いられた」（『常用モダン語辞典』）として、自衛団である「**糺察隊**《きゆうさつたい》」が多くの辞典で採り上げられた。

そして、中国との外交関係が悪化していく中で、特異な軍隊として関心をひいたのが便衣隊であった。「**便衣隊**」については、「国民革命軍の北伐に際して初めて使われた名称。便衣は支那語で平服という意味。正規軍の前衛部隊よりも遥《はる》かに前方を進み、目的の敵地に参々伍々《さんさんごご》潜入して、或《あるい》は内応軍の組織、或は民衆への宣伝等に活躍し、味方の軍隊が接近し来った時機を見計って武力による敵軍への奇襲を敢行し、迅速に戦闘の効果を挙げる任務を果す。最近特にしばしば奇功を現わしている。その神出鬼没とも言うべき活躍振りは、探偵小説、大衆読物に豊富な題材を提供している」（『モダン新語辞典』）などと紹介された。もちろん、内戦においてではあれ、軍人が正規の「軍服でなく平服で敵地にのり込み住民を煽動する」（『国民百科新語辞典』）ことには批判的見方もあった。「平常服を着用に及んで敵地へ深く潜入し、偵察、暗殺、攪乱、煽動等、平常服だけに勝手放題に振舞うのである。恐るべき輩よ」（『モダン語辞典』）という警戒心は、その後、中国での戦線が拡大していく中で平服の一般市民に対する日本兵の疑心暗鬼を生んでいった。

国家間の戦闘行為は制服を着用した正規兵の間で行うことが慣例であり、継続的に私服で害敵行為を行うことは違法行為となる。他方、敗残兵が私服に着替えた場合でも捕虜と認定されれば人道的対応をすることとなっている。ただ、その正確な見きわめを混乱した戦場とりわけ夜間の戦闘で行うことには困難が伴うため、一九三七年一二月の南京事件など、多くの惨害を引き起こしてしまった。便衣隊に関する情報をモダン語辞典などの簡略な解説によって得ていたことが、却《かえ》って無辜《むこ》の平服の人に対しても過剰な警戒心と敵愾心《てきがいしん》を日本兵に抱かせる契機となった、という逆説がそこには生まれていたのかもしれない。

ところで、漢字・漢語整理事業は新聞各社が協同して実行に移したことで成果を挙げるかに見えた。しかし、軌道に乗り始めたまさにその時、満洲事変が勃発。以後、戦場が広がるにつれて中国の地名や人名を記すために必要な常用漢字以外の漢字は、日々増え続けていった。

そして、更なる逆説が起きる。一九四〇年三月、洋風の芸名などにカタカナを使うのは敵の言葉である「敵性語」を使うことだとして禁止され、漫才コンビの芸名だったラッキー・セブンは楽喜・世文などと改めることを迫られた。その後、「敵性語追放」の掛け声によってタバコのゴールデン・バットは金鵄《きんし》、チェリーは桜などに変えられた。また、生活用語のテーブルは卓子、フォークは肉叉《にくさし》、野球用語のホームインは「放免」、ファウル・ボールは「圏外の飛球」、ゴルフ用語のグリーンは「球孔区域」、パターは「短杖」などと次々に改められていった。

音楽のジャズは「軽音楽」と言い換えられ、これが一九四五年以後はクラシック音楽に対するポピュラー・ミュージック一般をさして使われるようになっていく。

しかし、日本が一九三七年以来、戦い続けている敵は中国であり、敵性語を本当に追放しなければならないのなら、漢字そのものを追放しなければならないはずだった。ただ、その根本的矛盾に気づいていたとしても、それを口にすることは許されない空気が支配していた。

とはいえ、いかに大東亜共栄圏建設と共存共栄を掲げ、日本語を「大東亜共通語」にすると力説されても、現地で兵士が食糧などを調達する際にも必要となるのは中国語や英語であった。そのため「先《ま》ず現実に根ざし、日支両国語と東亜全般に普及せる英語とを併せ掲げ」る『日支英対照興亜新辞典』(一九四〇年)などが緊急に刊行されたが、ここには「日本語が話せるならお前を雇おう」などの簡単な会話例文を含む「支那語の手引」が付載されていた。

第4章

モダンの波頭を切るガール

「大正末年に近く空には訪欧飛行成功　地にはモダンボーイ，モダンガール蔓延し出す」(岡本一平・画文「漫画明治大正史」『太陽』1927年6月増刊号)．1925年，朝日新聞社の「初風《はつかぜ》」「東風《こちかぜ》」の2機が訪欧飛行に成功した．

一　生活文化の変容と女性

二つのモダンとは

モダン語辞典を手がかりに、日本における「近代と現代という二つのモダン」の現れ方を世界史的なつながりの中で探ろうとすると、すぐに突き当たる問題がある。

それはモダンとは何かが、モダン語辞典では直接的に説明されていないことである。もちろん、モダンやモダーンという項目はあり、「近世とか近代とかの意」(『音引正解近代新用語辞典』)、「近代。現代。近代人。当世人」(『モダン新語大辞典』)、「①近代の。現代の。当世風の。②現代人。近代思想の人」(『新語常識辞典』)などと説明されている。だが、それでは近世と近代と現代あるいは近代人と現代人などが、それぞれどう違うのかについて知ろうとしてもそれらの語は立項されていないか、あっても疑問には答えてくれない。それ自体は、語義の簡潔・的確な解説を旨とする辞典の宿命でもあろう。

事情は現在刊行されている辞典でも、同様である。『広辞苑』ではモダンについて「現代的。近代的。モダーン。「—な服装」」とあり、『大辞泉』(第二版)には「《「モダーン」とも》現代的であること。今風でしゃれていること。また、そのさま」などと記述されている。ここでもモダンそのものが何かは分からないし、近代と現代と今風との差異も明確ではない。『学研現代新国語辞典』(二〇一七年)には近代について詳しい解説があるが、現代については「①今生きている時代。②歴史上の時代区分の一つ。日本史では太平洋戦争以後現在までの時代。参考・広義には明治維新以後をさす」とある。このように時代区分を付記することによって、近代と現代の差異を明らかにしようとする辞典が多い。『広辞苑』は近代について「①今に近い時代。近ごろ。「―秀歌」②(modern age)歴史の時代区分の一つ。広義には近世と同義で、一般には封建制社会のあとをうけた資本主義社会についていう。日本史では明治維新から太平洋戦争の終結までとするのが通説」と記している。また、現代について「①現在の時代。今の世。当世。②歴史の時代区分の一つで、特に近代と区別して使う語。日本史では太平洋戦争の敗戦以後、世界史では一九世紀末の帝国主義成立期以後、ロシア革命と第一次大戦終結以後、第二次大戦後など、さまざまな区分が行われている」と説明している。

時代区分については異なった説明もあり、『大辞林』(第三版)では現代について「世界史的には一般に、大衆社会の成立を見た一九世紀末以後、あるいは資本主義社会と社会主義社会の並立した第一次大戦後をさすが、日本史では、第二次大戦後をさすことが多い」としている。

それぞれの解説からは、近代と現代を区切る基準の違いが窺《うかが》えて興味深い。ただ、違う時代区分が日本史と世界史にあることがなぜ自明視されるのか、については疑問が残る。日本が世界の中に含まれていないとは誰も考えないはずだから、日本史が世界史とは違う時代区分になるのは、資本主義や社会主義そして大衆社会の成立時期などが違うという判断に基づくのであろう。

他方で、近代が modern age に当たるとしながら現代については相当する英語が『広辞苑』に記されていないのは、欧米では一つとされるモダンを日本で近代と現代に分けてきた歴史意識が反映していると思われる。その反面で欧米などにおいて、モダンだけでは時代の変化を説明できないとしてポスト・モダンや「ポスト・ポストモダン」さらに「ポスト・ポストモダン以後」といった歴史段階が議論されているのに対して、日本では強く意識されない状況がある。日本でいつまで「現代」という時代区分が続くのか、今後とも注意して見ていく必要がある。

こうした議論を提起するのは、無用な混乱を引き起こすだけかもしれない。

だが、全く不要な議論でもないはずだ。それは二〇二二年度から高等学校の必修科目となる「歴史総合」において、「近代化」「大衆化」「グローバル化」の三大項目を手がかりに「日本と世界の近現代史」を学ぶことになっているからである。その時、違った歴史区分で認識されてきた日本史と世界史における近代と現代のズレをどのようにつなげていくのかという問題に直面することになる。

何よりも、この問題は「近代・現代の複層としてのモダン」の現在に及ぶ意義をモダン語の地平から明らかにしようとしている本書にとって避けて通れない課題なのである。

大戦・震災の衝撃と衣服革命

この「近代と現代という二つのモダン」について、同時代において書かれた興味深い一文がある。筆者は菊池寛である。

われわれの学生時代にもっとも、我々の心をときめかしたものは、モダンメンと云《い》うことだ。我々はそれを独逸語でモデルンメンシュなどと云って、一の合言葉として嬉《うれ》しがったものである。従ってモダニイテイとかモダアニズムとか云う言葉にも深い魅力を感じたものである。そして、我々は近代であることを念とした。しかるに、それから十数年も経っている、そしてモダンなど云うことばも、もうすっかり古くなっていると思っていると、昨今遅ればせにモダンガールと云う言葉が日本の流行語になっている。モダンドラマなどと云う成語が、その新味を悉《ことごと》く失っている今、モダンガールと云う言葉が、あらゆる新しさを持っているなど、をかしいことである。

（「麴町雑記――モダンガール」『文芸春秋』一九二七年二月号）

菊池寛が東京師範学校などを経て第一高等学校に入学したのは一九一〇年。同級生に芥川龍之介や久米正雄などがおり、ドイツ語や哲学を教わったのは夏目漱石『三四郎』で「偉大なる暗闇」と称される広田先生のモデルといわれる岩元禎《いわもとてい》であった。そして、一九一六年に京都帝国大学を卒業して学生時代を終えている。この菊池の学生時代に刊行された一九一二年刊の『英独仏和哲学字彙《じい》』にも、一九一五年刊の『日本外来語辞典』にも、菊池が挙げたようなモダンに係わる言葉は一つも出ていなかった。おそらく、それは学生間の「一の合言葉」に過ぎなかったのであろう。

だが、菊池や芥川らはモダニティやモダニズムに深い魅力を感じ、その言動において「近代的である」ことを体現した「近代人（Modern-Mensch）」になることを念じていた。その近代人とは、生活様式や外見などの次元というよりは、内面の自由を確立・維持して自立性や合理性などを備えた生き方としての近代精神を学び、身につけるという教養の次元で追求されたものであったと思われる。そして、その「近代人」としては、あくまでも男性だけが想定されていたのではないだろうか。

しかし、それからほぼ一〇年を経て、菊池らが考えていた「近代としてのモダン」は次第に新味と魅力を失い、モダン・ガールに「あらゆる新しさ」が表象される「現代としてのモダン」の時代が到来したように見えたという。それを「おかしいこと」と菊池が表現したのは、時代の変遷に対する驚きとともに、そうしたモダンの到来を先取りするかのように菊池自身が一九二〇年の『真珠夫人』執筆以降、限られた「近代人」を対象とする文芸小説作家から「大衆読者」とりわけ現代女性読者を念頭に置いた通俗小説作家へと舵を切っていたためでもあった。

もちろん、菊池は眼前のモダン・ガールについては、その「新しさ」を認めつつも「風俗以上の何物でもない」とも見ていた。しかし、二十数年前に日本に渡来した社会主義思想が、次第に洗練されて日本人にとっても付け焼き刃ではなくなりつつある現状を見れば、「モダンガールなど、十年前のモデルンメンシュの落伍者でなく、将来産《うま》れるに違いない真のモデルンメンシュの先登《せんとう》であるかもしれない」（前同）という展望を持ってもいたのである。

それでは、菊池が「真のモデルンメンシュの先登であるかもしれない」とも見ていたモダン・ガールを日本に初めて生じさせた背景に何があったのだろうか。これについては、菊池の「モダンガール」論からほぼ一〇年後、モダン・ガールが新語ではなくなり、その生活スタイルが定着しつつあった段階で『現代新語小辞典』(一九三六年)に記された一つの総括が参考になる。

それによればモダン・ガールとは、「世界戦争後に発生した新女性で、大戦後著しく激動して行った社会姿態が必然に生んだものである。日本では、大震災後にそれの発生的事情があったように思われる。それが略称されて「モガ」となり、日本で発行される英字新聞がそれを用い、それが更に英国に逆輸入されたとのことである。一般には、短いスカアトをはき、断髪にした軽快な洋装の女をすぐ「モガ」と呼びなしたが、それは単に服装の如何《いかん》によらず、むしろモダーンな生活様式・考方《かんがえ》・感情をもった新女性をいう」と解説されている。

この記述で注目すべきは、日本においてモダン・ガールが出現する契機として、第一次世界大戦と関東大震災との二つの事件が挙げられていることである。そして、一九三六年にはモダン・ガールは特に新奇な現象ではなく、「モダンな生活様式・考え方・感情をもった新女性をいう」との評価が与えられていたという事実である。

モダン・ガールについては、当時の風評も、そして現在の歴史書や教科書などでも多くの場合、軽佻浮薄な社会風俗現象の一つとして扱われてきているが、それとは異なった見方があったことには留

図 4-1　アッパッパが普及した大阪における日常風景(『眼で見る昭和』上巻：元年〜20 年，朝日新聞社，1972 年).

意しておくべきであろう。ちなみに、ここで触れられているモガが英国に逆輸入された経緯については、「曽《かつ》て「ジャパン・アドヴァタイザー」がモガ・モボを論じた標題に The Moga and the Mobo と書いてあったところが、その言葉は英国の或《あ》るヂャーナリストをして成程《なるほど》これは便利だといわせたそうだ」(『現代新語辞典』一九三一年)といった解説があった。

このようにモダン・ガールが現れた背景には、第一次世界大戦後の世界的な改造・解放という思潮によって生じた女性の社会進出があり、さらに関東大震災後の銀座や新宿などの復興整備と郊外化などによって新たな生活様式が生まれたという社会構造や都市文化の変容があった。これに加えて、震災時に和服で逃げ遅れた女性が多かったこと、また少ない服地ですむという経済性もあって、女学校でそれまで体操服として使われていた洋服が制服となっていったことなどを背景として、婦人の日用洋装として一九二四年夏頃から「**簡単服**」が普及したことも見落としてはならないように思われる。

「簡単服」は、衣料費の節約や家事・労働における機能性確保などの要請から「生活改善」運動の一環としても考案されていた。しかし、洋服自体が普及していない中で積極的に着用する人は少なかった。その中で、女性の洋装化を一挙に進めた革命的ともいえる簡単服・簡単着として大阪から全国に爆発的に広がったのが、帯も襦袢《じゅばん》も不要で涼しいことから「**清涼服**」とも呼ばれた「アッパッパ（アッパッパー）」だった。室生犀星は「カンタン服、これは頭からかむる一枚通しの改良洋服」（「モダン日本辞典」『モダン日本』一九三〇年一一月号）と記している。その当時の大流行の様子は、東京郊外でリヤカーにアッパッパを満載して売り歩く「移動アッパッパー屋」が夏の風物詩として報じられた新聞写真などでうかがうことができる。アッパッパは薄い服地で作るワンピース仕立ての家庭着であり、一見すれば下着のままのように見えたためか、永井荷風は「女子がアッパッパと称する下着一枚で戸外を出歩く奇風」（『濹東綺譚』一九三六年）について友人の批判的な論評があることに触れている。アッパッパは洋装ではあったが、髪形も関係なく、靴や靴下をはいて着るのではなく下駄や「突っかけ」と呼ばれていた簡単なサンダルばきが普通で、大阪では駅頭や繁華街でも多くの女性が着て出歩いていると報じられていた。

ヒオウギガイ（虹色貝、バタ貝）という貝の俗称でもあるアッパッパが、衣服名となった経緯について確実なことは不明だが、大阪の飲食店「くいだおれ」の創業者・山田六郎の考案ともされる。ヒオ

図 4-2　東京郊外の「移動アッパッパー屋」
（『朝日新聞』1931 年 8 月 13 日夕刊）.

ウギガイが焼くと貝が開いたり閉じたりを繰り返すことからアッパッパと呼ばれたように、歩くたびに裾が「パッパ」と広がったり挟まったりするところから呼ばれるようになったという説もある。

『広辞林』(一九三四年)には「**あっぱっぱあ**＝炎暑に著用《ちゃくよう》する裾《すそ》の披《ひら》きたる簡単服」とあるように、通気性を良くするために裾がゆったりと作られていた。『広辞苑』では「あっぱっぱ」について「夏の婦人用の簡単服の俗称。ゆったりしたワンピースで、家庭で着用する。大正末期〜昭和初期に流行」と解説されている。しかし、一九六〇年代でも私が暮らしていた熊本市では、夏になると簡単に手縫いできるアッパッパを女性は自分の好みの柄・形で作って着用し、買物などにも出かけていたことを鮮明に記憶している。風に吹かれると服地がフワフワと「上へ上へ、アップアップ(up, up)」するようにも見えるので、私はその様子から出た名称であると聞いていた。

ガールを先にするモダン

こうして第一次世界大戦と関東大震災を経て、日本社会は近代というモダン層を残しつつ、女性の和服から洋服への移行などに見られるように、現代というモダン層と交差する段階へと入っていく。その展開が、どのように進んだかを端的に示すのもモダン語辞典である。

一九二六年に刊行された『実際に役立つ新撰語の字引』には、「モダーン」に関する項目は「モダーン・ガール」だけしかなく、「現代的女性」と簡単に語釈するだけである。また、モダンという項目はあるものの、そこでは何も説明することなく、「「モダン・ガール」を見よ」(『新しい時代語の字引』一九二八年)と、その説明をモダン・ガールに委ねるものもあった。しかも、「モダン・ガールとモダン・ボーイとを言う場合、ガールを先《さ》きにする。例えばモボ、モガと言わずに、モガ、モボという、ソコにもモダン味があるのである」(『ウルトラモダン辞典』一九三一年)と強調されたように、先《ま》ずモダン・ガールの詳しい説明をし、その「対」となるものとしてモダン・ボーイを説明するのがモダン語辞典の通例であった。「モダン味」は何よりもガールに見出されていたのである。

そうした記述の一例として、先に挙げたモダンについて「「モダン・ガール」を見よ」とした『新しい時代語の字引』では次のような論理展開となる。まずモダン・ガールについて「英語のModern girlで、現代女性・近代婦人・当世女・新しい女・新時代の女学生などの意味がある。(モダーンと発音するのが正しいが、訛《なま》って「モダン」ともいうから以下「モダン」と記す)震災後、何ビルの女事務員中に、「ジャンダークのお何」と称する不心得《ふこころえ》の若い女性を出して以来、流行の髪形《かみかたち》・けばけばしい服装・濃厚な脂粉《しふん》の装いをし、言語・行状が従来の淑《しと》やかさの性情を欠く者を総称して、世間ではモダン・ガールと称《とな》え、多く嘲笑的の語として用いられる傾向を生じた」と説く。

その上で「このモダン・ガールの対語《ついご》として現れたのが、「モダン・ボーイ」(Modern boy)であって、現代型青年とも称すべきか、マドロス・パイプ、水兵型《セイラーがた》ズボン、ロイド眼鏡などの身の廻《まわ》りから初《はじ》まって、いわゆる当世のアメリカ式ハイカラの軽調さを罵《ののし》ったものである」として、モダン・ガールの項目の中でモダン・ボーイが説明されている。ここに記されたモダン・ガールやモダン・ボーイの特徴は、ほぼ同じトーンで他のモダン語辞典でも書かれている。ただ、この『新しい時代語の字引』が他のモダン語辞典と異なるのは、単に批判を記すだけでなく、その可能性にも触れている点である。すなわち、モガ・モボの軽佻浮薄さが非難を浴びている事態を認めながらも、次のように敷衍する。

しかしながら、一面においては、そうした事実もあろうが、他面においては、洗練された服装・住居・建築・家具・芸術・娯楽・装飾・化粧・美容等《とう》……の進歩そこに、いわゆるモダン(近代文化の義に解す)の反映がうかがわれるわけである。またモダン・ガールなるものも、ヤンキー張《ば》りの、軽調な物好き婦人ばかりを指すのではなく、ガンヂーに代って祖国のために警鐘を鳴らす印度《インド》女流詩人ナイヅーを初めとし、日本最初の世界的女性、人見絹枝嬢の如き者こそ、真のモダン・ガールとして、世の偏見を打破る活《い》きた問題を、我等の前に投げ出すものではなかろうか。

確かに、視野を世界に広げれば、モダン・ガールは単に外見だけの流行ではなく、芸術や政治やスポーツなど多方面にわたって女性が世界を舞台に活躍できる時代が到来していた。

ここで挙げられているナイヅーは、ガーンディーと共にインド国民会議派の指導者として独立運動に献身し、女性解放を唱導した女流詩人で「インドのナイチンゲール」と称されたナーイドゥ(Naidu, Sarojini)である。また、人見絹枝は一九二六年の国際女子陸上競技大会で日本人選手として世界大会で初めて優勝し、さらに一九二八年のアムステルダム・オリンピックで日本女性初のメダリストとなっている。人見は一九二六年から七種目で一〇回の世界記録を作るなど女性アスリートの先駆者として、文字通り「世界を駆ける」モダン・ガールとみなされたのである。

モガからモボ・モマ・モバ・モヂ・モキへ

このようにモダン・ガールについては非難と期待との両面から様々な論評が出されたが、それは導入の段階から始まっていた。日本におけるモダン・ガールという語の初出は、北澤秀一《きたざわひでいち》が「長梧子《ちょうごし》」の筆名で『読売新聞』に寄稿した「滞英雑記」のうち、「近代の女(五)」(一九二三年一月一一日)でイギリスの若い女性の情況を批判的に紹介したものであった。しかし、同年四月号の『女性改造』に北澤が寄稿した「モダーン・ガールの表現」では、因襲から解放された自覚と知識を持って「魂の要求するままに生きようとする女性の大群」が西洋に現れており、日本女性も自らの魂の要求を「もっと顔と言葉とで表現」すべきだと呼びかけていた。

むろん、モダン・ガールはこうした論説だけに促されて生まれたのではない。この年に起きた関東大震災後、生活環境が激変する中で衣食住の生活様式や倫理観・価値観も大きく変容していった。

コケティッシュな魅力を振りまきながら自由奔放に生きて男性を翻弄する若い女性ナオミを主人公とする谷崎潤一郎『痴人の愛』が発表されて反響を呼んだのも、震災後の一九二四年から二五年にかけてであった。ナオミは作中では「西洋人臭《くさ》い女」「ハイカラな女」と表現されたが、モダン・ガールの典型として読者には受け入れられた。ナオミのような言動は「**ナオミズム**」と呼ばれ、「だらしない女の変態性欲的恋愛」(『新語常識辞典』)、「解放的な女性の変態的愛欲をいう」(『モダン新語大辞典』)などと説明された。そして、**Naomism** は、和製英語として朝鮮・台湾・中国などに紹介されていった。

ナオミがモダン・ガールの典型とみなされたということは、モダン・ガールにも同様の眼差しが向けられていたことを意味する。モダン語辞典でいち早くモダン・ガールを取り上げた『音引正解近代新用語辞典』(一九二八年)では「近代式の女という意味であるが、普通には断髪洋装の女を多少軽侮していう」として蔑称的意味合いをもつ用語として紹介されている。『新しい言葉の泉』(一九二八年)でも「近代的洗練を受けた女性という意味、この対にモダンボーイと言うのがある。その教養において、思想において、近代的精神を発揮する女性、しかし現今我々が言うモダンガールの意は軟派不良少女を連想さして仕方がない」として不良イメージが強調された。新しい女、モダン・ガールを不良少女とみなすのは、中国や台湾でも同様の反応として現れた。朝鮮ではモダンに発音が似ている「品性が悪い、誤っている」を意味するモッテン(못된)を当てて「モッテン・ガール」とも呼ばれた。

その後も、「モダン・ガール＝大正十二年頃から日本に流行して来た所謂《いわゆる》新しがりの女の徒で、いたずらに濃厚な脂粉を施して異性を魅惑せんとする不良的分子に多く見る型である」(『最新外来語辞典』一九三〇年)といった記述が踏襲されていった。

こうして不良という烙印《らくいん》がモダン・ガールに捺《お》されると、不良とモダンが同義とみなされ、通念や規範を逸脱したとみなされる人に対してモダンの名が当てはめられ、モダン・ボーイについても、「映画が好きでダンス、ジャズそれに恋愛遊戯は勿論一番好き、不良とまでゆかなくとも、とにかく不良じみた浅薄な新しがりの青年」(『世界新語大辞典』一九三七年)といった評言になる。

そして、「ガールを先にするモダン」は必ずしも未婚の女性に限定されず、その否定的な評価も含めて年代を越えて造語されていく。既婚でモダン・ライフを送る家庭の妻は「**モダン・ワイフ**」となる。その中で、「常に家をあけて若い青年などをつれてキネマやダンス、スポーツなどに日を送っている有閑階級の不良奥様」(『一般的／共通的・誤字誤読モダン語の新研究』)は、「**モダン・マダム**」(Modern Madam)略して「**モマ**」と呼ばれた。モマは、「良い意味においては近代的教養あり性質明朗快活な若奥様をいうのであるが、普通にはモガ時代の習慣が抜けず、おしゃれで遊ぶことが好きで自ら女王気取りで多数の若い異性を集め、時には恋愛の火遊びもやろうといった不良性を帯《お》びた夫人をいうのである。このマダム、子供よりいえばモダーンマザーであって至って不親切なマザーなのである」(『世界新語大辞典』)などと説かれた。モマには、モダン・マダムと「**モダン・マザー**」の二重の用法があり、モダン・マダムについては有閑階級と結びつけられることが多かった。

このモダン・マダムやモダン・ワイフの対語としては、本来ならモダン・ハズバンドやその略語としてのモダン・ハズやモハというモダン語が流行しても良さそうだが、ここでも男性は影が薄い。

「モダーン・ファーザー」をモダン語として載せる辞典もあるが広まることなく、代わって流行したモダン語が**「トッチャンボーイ（ボオイ）」**で、「数人の子がありながら、花柳街カフェーあたりに出入りしては、若い妓《こ》達《たち》にそぞろなる恋心を覚え、心ときめかすといったような男。又、いい年をしながら、頗《すこぶ》る元気で飲酒遊興する男」（『新語新知識』一九三四年）で、**「小市民」**に属するとみなされた。

そして、モダン・マダムがいれば、更に年長の女性でモダンな婦人は、**「モバ」**となる。モバは「モダン婆さんの意で比較的現代的な観念を有し若い者に理解のある婆さん。又は年にも似合わずお洒落で色気の失《う》せぬ婆さん」（『世界新語大辞典』）をさす。モバの対語としては、**「モダン・ヂイ（ヂヂイ）」**とその略語である**「モヂ（モジ）」**が当然のように現れ、「当世風な爺さんのこと。不良老年。相当の年配でありながら年にも恥じずカフェー等の女給を追いかけ廻してふざけ歩く老翁」（『モダン新語大辞典』）、「老年のくせにモダンがってカッフェ、ダンス・ホール等をあさり歩く男」（『国民百科新語辞典』）などと説明された。こうして老若男女にモダンが冠せられれば残るは子どもで、「モガ・モボのような素振りや身なりをまねる、こましゃくれたガキ（子ども）」は、英語のキッズ（kids 子どもたち）ともかけて男女を問わず**「モガキ」**や**「モキ」**とも呼ばれたが、この語は広まらなかった。

このようにモダンなるものに不良といったイメージが重ねられたのは、自らの既成観念や生活様式が乱され否定される不安感・不快感の裏返しでもあり、ハリウッド映画に描かれるような男女関係やアメリカ的な生活様式そのものを退廃的として否定的にみなす思潮の現れでもあった。しかし、老若男女にモダンが付されたという事実は、その否応ない広がりを示すものでもあった。

世界の動向への同時的対応

こうして先ずモダン・ガールという小石が穏やかだった水面に投げ入れられると、そこからモダンと呼称される人たちが同心円の波紋を描くように性差や年代差を越えて広がっていった。

新奇な外見や言動をもって現れたモダン・ガールたちは、周囲からの好奇と非難にさらされて自ら戸惑いつつも、因襲にとらわれることなく旧来の倫理観や価値観を覆していった。そこに抑圧がかからなかったはずはない。モガ・モボへの批判的な見方は「模蛾・毛呆」といった当て字にも現れたし、公序良俗を乱すとして「モガ・モボ狩り」と呼ばれる取締の対象ともなった。婦人会から警察署長宛に「モダン・ガール征伐」の請願書が出されることもあった。

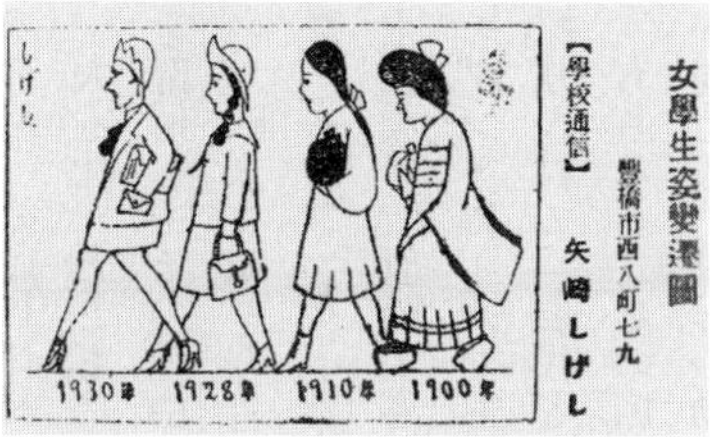

図 4-3 矢崎しげし「女学生姿態変遷図」(『サンデー毎日』1928 年 2 月 19 日号).

しかし、早くも一九三〇年代半ばには、モダン・ガールやモダン・ボーイなどのモダン語そのものは流行語としては廃れていった。それはモダン・ガールなどによって受容された断髪や洋装や生活様式が、その機能性ゆえに浸透し、新奇さという光彩を失っていったからでもあった。

その後、総動員体制が強化されるとモダンという語自体が禁句となっていった。

大宅壮一とともにモガ・モボを流行語にした新居格《にいいたる》は、モダン・ガールが日本を変えていく必然性を確信し、その理由として生活様式の欧米化とともに「曽《か》つて知識的にないし概念的にのみ知解《ちかい》していた欧米文明を今日では生活ないし情緒《じょうしょ》のうちにまで細かく取容《とりい》れてしまった」(「近代女性の社会的考察」『太陽』一九二五年九月号)ことを早くも挙げていた。この観察が正しいとすれば、文明開化や欧化主義など政府の主導下で進められた舶来化＝ハイカラ化による「近代としてのモダン」とは異なり、モダン・ガールたちは世間の顰蹙《ひんしゅく》・排撃や官憲の取締に抗して自らの意志で欧米の生活様式と情緒を採り入れて「現代としてのモダン」の波頭を切っていったことになる。

もちろん、その広がりはきわめて限定されていた。だが、映画やグラフ雑誌などを媒介として個人が同時代の世界の動向に目を向け、自分なりに生活様式などを変えていく第一次グローバリゼーションのうねりは確かに採り入れられていった。そして、モダニズムもまた「近代主義」という訳語から転じて、次のように定義される。「**モダニズム**＝現代主義。現代的新解釈で物事をすること。モボ、モガ的に振舞う主義。現代式」(『英語から生れた現代語の辞典』一九三〇年)と。

その「現代としてのモダン」ともみなされる「現代式」の波頭を切っていたのは、女性であった。

二　毛断《モダン》と裳短《モダン》

身体の拡張としてのメディア

モダン・ガールの登場によって、日本における「現代としてのモダン」は日常生活において目に見えるような形で広まっていった。それは人間の行動様式や言動そのものが、その場に居なくとも空間を越えて人と人をつなぐ機能を果たす時代の到来を告げていた。もちろん、そこには一九一〇年代以降に普及してきた様々なメディアの発達があった。

コミュニケーションを媒介するメディアは、音声言語から文字言語を経て、電気的技術による音響・画像などを伴う機械言語へと移ってきた。こうしたメディアの遷移《せんい》に伴って社会と人間のあり方も変質してきたが、情報の拡散と共有化によってナショナリズムを基調とする「近代としてのモダン」を形成する駆動力となったのは出版資本主義(print capitalism)だった。

そして、出版資本主義が不特定多数の大衆《マス》を購買対象者として獲得するとき、マス・メディアが生まれる。日本では一九一〇年代から読者として成年男性だけでなく婦人や少年・少女そして幼児を対象とする月刊誌が続々と刊行され、一九二二年には週刊誌も創刊された。さらに一九二六年からは改造社『現代日本文学全集』など定価一冊一円の叢書である「円本」がブームとなり、一九二七年の岩波文庫創刊以後には廉価大量出版の文庫本が続出した。

こうした出版文化の興隆とともに、電気メディアの導入も進んだ。一九一〇年には日本最初のレコード会社・日本蓄音機商会(日蓄)が設立され、一九二四年には蓄音機・レコードの輸入額が第二次世界大戦前のピークに達した。一九一二年には本格的映画会社として日本活動写真(日活)が生まれ、一九二五年にはラジオ放送も開始された。

モダン語の時代とは、活字メディアと電気メディアを通じて視覚と聴覚を使った情報取得が進み、世界が同時性をもって動く「現代としてのモダン」が形成された時代であった。その「現代としてのモダン」の特徴は、少数のメディアが多数の人々に向けて大量情報を一方的に発するだけでなく、次第に個々人が情報の発信主体となっていったことにある。

メディアの視点から文明史を考察したM・マクルーハン(McLuhan)は、人間の器官や機能を拡張するものがメディアであるとみなし、印刷物やラジオ・テレビなどだけではなく住宅や自動車などもまたメディアに他ならないと考えた。メディアが情報伝達の媒体というに止まらず、人間の感覚を刺激してそれ以前の感性を変化させ、結果的に思考や知覚のあり方まで変える可能性に着目したのである(*Understanding Media: the Extensions of Man*, 1964)。このようなマクルーハンのメディア論には批判も多い。

しかし、東アジア世界における「近代と現代の複層としてのモダン」の実相を見きわめていこうとするとき、その出現によって確かに人々の感覚や思想までを変えていった身体の拡張としてのメディアがあったことに気づかされる。それは髪型と服装である。

当て字に込められたモダンの諸相

人々の目の前に突如として現れた「現代としてのモダン」。それがいかに映じたのかを端的に示したのが、モダン・ガールについての漢字表現であった。例えば、『社会百科尖端大辞典』(一九三二年)付載の「日米モダンガールエロエロ集」では「モダンガール」について「読んで字の如く、近代娘であるといえば何の面白味もないが、この娘さん達、断髪が多いので「毛断《もうだん》ガール」とか、お喋《しゃべ》り好きなので「毛断蛙」とか、万事OKで勇敢にエロに猛進し断行するので「猛断ガール」、更にひどいのになると「もう旦那《だんな》がアール」(花柳界方面)などと転用される」と紹介されている。

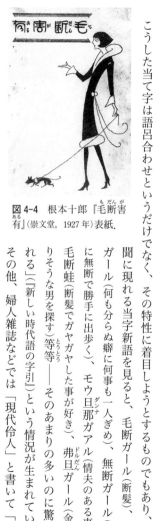

こうした当て字は語呂合わせというだけでなく、その特性に着目しようとするものでもあり、「新聞に現れる当字新語を見ると、毛断ガール(断髪)、盲断ガール(何も分らぬ癖に何事も一人ぎめ)、無断ガール(家人に無断で勝手に出歩く)、モウ旦那《ダンナ》ガアル(情夫のある事)、毛断蛙(断髪でガヤガヤした事が好き)、弗旦《ドルだん》ガール(金のありそうな男を探す)等等《とうとう》――そのあまりの多いのに驚かされる」(『新しい時代語の字引』)という情況が生まれていた。

図 4-4　根本十郎『毛《も》断《だん》害《が》有《ある》』(崇文堂, 1927 年)表紙.

その他、婦人雑誌などでは「現代伶人」と書いて「モダ

図 4-5　武井武雄「無駄餡 GIRL」(1927 年)．ここでは餡で「あん」と記されている．

ンガール」とルビを振るものもあった。また、束髪や日本髪を結い上げるための芯に入れる付け毛は「餡《あん》」と呼ばれていたが、断髪ではこの「餡」が無駄となることから断髪女性は無駄餡嬢《ムダアーンガール》とも呼ばれた。

当て字に言及しないモダン語辞典でも、モダン・ガールについては「理性と叡智、四肢の豊かなる発達、進歩的思想、潑溂《はつらつ》たる姿が、その理想とされている。しかし洋装断髪の姿だけは如何《いか》にも近代的らしいが、教養頭脳の貧弱なのが多いので、自然この語は、軽薄で気障《きざ》で、享楽的なオシャレ女の代名詞となるに至った」(『最新百科社会語辞典』)などと、断髪と洋装をメルクマールとして挙げるのが通例だった。

要するに、内面的な思想や教養などは一見しても分からないが、洋装や断髪を見ればモダンなるものが了解できるというのである。現在でも中国や台湾ではモダンや流行を「時髦《シーマオ》 shímáo」と表現するが、髦《ぼう》の原義は眉の近くまで垂れた小児の短い髪をさすものであった。日本で刊行された『日支英対照興亜新辞典』(一九四〇年)でもモガを摩登女子《モトルニュイツ》、モボを時髦男子《シマオナヌツ》と表現していた。

まさしく髪型と服装という身体性の拡張は、その人の個性だけでなくモダンというものを人々に伝えるメディアとして機能してきたのである。髪型と服装の変化は、単に外見が変わるというだけでなく、感覚や言動など生きるスタイルまでも変化させるものだった。

この事実に着目すれば、断髪や洋装は単なる外見上の風俗とだけはいえなくなる。その事実を前提に、ここで一つの仮説を提示してみたい。それは東アジア世界においては、男性の断髪と洋装が「近代としてのモダン」を、女性の断髪と洋装が「現代としてのモダン」を表象するという見方である。

男性の断髪については、「半髪頭をたたいてみれば因循姑息《いんじゅんこそく》の音がする、惣髪《そうはつ》頭をたたいてみれば王政復古の音がする、ジャンギリ頭をたたいてみれば文明開化の音がする」(『新聞雑誌』一八七一年五月)という俗謡が知られている。半髪とは頭髪の半分を剃《そ》って月代《さかやき》を施し、後ろに残した髪を結ったもので、惣髪(総髪)とは全体の髪を伸ばして結った髪型をさす。ジャンギリはザンギリ(散切り)・散髪・斬髪とも呼ばれ、髪を剃りも結びもせず、切り下げたままにする髪型だった。これらの髪型は、個人の嗜好によって選択されたわけではない。半髪頭の丁髷《ちょんまげ》などは武士や商人の、惣髪は医師・儒者・神官・浪人などの、ザンギリは遊芸や罪人送致などに従事した人などの髪型であり、髪型は年齢や職業や身分などを判別する標識となっていた。

そのためザンギリにすることには心理的抵抗も強く、一揆さえ起きた。しかし、ザンギリは西洋風というだけでなく日本固有の髪型に復古するものである、頭髪を剃らないことで人間の精神が宿る頭脳を保護できる、手入れが簡単で経済的・衛生的である、頭の中味を変えるには先ず頭髪の形を変えるべきだなどの理由によって断髪が推奨された。そして、一八七三年に明治天皇の断髪・洋装の御真影が下賜されると、これに倣うことが正装とみなされていった。こうして「欧米の文明という大嵐は、他のものに先だちて先ず国民の頭上を襲い、数百年来頭上を飾りしチョン髷を吹き飛ばし」（石井研堂『増補改訂明治事物起原』春陽堂、一九四四年）た。男性の断髪は、西洋化する日本人、四民平等の近代という理念を可視化した。それとともに断髪を促す告諭などでは、皆兵となった日本では農工商の人すべてが明日にも徴兵されるため陸海軍の兵士と同じ髪型と服装にして日常的に慣れておくべきだと説かれた。男性の断髪・洋装は、富国強兵策の一環でもあり、その尖兵としての姿でもあった。

そもそも東アジア世界では、「身体髪膚之《これ》を父母に受く、敢えて毀傷《きしょう》せざるは孝の始めなり」（『孝経』「開宗明義章」）と説かれて蓄髪や結髪が親孝行を示す表象とみなされたため、断髪には心理的抵抗が強かった。何よりも髪型や服制は、支配者に臣従することを示すものであった。そのため清朝では、満洲族の髪型である弁髪を漢民族などにも強制した。しかし、「滅満興漢」を標榜する革命運動が高まると清朝を否定する象徴として断髪が行われたし、清朝内部でも新政の一環として弁髪を切る「剪《せん》弁《べん》」「剪髪《せんぱつ》」が論議された。そして、辛亥革命後の中華民国では弁髪が廃止された。

朝鮮では、結婚前の男子は髪を後ろで束ねる総角《チョンガー》（この語から未婚男子がチョンガーと呼ばれた）とし、結婚後は頭の中央を剃って髷《サントウ》を結い網巾《マンゴン》という鉢巻で締めた上に冠や帽子を被る伝統があった。ところが一八九五年、金弘集《キムホンジプ》政権による甲午改革の一環として断髪令《タンバルリョン》が唐突に出されたため、「髪を切るなら首を切れ」という反発が広がり、乙未義兵《ウルミウイビョン》も起こった。そのため一八九六年に断髪令は廃止されたが、一九〇九年に断髪をした純宗《スンジョン》が地方巡幸をした際、これを迎える男性たちが自発的に断髪したことから心理的抵抗も少なくなり普及していった。

東アジア世界で服制は支配秩序を可視化する重要なアイテムとされ、伝統的服制を西洋の服に易《か》える「易服《えきふく》」は革命的事態であった。しかし、明治天皇が自ら実践するなど、各国で支配者側が率先したことによって普及していった。こうして東アジア世界では、男性の断髪と洋装が「近代としてのモダン」を表象するメディアとして機能したのである。

束髪から断髪へ

男性の断髪が衛生・簡便・経済的で、欧米先進文明と同化することだと推奨される中、日本では断髪する女性も現れた。男性の断髪の理由づけが正当であるのなら、女性の断髪も正当なはずである。だが、逆に、禁止する方針が取られた。その理由は長い黒髪こそ女性の伝統美を示すもので、男女の差異が不明となる髪型は禁止すべきだというものであり、一八七二年四月五日には東京府達三二号によって女性の断髪が禁じられた。現在、四月五日が「ヘアカットの日」とされているのは、この日付をもって女性が髪を切る自由を祈念するためである。

一八七三年には太政官布告として軽微な犯罪を取り締まる刑罰法である違式詿違条例《いしきかいいじょうれい》が全国に施行され、病気療養などの理由で許可された人以外、「婦人にて謂《い》われなく断髪する者」は処罰すると定められた。しかし、日本髪を結うときには松脂《まつやに》と胡麻油の蠟《ろう》に香料を混ぜた鬢付油《びんつけあぶら》が使われるため、洗髪するにも多量の油脂や付着した汚れを取り去るために手間がかかった。そして、洗髪後も乾かして結い上げるのに時間と費用を要するため洗髪を頻繁に行うことはできず、臭いを発することもあったし、アタマジラミという虱《しらみ》による痒《かゆ》みにも悩まされた。

こうした日本髪に伴う弊害を除くために、医師の渡辺鼎《かなえ》らによって一八八五年に組織されたのが婦人束髪会であった。「婦人束髪会を起《おこ》すの主旨」によれば、「我国女子の結髪風は不便究屈《きゅうくつ》にして苦痛に堪《た》えざること」「不潔汚穢《ふけつおわい》にして衛生上に害なること」「不経済にして且交際上に妨《さまたげ》なること」などの欠点があり、日本髪を西洋式に改良した束髪にすることで「女子をして天然《うまれつき》の快楽《たのしみ》を全《まっと》うせしむる」とされた。束髪は髪を部分ごとにまとめて一塊《ひとかたまり》に束ねるもので、英吉利《イギリス》結び・二百三高地・廂髪《ひさしがみ》などの髪型があった。一九一〇年代末から流行したのは、両耳を隠す「耳隠し」で、ハサミ状の鏝《こて》であるアイロン(smoothing iron アイロンはアイアンの転訛)でウエーブをつけることも始まった。

しかし、一九二〇年代になると、「現代としてのモダン」を象徴する女性の断髪が、世界的流行として日本にも入ってくる。女性の断髪は、第一次世界大戦に従軍した看護婦が洗髪も自由にできない戦場で髪を短くしたことに始まり、アメリカ映画や雑誌を通じて世界的に普及したと紹介されていた。

モダン語辞典では女性の「断髪は二、三年此《こ》の方《かた》世界的の流行となった。これは欧洲戦争の時、婦人が活動するのに都合のいいように考え出した髪形《かみかたち》だが、今日ではむしろ米国式の粋《すい》を好むおしゃれのすることと見られないでもない」(『新しい時代語の字引』)と解説された。そして、日本でも明治五年頃に女性の断髪が流行したと指摘した上で、「現代の断髪は如何なる階級に属するかは別問題。要するに、流行というものは、繰返して行われる」と記している。

確かに、女性の断髪は第一次世界大戦以前にも世界各地で行われていた。しかし、重要なことは、同じ髪型が世界的に同時に流行したという事実、そして女性の断髪が男性による強要や国策としてではなく女性自身の自己表現手段として選び取られたという事実にこそある。

断髪については「**虱よけ**」という項目を立てて「断髪の嘲笑語。欧州大戦中米国の婦人が、雑務多忙のため頭髪の手入れ怠りがちになり、虱がわきたるため髪を短く断ち切れるよりかく呼ぶ」(『現代語新辞典これさへあれば』一九二七年)と、その起源を説く皮肉なモダン語辞典もあった。

こうした断髪への批判的見方に対して、アメリカから帰国後にハリウッド美容室を開いて断髪の普及に努めた初代メイ・ウシヤマ(牛山春子)は、断髪が日本でも流行するのは「徒《いたずら》に欧米に模倣すると いう意味でなく、真実この方が、活動的でもあり、手数《てすう》も比較的かからず、経済的逼迫《ひっぱく》の猛烈な時代に適応したものである」という理由を挙げて反論した。そして、「それがたとえ、外形的に悪い意味のモダンに解釈されましょうとも、決して一時的流行でない以上、直ちに街上にその影を失う事は不可能な事」(『近代美しき粧ひ』岡田文祥堂、一九二八年)だと予言していた。「美こそは婦人の生命」であると説くウシヤマにとって、活動的で健康的で経済的な現代女性の美を象徴する髪型が断髪であった。

そして、毛断嬢（娘・女子）という当て字で断髪のモダン・ガールをさすことは、日本の植民地であった朝鮮と台湾でも同時性をもって波及していった。

裳短と断裁美学

このように東アジア世界でも流行した女性の断髪は、アメリカ映画の影響もあって短いスカートとストッキングそしてハイ・ヒールやパラソルなどと一体のものとして受け入れられた。そのためハイ・ヒールというモダン語は「踵《かかと》の高い女の靴のことだが一般には尖端を泳ぐモダン・ガールの別称」（『現代新語辞典』）としても用いられた。一九二九年に発売された益田太郎冠者《ますだたろうかじゃ》作詞・作曲の「モガモボソング」では「わたしゃ銀ブラの　モガモガモガモガ　髪はボッブ刈り　両耳を隠し　服は膝まで　腕や脚を出して　伊達《だて》にチョイトさす　パラソール」とボッブ刈り断髪・膝までのスカートでパラソルをさすのがモダン・ガールの典型と歌われた（本章扉の絵を参照）。

こうして流行し始めた洋装では和服とは違って裳《も》・裾《すそ》が短く、足を出すことになったためモダン・ガールには裳短嬢という字も当てられた。裳短嬢に関するモダン語として「**ヌード・ストッキング**」や「**ノー・ストッキング**」も現れたが、これは「ストッキングレスともいう。断髪や、引眉や、生《なま》の腕や、短いスカートだけではまだ尖端的でないというので、新奇を追う亜米利加娘《ヤンキー・ガール》が靴下をはかずに脚線美を露《あら》わそうとして、悩ましい生の足を見せるようになった」（『現代新語辞典』）と説明されている。

朝鮮でも上着である襦《チョゴリ》を長くし、巻きスカートである裳《チマ》を短くして靴をはく裳短嬢が現れた。

ではなぜ、スカート丈は短くなったのか。これについてモダン語辞典では「カリフォルニア大学の人類学教授クロイバーが五十余年の昔に遡《さかのぼ》って、女の裾を変遷的に研究発表した」（『モダン流行語辞典』一九三三年）と紹介されているが、現在でも知られている研究に一九二六年にアメリカ・ペンシルベニア大学の経済学教授G・テイラーが発表した「スカート丈理論 Hemline theory」がある。この理論は景気が良くない時期には売れない服や服地を消費させるために女性のスカート丈《たけ》が長くなり、好況になると短くなるというものである。しかし、その後のスカート丈の長短の変化を見れば、経済情勢に対応するというよりもデザイナーや服飾メーカーによって流行が作られてきたように思われる。

例えば、フランスのクリスチャン・ディオールが一九四七年にニュー・ルックとしてロングスカートを発表すると膝下二〇センチのスカートがアメリカ経由で日本でも流行し、ディオールが一九五三年にショート・スカートを発表すると一気に短くなった。さらに一九六五年にパリでアンドレ・クレージュがミニスカートを発表すると世界的に流行して膝上二〇センチにもなった。日本でも六六年から流行し始め、六七年に「ミニスカートの女王」と呼ばれたモデルのツイッギー（Twiggy 小枝の意味）が来日すると、ミニやさらに短い超ミニを意味する「マイクロミニ」が一大ブームとなった。森永チョコレート「小枝」はその流行から名づけられたという。

ミニスカートは、中国で超短裙《チャオドアンチュイン》や迷你裙《ミーニーチュイン》と訳されるが、迷你裙は音訳である。しかし、同時に

「あなた(你)を迷わせ、悩ませるスカート」という意訳にもなる名訳語といえよう。

テイラーらの研究に対して、考現学《モデルノロジオ》(Modernolosio)を提唱していた今《こん》和次郎は、女性のスカート丈が短くなった要因として第一次世界大戦時に服地を節約し、女性の活動力増進を図る必要があったことを先ず指摘していた。その上で戦後も流行し続けているのは、現代というモダンに特有な「衣服様式単純化」という傾向の現れであり、「脚の出た短袴《たんこ》衣服」だけでなく着用する下着枚数も減少している事実に着目する。そして、単純化という「言葉のうちには次ぎの時代へ、との意味が含まれているのではないか！ 女性の衣服のスカートの長さ、それは更に大きい現象を計量する確かな尺度ではないのか！ ああ女性の短袴よ、現代女性の短袴の姿よ！」(「スカートの長さを主題としての服装論」『文芸春秋』一九二九年一〇月号)として、短袴＝裳短の女性に重々しい和服などから自らを解放し、スピーディな時代変化に対応していこうとする「現代としてのモダン」とそれをリードしていく女性の先進性を見出していた。

こうして女性の短い髪やスカートをはじめとして、生活全般の軽装化・軽快化を示すモダン語が「断裁美学」や「断裁主義」であった。

すなわち、「**断裁美学**」とは「芸術上の合理主義、すなわち一切の余冗や粉飾を排して、合理的に明瞭、簡潔力学性、合目的美を尊び、音楽の小うるさい形式主義から解放されたジャズや、断髪や、短いスカートを美学的に意義づけようとする」(千葉『新聞語辞典』)志向であり、その理論的基礎となるのが「**断裁主義**」で「女が髪を断ち、短いスカートをはき、音楽がジャズ的に分解されるのは、要するに断裁美学の説く処《ところ》と合一する必然的帰結であると見なす説」（『モダン新語大辞典』）とされている。

しかしながら、産業構造や軍備などにおいて「重厚長大」が国勢の目標となっていた当時にあって、こうした断裁主義は「軽薄短小」に走るという反発も生んだ。何よりも毛断や裳短が女性の自発的選択であることは、それだけで旧来の醇風美俗を損《そこ》なうものであるとの批判を招き、毛断や裳短の女性は就職で不利になったり解雇されるという事態も起きた。室生犀星が「一九三〇年、それは断髪には後悔を、スカートには二寸伸びを教養《（ママ）》〔強要〕した。断髪女は断髪しただけの理由で正当な職業を得られない例がある。真摯《しんし》なカフェでは断髪女を警戒し、雇用するに体裁上躊躇《ちゅうちょ》している」（「モダン日本辞典」『モダン日本』一九三〇年一一月号）と記したように、スカート丈は三〇年以後、再び伸びていった。

それ以前、内田魯庵は毛断や裳短の世界的な流行にこそモダンの本質があるとして、「女の断髪短袴の如き、大戦中の女の奮闘の名残で、大戦の試練に由《よ》て強められた女の自奮でもあるし、また男に対するデモンストレエションでもある。隣邦支那が女の断髪を、張作霖《ちょうさくりん》は禁じ南方政府はこれを厳令した如き、単なる髪容が思想に影響する事の決して寡少《かしょう》ならざるを認めたからである」（「モダーンを語る」『中央公論』一九二八年一〇月号）と洞察していた。魯庵が指摘したように、毛断と裳短は女性自身が奮闘によって獲得した身体性の自己表現であると共に男性優位社会に対するデモンストレーションでもあった。そして、政治的権力者が女性の表現の自由をいかに扱うかの試験紙にもなっていた。だ

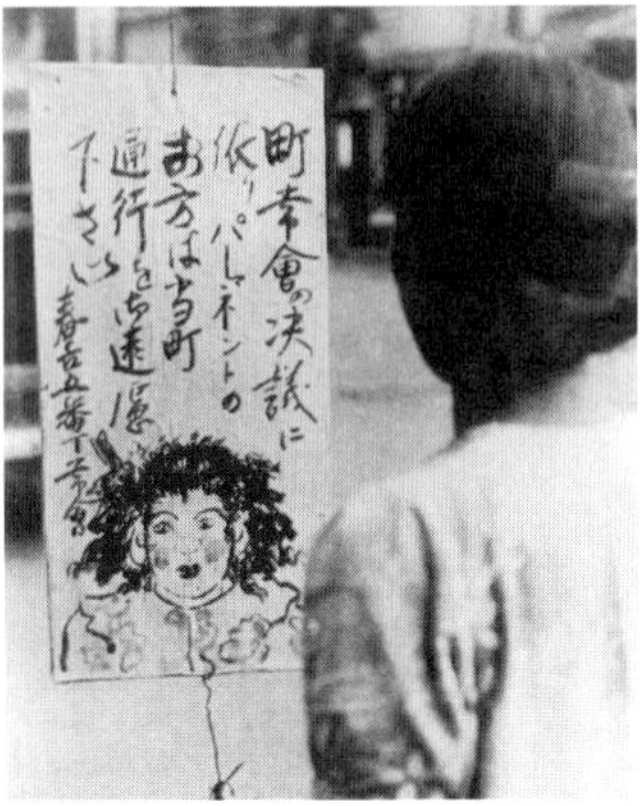

図 4-6 1940 年 9 月，福岡市春吉五番丁常会によって出されたパーマネント禁札（朝日新聞社）.

が、何よりも重要なことは単なる髪型や服装として軽視されている表象の中にこそ思想や個性が潜んでおり、それが社会を変動させていくという事実であった。

そして、それは日本に限られることなく、米英では「フラッパー」、フランスでは「ギャルソンヌ」、ドイツでは「ノイエ・フラウ」、アフリカでは「スクール・ガール」、中国では「摩登小姐（女郎）」、朝鮮では「新女子」「新女性」「新婦女」「毛断嬢」、台湾では「摩登小姐（女郎）」や「毛断嬢」のほか閩南語《みんなんご》の当て字で「黒猫《オニャオ》」（モボは黒狗《オガウ》＝黒犬）などと呼ばれたように、世界的な同時現象として現れたものであった。

しかし、その後、戦時体制に入ると足を出す裳短のスカートなどは論外となり、農山村の労働着「山袴《やまばかま》」の一種である「もんぺ」をはかずに洋装をすることは非国民と指弾されるようになる。また、断髪とともに一九二三年に機械がアメリカから輸入されて以来次第に流行し、モダン語では「パーマ」や「電髪」そして縮れた髪型から「雀の巣」と呼ばれたパーマネント・ウエーブも一九三九年六月、国民精神総動員委員会の生活刷新小委員会によって敵性だとして廃止が決定された。大人たちは

「町常会の決議に依り、パーマネントのお方は当町通行を御遠慮下さい」などの立て札を出し、子どもたちはパーマをかけた女性を見かけると「いーまは非常時　節約時代　パーマネントは　やめましょう～！」と囃《はや》し立て、小石を投げる子もいた。そうした反応は、二〇二〇年新型コロナの流行の中で現れた「自粛警察」や「同調圧力」と通底するものだった。しかし、女性や美容師は、これに屈することなく「淑髪《しゅくはつ》」などのモダン語を案出し、石炭などを使ってパーマネントを続けたのである。

このように髪型や服装は、自己表現と他者が要請する表現とが交差する拡張メディアとして機能した。しかも、それはマクルーハンが喝破したように「メディアはメッセージ」に他ならなかった。

三　五色譜《ゴシップ》と誤失歩《ゴシップ》そして「お座なりズム」

噂と童謡・謡言・歌謡

髪型や服装などに示された姿態というメディアには、それ自体に強いメッセージが込められており、「近代としてのモダン」と「現代としてのモダン」の時代層の移行と重なりとが色濃く反映していた。

しかしながら、身体や姿態だけが、メディアとして機能したわけでは当然ない。何よりも、世界で最も古く普遍的なメディアとされる噂が果たした機能を無視することはできない。

清少納言は「わが身をばさしおきて、さばかりもどかしくいはまほしきものやはある」(『枕草子』第二七〇段）として、いかに咎《とが》められようと自分に関することは嫌だが、他人についての噂ほどいいたいものは他にないと告白していたが、その人間の本性とでもいうべきものは時を貫いて現在のインターネット社会のSNSなどでは更に顕著に現れている。

　こうしたメディア手段やコミュニケーション形態がどのように変わってきたのかを考える際には、言葉の読み書きだけでなく、話す、歌うなど様々な口頭《オーラル》メディアにも注目する必要がある。

　中国では、噂を意味する言葉として童謡や謡・謡言などが使われてきた。童謡という言葉からは「大正中期から昭和初期にかけて、北原白秋らが文部省唱歌を批判して作成し、運動によって普及させた子供の歌」（『広辞苑』）が思い浮かぶ。それまでの文部省唱歌を「貧弱低劣なる子供の謡《うた》と音楽」と批判し、一九一八年創刊の『赤い鳥』などによって北原白秋・野口雨情・西條八十《やそ》などの作詞家と山田耕筰《こうさく》・中山晋平らの作曲家が「創作童謡」を発表し、それが「新民謡」の創作につながっていった時代、それはモダン語の時代と重なる（↓二七七頁）。

　ただ、童謡という言葉は、童心を表現した子供のための歌という意味で通用してきたのではない。上代では「諷《そ》へ諫《あざむ》く者多し。童謡《わざうた》亦衆《おお》し」と『日本書紀』（天智天皇六年三月の条）にあるように童謡を「わざうた」と読んで政治を暗に風刺する歌をさし、ワザは「隠された」という意味だった。江戸時代には子供が歌ったり子供に聞かせる歌を「わらべうた」と呼んだ。

　他方、中国で使われた童謡も、元来、子供とは無関係だった。白川静『字通』（平凡社、二〇一四年）

には、謡が「搾取に堪えかねて逃亡する隷農の詩」に見えるもので呪詛《じゅそ》の意味を含むとした上で、「童謡の童は結髪を許されない徒隷、その労働歌は無為的な讖言《しんげん》として用いられた」と解説されている。讖言とは予言などをさすが、これは汚れのない幼童の口を通して予言が人々に示されるために童謡と呼ばれたという説につながる。要するに、童謡というメディアは、虐げられた人たちが、噂に託して不正や圧迫を訴えるものであった。漢字の謡について『大漢語林』(大修館書店、一九九二年)では、歌の他に「うわさ。デマ。悪口を言う」などの意味があるとされる。現代中国語でも「謡言 **yáoyán**」は「根拠のない噂、デマ」、「謡伝 **yáochuán**」は「デマを飛ばす」という意味で使われている。

謡言については現在『広辞苑』にも取り上げられているが、実はモダン語としても「謡言=世間のうわさ。風説。特に支那の流言蜚語《りゅうげんひご》。風聞。ルーマー」(『新語常識辞典』)と紹介されていた。

ちなみに、日本では自由民権運動の中で演説を歌に託した「演歌」が生まれ、後に演歌師が歌う「はやり唄《うた》」に「流行歌」という漢字が当てられた。これを一九二七年にJOAK(現在、NHK)が「歌謡曲」と名づけてから広まっていった。これらの歌曲もまた「歌は世につれ、世は歌につれ」といわれるように、時勢や世情そして人々の感情を映し取ってきた。

ゴシップとゴシップ・モンガー

こうした噂や歌謡が、新聞・雑誌・ラジオ・レコードなどのメディアを媒介として空間的に遠く、時間的に速く飛び交うことでモダン語の時代は生まれた。そして、新たなメディアによって駆け巡る噂は、それまでのように顔見知りの人々についての話題にとどまらず、見も知らぬ人についての虚実入り交じった情報として伝えられる。その時、ジャーナリズムを媒介とする噂は、ゴシップやスキャンダルといった形で流通し、おもしろおかしく加工された際物《きわもの》商品として消費されていくことになる。

もちろん、モダン語以前においてもこれらの言葉は使われていた。一八八六年刊のJ・C・ヘボン『和英英和語林集成』(第三版)でも「Gossip＝おしゃべり、口たたき、噂(原文はローマ字表記。次も同じ)」「Scandal＝譏《そし》り、讒言《ざんげん》、恥」と訳されている。しかし、一九一〇年代には新たなモダン語として取り上げられるようになる。ただ、その意味と用法は、時期と執筆者によって違いがある。

まず、ゴシップを見ると、『雄弁』(一九一一年五月号)に掲載された「病者のゴシップ」では投稿記事を評して「不知不識《しらずしらず》発せるゴシップの中に、著しく近代的のトーンを見る」と記し、ゴシップを人生観の独白という意味合いで使っていた。また、「男性の恋のゴシップ」(河岡潮風『五々の春』博文館、一九一二年)は醜聞を扱ったようにも見えるが、これは男性の同性愛に関する歴史を客観的に整理したものので著者自身、研究ノートという意味でゴシップを使っている。雑誌『新公論』は一九一七年一〇月号から「ゴシップ」欄を設けたが、これは表紙の説明や次号案内を記すものだった。そして、その後の一九一八年三月号になると、「ゴシップ」欄には文壇や論壇の人々の行状記などが載せられたが、それは頁の空白箇所に置かれる埋め草という扱いであった。

モダン語辞典では、「**ゴシップ**＝無駄話と訳す。文壇の種々なる方面の噂などをとりとめもなく書いたものが文芸雑誌に見えている。是などはゴシップの好例である」（『文芸新語辞典』）と説かれたが、次第に「無駄話。噂話」（『現代模範新語大辞典』）、「噂話。楽屋落《がくやおち》。埋草」（『最新百科社会語辞典』）と文壇に対象を限定することなく一般的に用いられていった。モダン語辞典で目をひくのは、ゴシップ・モンガー（gossip-monger）やゴシップ・メーカー（gossip-maker）という語である。

「**ゴシップ・モンガー**」は「ゴシップを聞き耳たててしまい込んではふれ歩く連中をいう。どうもよくない感じの人種だ」（『モダン語辞典』）、「ゴシップ屋。即ちゴシップを拾って来ては御苦労にそれを振撒《ふりま》いて歩く者をいう」（『世界新語大辞典』）などと解説されている。これに対し、「**ゴシップ・メーカー**」は和製英語で「主として人事の罪のない話など、盛んに話の種をまいて歩く人」（『新語流行語辞典』）を呼ぶ場合と「新聞雑誌のゴシップ欄でよく話題になる人」（『世界新語大辞典』）をいう場合があった。また、「新聞雑誌のゴシップ欄で兎角《とかく》よく問題になる女」（『世界新語大辞典』）は「**ゴシップ・ガール**」と呼ばれている。なお、ラジオ放送が始まると「**アナウンサ（ー）**」で「何事でも他人に告げ廻る人」（『かくし言葉の字引』）、「人のことを告げ口する「おしゃべり」な人間」（『世界新語大辞典』）をさした。

このように使われたゴシップは「漫談。漫筆。時事小話。噂の聞き書。無駄話。座興小話《ざきょうしょうわ》。近頃の娯楽雑誌では、此《こ》の語を漢字にあてはめて、「五色譜《ゴシップ》」と書くことが屢々《しばしば》行われる」（『新しい時代語の字引』）と紹介されている。ゴシップは多彩な人生や社会の諸相を、皮肉や警句を交えて色鮮やかに描き出す五色譜に喩えられたのである。しかし、ゴシップは必ずしも五色譜という当て字のように、対象を快いユーモアで彩るものだけではなかった。そのため原義に立ち返って、ゴシップとは「「人事世相に関する肩の凝《こ》らない軽い談話又は記事」と岡倉由三郎《よしさぶろう》氏の『新英和大辞典』には説明してある。しかし我国でゴシップといわれているものは人の事が主である。政界ゴシップとか、文壇ゴシップとかは殆《ほと》んどそうである。いわば人の噂である。理想的にいえばゴシップは明るくて軽快、そして人を傷《きず》つけないで、精々《せいぜい》微苦笑の程度であってほしいものだが、中々性質の悪い毒気を含んだものがある。それは真の意味のゴシップではない」(『キング文庫新語新知識』)と批判されたが、趨勢《すうせい》は変わらなかった。

それどころか小説などの販売拡張のためにゴシップを自ら振りまく宣伝手段も駆使されるようになった。この自己宣伝に利用する事例を紹介して「誤失歩政策」と名づけた武野藤介は「ゴシップを「誤失歩」と書いたのは確か佐藤春夫氏であった」(『文士の側面裏面』、千倉書房、一九三〇年)と記している。佐藤がその当て字にどのような意味を込めたかは不明であるが、文字通り解釈すれば人や社会の「歩みを誤らせ、本来たどるべき道を失う」のがゴシップだということになろう。

ちなみに、白川静『字通』に依れば、誤の字は「祝禱《しゅくとう》をささげて舞い祈り、エクスタシーの状態になること」をさす呉の音と「その言は正常でないことが多かった」という意義から成り、失は「手をあげて舞い、恍惚《こうこつ》の状態にあることを示す」という。この語義解釈を当てはめれば、人々が我を忘れ正常さを欠いた恍惚状態の中で発したり盲信したりする噂や風聞としてのゴシップに「誤失歩」という字を当てたのは正鵠《せいこく》を射たものといえるのではないだろうか。

スキャンダルと「新しい女」

こうした興味本位の風説から造出されるゴシップに対し、スキャンダルは誹謗、醜聞（臭聞）、醜怪事などと訳されてきたように、非難や中傷さらには憎悪が込められていた。ただ、明治時代にはスキャンダルの主な対象となったのは権力者とその不正であり、そのためスキャンダルについては「①醜聞。不名誉な噂。②不正事件、疑獄事件。尚、スキャンダルシート（Scandal-sheet）は赤新聞、即ち低級な新聞の意」（『世界新語大辞典』）などのように疑獄事件をさす語として使われた。ここで赤新聞と記されているのは、黒岩周六（涙香《るいこう》）が創刊した『萬朝報《よろずちょうほう》』が赤みを帯びた用紙を使っていたことから生まれたモダン語で、「眼に王侯なく、手に斧鉞《ふえつ》あり」を社是として、政治家や有名人のスキャンダルを容赦なく暴いたことに因っている。黒岩は、森鷗外など五一〇例に及ぶ「蓄妾《ちくしょう》」や政治家の姦通を暴露するなど「紳士の名を冒《おか》せる怪物」に筆誅《ひっちゅう》を加え続けたことから「蝮《まむし》の周六」と呼ばれた。

しかし、黒岩とは異なり、広告やスポンサーに依存する新聞・雑誌にとって政治家や経済人のスキャンダルはタブーとなる。その代わりに購読者を増やす恰好《かっこう》の題材となったのが、新たに社会に進出してきた女性の言動であった。スキャンダルが注目を集めるには、新奇さと秘密を暴き見るような要素が不可欠である。モダン・ガールやモダン・マダムなどのスキャンダルが新聞・雑誌にあふれたのは、それ故でもあった。だが、女性がスキャンダルの標的となったのは、モダン・ガールが最初ではない。早くも一八八九年には増え始めた女学生のスキャンダルが、三面記事や小説などで取り上げられた。一八九〇年二月には『読売新聞』が連載「女学生の醜聞」で女学生の性的乱れを取り上げ、男女同権的教育を弾劾した。しかし、事例とされた女学生は匿名であり、根拠も不明であったため、正確な報道を求める記事が『女学雑誌』などに載せられた。こうした女学生へのスキャンダル攻撃は、女子教育の規範とされた良妻賢母主義を普及させることと表裏一体をなすものであった。そのため良妻賢母の対極にあるとして否定された女学生自体が、想像上の匿名の存在に過ぎなかったのである。

しかし、一九一一年九月、公然と良妻賢母主義に反対し、従来の恋愛や結婚などの制度を因習として否定する女性たちが固有名を明示して声を上げた。「山の動く日来《きた》る」に始まる与謝野晶子「そぞろごと」を巻頭に掲げ、「元始、女性は実に太陽であった。真正の人であった」と筆を起こして「烈《はげ》しく欲求することは事実を産む最も確実な真原因である」と結ばれる平塚らいてう(明《はる》)のマニフェストを掲げた『青鞜《せいとう》』の創刊である。『青鞜』に集った人々は「新しき女」「新しい女」と賛否両論を以て呼ばれ、それが代名詞のように流布してきた。だが、「新しき女」という呼び方は、既《すで》に一九〇三年の『滑稽新聞』(第五六号)掲載の「新らしき女の番附」にも見える。また、九月の『青鞜』創刊に先立つ五月から七月に、フェミニズムは「覚醒せる近代的婦人の運動の総称名辞である」として、その歴史や女子教育問題などを論評する「新しき女」という記事が『東京朝日新聞』に連載されていた。

平塚は「新しい女」という言葉は、一九一〇年夏に坪内逍遥が行った連続講演「近世劇に見えたる新しき女」から出たとしている。これはイプセンやズーデルマンなどの近代劇に登場するノラやマグダなどを「新しき女」とした上で、「男女同遇は最早《もはや》止むべからざる自然の大勢」であり、「女子待遇問題の解決は、主として女子自身の責任である」(『所謂新シイ女』博文館、一九一二年)と説くものであった。そうした声に応じるかのように、『読売新聞』は一九一二年五月から六月まで「新しい女」二五名を取り上げた。だが、その折も折、『青鞜』同人の尾竹紅吉《おたけこうきち》(一枝)たちがバーで「五色の酒」を飲んだことや吉原遊郭に登楼したことを『国民新聞』などがスキャンダルとして報じたことから、「新しい女」への攻撃が始まる。これに対し、平塚は『中央公論』一九一三年一月号で自らを「男の便宜のために造られた旧《ふる》き道徳、法律を破壊しようと願」う「新しい女」だと宣言して反撃に出る。

それが更なる反発を呼び、「近来、変てこな動物が日本に現われた、雌の癖に女郎買をしたり西洋酒を呷《あお》って管《くだ》を巻いたり、男女同権を主張したり、女尊男卑を唱え」(樋口麗陽『新しき女の裏面』池村松陽堂、一九一三年)るのが「新しい女」だといった悪罵が浴びせられる。さらに尾竹との同性愛的関係を自ら披瀝していた平塚が、明治民法による結婚制度を批判して年下の奥村博(博史《ひろふみ》)と共同生活を実践したこともスキャンダルの的となった。そして、『青鞜』の編集を平塚から受け継いだ伊藤野枝《のえ》が、愛人の神近市子《かみちかいちこ》(『青鞜』同人)がいる大杉栄と恋愛関係になり、そのもつれから大杉が葉山・日蔭茶屋で神近に刺される事件が一九一六年に起きたことで「新しい女」への罵倒に拍車がかかっていく。

モダン語辞典でも「**新しい女**＝従来の道徳慣習を悉く《ことごと》無意義、無価値とし、総《す》べての羈絆拘束《きはんこうそく》を棄てて、自己の慾望本望を遺憾なく発揮する女。飲酒喫煙、女権拡張を論じ、自由恋愛を主張する等は、彼等の好んで為《す》るところである。通俗には阿婆摺《あばずれ》れ淫奔《いんぽん》の自堕落《じだらく》女をも、或《あるい》は教育あるハイカラ風の女をも指す」（『新しき用語の泉』）として、その二面性が指摘された。

そして、その後、「新しい女」は「非国家的である、非社会的である、反家庭的である、非人道的である」（前掲、『新しき女の裏面』）という指弾《しだん》が、そのままモダン・ガールに向けられていく。

いや、それは女性が声を上げる度に繰り返される常套句《クリシェ》となる。だが、非国家的・非社会的などは措辞に過ぎず、その根底にあったのは男性の権威と優位性が否定されることへの反発と不安であった。

時尚と追従そして自壊

しかし、いかに悪評にさらされようと『青鞜』は、日本における女性解放運動の確かな第一歩となった。その主張は朝鮮や台湾から日本に留学した女学生に多大な影響を与え、「新女子」「新女性」などの言葉で自らの理想を表現した。その動きは朝鮮で青鞜社にならって青塔社が組織され、『新女子』（一九二〇年四月号）が「我々は青鞜である」と宣言したように、『青鞜』の主張に呼応するものだった。

このように「新しい女」は日本のみならず東アジア世界でも画期的な意味をもったが、その主張が広まるにあたっては、当時のジャーナリズムのあり方が大きく係わっていた。しかし、目新しさを追うことを迫られる商業ジャーナリズムにとって、「新しい女」もすぐに古くなっていく。

一九三二年刊行の辞典で「**新しい女**」は「二十世紀初期自由思想の勃興より従来、男子に対して絶対的に盲従し来《きた》れる境遇より覚《さ》めて、婦人も人間である、人間である以上、人間(人格)として取扱われたいとの要求の下《もと》に、自覚的な活動をせんとする婦人の総称。一時は一時的反動より男に伍していわゆる五色の酒などを呑んで議論をしたが、今ではこうした女は古い部に入れられている」(『社会百科尖端大辞典』)と総括されるに至る。それはもちろん要求が実現したから「古い部に入った」のではなく、ジャーナリズムの関心がもはや失われてしまったというに過ぎなかった。

現在、ジャーナリズムについては公平な事実報道と第四権力としての監視力が要請されている。しかし、モダン語時代の「**ジャーナリズム**」とは、次のように評されるものだった。

新聞業・雑誌業などと訳されるが、読者大衆に歓迎されることを目標として清新、珍奇、軽妙等を狙った記事を編輯しようとする方針をいう。例えば小説に一例をとってみると、「新聞小説」なるものは概して大衆の好尚《このみ》に媚《こ》びる傾向があって、純文学としてはかなり価値の低いものとされている如きはその例である。文学のみでなく、三面記事などにしても刺戟《しげき》的な書き振《ぶり》をするとか、広告料儲《もう》けのために不正な広告でもドシドシ掲載するとかする経営方針は、すべてジャーナリズムなのである。

(『新語と新形容』一九四〇年)

このように当時のジャーナリズムでは興味本位・営業本位の編集が重視されていたことは否定でき

ず、追跡調査やファクト・チェックなどは論外であった。そのため、「新しい女」に関しても、飲酒喫煙や吉原登楼や自由恋愛などのスキャンダルについては集中砲火的に報じながら、『青鞜』が日本社会の課題として挙げた結婚制度をはじめ貞操・堕胎《だたい》・売春などの問題をほとんど無視した。そうしたジャーナリズムのあり方は、「際物《きわもの》的、場当り的。人気取り的傾きを多分に含む。或る皮肉屋がこれを「お座なりズム」と言った」(『ウルトラモダン辞典』)と指摘される質のものだった。

この「お座なりズム」としてのジャーナリズムは、読者の興味に応えるだけでなく、読者を増やすために無理にでも興味をひくゴシップやスキャンダルを造り出す。それは同時に、真に問題とすべき事柄から人々の目を逸らし、重要な真実を隠蔽することになる。また、スキャンダルを取り上げるにしても黒岩周六のように権勢を誇る人々に立ち向かうのではなく、叩きやすく反論の機会さえ与えられない女性に集中的に向かう。様々な「〜〜ガール」がモダン語としてあふれ、嘲笑や非難の対象とされたのは、その一つの現れであった(巻末「**モダン・ガール小辞典**」参照)。

その反面、政財界や軍部などに追従して批判の矛先を向けず、むしろその意向を先取りして喧伝《けんでん》し、自壊していったのが、モダン語時代のジャーナリズムであった。その動向が現在の一部ジャーナリズムと重なって見えるのは私だけであろうか。

そして、今、SNSというメディアを手にしたゴシップ・モンガーは、プライバシーなど一顧だにせず、中傷やフェイク・ニュースを拡散するゴシップ・モンスターとして世界を跋扈《ばっこ》している。

第5章
モダンを超え、尖端へ、その先へ

ハーモニカ楽譜「モダン節」(ビクター出版社，1929年)と，河野鷹思・画「尖端的だわね」(松竹キネマ，1930年).

一　「アラ現代的」「オヤ尖端的」だわね

「現代節」と「てよだわ言葉」

「新しい女と言うてる内《うち》に　いつのまにやら親になる　アラほんとに　現代的だわねヱ」（『唖蟬坊新流行歌集』臥竜窟、一九一六年）。演歌師・添田唖蟬坊《そえだあぜんぼう》が「現代節」でこのように歌ったのは、一九一五年、平塚らいてう等が『青鞜《せいとう》』を創刊して四年後のことである。

この歌詞のうち「親になる」は、「古くなる」と替えても歌われるようになったが、それは「新しい」と称されるものがすぐに「古くなる」のが「ほんとに　現代的だわねヱ」という思いが人々に共感をもって受け入れられていたためであろう。

しかし、新しさがすぐに古くなる、わずか数年の間でさえ「甘い言葉も又脅《おど》かしも　覚《さ》めたノラには甲斐はない」という変化が女性の中に確実に現れてきていた事実も「現代節」には歌い込まれていた。そうした女性の自立を促したイプセン作『人形の家』のノラについて一九一二年一月号附録で特集した『青鞜』も一九一六年二月に五二冊めを発行して無期休刊となる。

もちろん、自由民権運動以来、時流への批判と庶民の生活実感を歌い上げてきた唖蟬坊にとって

「現代的」と見えたのは、女性の変化だけではない。一等国になったという呼号とは無関係に「死んだ後での極楽よりも　此《こ》の世でらくらく生活《くらし》たい」といった切実な声こそ、目を背《そむ》けてはならない「アラほんとに　現代的だわねヱ」というべき事態であった。そして、印刷物には載せることができなかったものの、街頭の演歌師は「貧にやつれて目をくぼませて　うたう君が代千代八千代」と歌っては喝采《かっさい》を浴びていた。幸徳秋水ら一二名が大逆事件というフレーム・アップによって処刑された年から四、五年後に「君が代」を歌う国民の姿が、このように歌われていたことは驚きである。

それが可能だったのは「アラほんとに〜〜だわねヱ」という女学生用語を一節ごとに挟んだことで、「現代節」がたわい無い戯歌《ざれうた》として見過ごされたためであろう。こうした語法はモダン語辞典で「**てよだわ言葉**＝女学生間の言葉を冷笑する言葉。「よくってよ」「いやだわ」などをもじったもの。女学校・女学生がまだ物珍らしかった過去の或《あ》る時期には、女学生の放縦《ほうじゅう》ならんとする言葉が、ずいぶん下卑《げび》て聞えた」（『新らしい言葉の字引』）と説明されるものだった。このように嘲笑をもって見られた語法を逆手に取って社会風刺に活かして流行語にしていく——そこに啞蟬坊の真面目《しんめんもく》がある。そして、何よりも社会の裏面や底辺からの呻《うめ》き声に目を凝《こ》らす啞蟬坊の全方位的な同時代感覚の鋭さは、いち早く自分たちの生きている時代の動きを「現代的」という言葉で捉えていたことに示されている。

「現代節」はその後も様々な替え歌が作られ、「アラホントニ　現代的だねー」「オヤほんまに　現代的ね」などのバリエーションが現れた。

「尖端的だわね。」

唖蟬坊が「現代節」を作ってから一五年後。「「尖端的だわね。」という、すさまじい小唄映画を、松竹蒲田《かまた》で作るそうな」という会話が、川端康成『浅草紅団』（『東京朝日新聞』一九二九年一二月から連載）に出てくる。何が「すさまじい」のかは、説明されていない。

ただ、「現代的だわねヱ」という語法を想起させる「尖端的だわね。」というタイトル自体が、意表をつくものであった。映画と共に「尖端的だわね」（西條八十《やそ》作詞・松竹蒲田音楽部作曲）という歌も作られ、「見てもわからぬ舶来トオキイ　わかる顔して見るつらさ　なまじ断髪洋装の手前　隣の外人をちょいと真似て　お茶を濁した苦笑い　オヤ尖端的だわね　オヤ尖端的だわね」と尖端的女性が表象された。映画自体は、ギャグを多用した恋愛をめぐる笑劇《ファース》で「低級であるということによって、この種のファースを排撃非難することは避けなければならない。これは低級であっていいのだ」（『キネマ旬報』一九三〇年五月一日号）と評されるものだった。しかし、川端康成らが制作前から話題にしたように、「尖端的」という言葉そのものが衝撃的だったことは間違いない。

「尖端的だわね。」がヒットすると、『むすめ尖端エロ感時代』というタイトルの下《もと》で第一篇『私の生命《いのち》は指先よ』・第二篇『娘突貫一〇〇哩《マイル》』や『尖端に立つ女』などの映画が製作された。また、外国映画にも『高速度尖端娘』『尖端脚化粧』『尖端的恋愛病』『尖端娘商売』などの邦題が付けられた。

ただ、ほとんどの映画がタイトルに掲げられた「むすめ尖端エロ感」などの「すさまじい」字句と内容とが、結びつかないものだった。

『むすめ尖端エロ感時代』の主題歌「エロ感時代の歌」（伊藤和夫作詞・松平信博作曲）は、「ひがなオフィスで　キイの音　命ゆびさき　紅《べに》そめて　恋のエロ感　何としよう　どうせ尖端　モガタイピスト」などと、タイピストやマネキンガールなど当時の「尖端新職業婦人」を並べて歌い、その後の「エロ歌謡」ブームに火をつけたと評されている。そして、一九三〇年には川田定子が「都育ちはイットが自慢　エロとグロとは百パーセント　恋のストック山ほど積んで　実費特売ローマンス」と歌う「尖端小唄」（松崎流之助作詞・鳥取春陽作曲）がヒットしたが、ここでもイット（↓六七頁）やエロ・グロ百パーセント（↓二一八頁）などが「尖端」を行く流行の表徴として歌い込まれていた。

こうして、それが何を意味するのかは明確ではないままに、尖端や尖端的という言葉に人々は敏感に反応し、そこにモダンの新たなる事相を見出そうとした。

流行の最尖端を競う化粧品で「ラブミー尖端色」として宣伝されたのは、オレンジ色の白粉《おしろい》だった。また、高層ビルからの投身自殺が続出すると「これは仲々《なかなか》尖端的で断然近代人にふさわしい往生の仕方だ」（安藤更生《こうせい》『銀座細見』春陽堂、一九三一年）として「尖端自殺」と呼ばれた。井上日召の血盟団が掲げた「一人一殺主義」を「テロリズムの尖端」（『モダン語辞典』）と定義した辞典もある。

スポーツでは「世界の尖端児亜米利加《アメリカ》」（鳩山一郎『スポーツを語る』三省堂、一九三二年）が注目され、中小商工業者に向けては『尖端的販売戦術』(中外商業商店欄編、千倉書房、一九三一年)などのハウツー本が刊行される。また、新聞を商品としていかに多く売るかが「尖端を往《い》くビジネス」(後藤武男『新聞企業時代』改造社、一九三〇年)として推奨され、ラジオについては「尖端を行く放送事業」(中山龍次『放送事業と社会』東京中央放送局、一九三〇年)としてその公共性が問題とされた。科学研究のフロンティアについては竹内時男『科学の尖端を語る』(時潮社、一九三四年)などが出版され、娯楽物では川口松太郎『尖端を行くレヴュー』(誠文堂、一九三〇年)などが出て、それらの諸相を河盛久夫『尖端を行く』(中央美術社、一九三〇年)などが漫画・漫文で描いて見せた。流行語となった「尖端的だわね」は、経済の動向にも使われ、「産業の合理化お芝居の合理化と合理化ばやりの世の中に、是は又最尖端を行く商品合理化の提唱」が「アラ、尖端的だわネ」(『工業之大日本』一九三〇年一〇月号)と揶揄《やゆ》された。

このように、それまで自然科学用語や日常語として「物の先の尖った部分」をさす語として使われていた尖端が、時代の最先端を示す意味で使われるようになった。

その象徴的な先例は、「マヴォの宣言」である。これは一九二三年に村山知義《ともよし》や柳瀬《やなせ》正夢《まさむ》らが結成した美術団体Mavo《マヴォ》が開催した第一回展パンフレットに掲載されたもので、「私達は尖端に立つてゐる。そして永久に尖端に立つであらう。私達は縛られてゐない。私達は過激だ」と高らかに謳《うた》うものであった。しかし、尖端がモダン語として流行するようになるのは、一九二八年頃からである。

雑誌にも「時の尖端に立つもの」(『生活者』一九二八年三月号)、「教育水準と文化の尖端」(『教育研究』

一九二八年七月号)、「芸術の最尖端」(『文学時代』一九二九年五月号)、「流行の尖端を走るマネキン婆さん」(『サラリーマン』一九二九年一二月号)、「大衆を抱擁《ほうよう》して時代の尖端を走る北米の電車広告」(『実業之日本』一九二九年一二月号)、「尖端ガール新職業」(『モダン日本』一九三〇年一一月号)などの記事が次々と現れた。また、一九二九年に公開された藤森成吉原作・鈴木重吉監督の映画『何が彼女をそうさせたか』のポスターには「新時代の尖端を切る大帝キネ超特作」と特筆された。この傾向小説・傾向映画と呼ばれた作品から「何が(〜〜を)そうさせたか?・」が流行語となり、柳ミドリ『何で彼女は時代の尖端を行くか』(日吉堂、一九三〇年)などの小説も出版された。

そして、一九三〇年には春陽堂から『モダンTOKIO円舞曲』や『大東京インターナショナル』などを含む『世界大都会尖端ジヤズ文学』(全一四巻)が、新潮社から『アメリカ尖端文学叢書』(全三巻)が刊行されるなど、文学においても尖端は重要なキイワードとなる。『浅草紅団』でも浅草の鉄筋コンクリートの地下鉄食堂を「時代の最尖端を行く文化の花」と電車の中で広告している、と描かれているように、「尖端を行く」や「最尖端を行く」——は、まさに時代の最前線を行く宣伝文句となった。

他方で、大阪の法令館が尖端軟派文学研究会編『尖端エロ叢書』として一九三〇年に出版した『成功百パーセント　エロ新戦術』『エロ百パーセント　モダン花嫁結婚初夜物語』『女優の赤裸々　エロ戦線異常あり』など全六編が一挙に発売頒布禁止処分にされるなど、検閲担当者は尖端というモダン語そのものに社会規範を突きやぶる突破口となる「危うさ」と「いかがわしさ」が潜んでいることを、

「尖端的に」鋭く感じ取っていたようである。

モダンから尖端へ

このように「尖端」や「尖端的」が、多方面で使われるようになるとモダン語は「尖端語」とも呼ばれることになる。

雑誌では「今年流行《はや》った代表的尖端語百語の正しい解釈集」(『サラリーマン』一九三〇年一二月号)などが特集された。『実業之世界』は一九三一年新年号で『現代尖端辞典』を附録とし、「尖端エロ・グロ風景」「科学の尖端」「尖端商売往来」「尖端人心得帖」などの他、「尖端語辞典」を収載していた。単行本でも小生夢坊《こいけむぼう》『尖端をゆくもの』(塩川書房、一九三〇年)には「尖端新用語」が、林恒彦『現代人の生活指導』(千倉書房、一九三〇年)には「現代尖端語辞典」が付載された。

こうして尖端語への関心が高まると『新時代の尖端語辞典』(文武書院、一九三〇年)や「時代は奔流の如き超スピードで動いている。同時に我々の思想や感覚もまた嵐のような急テンポで変っていく。新語中の新語、いわゆる尖端語を学ぶことは、やがて我々を尖端人たらしめる第一歩であるばかりでなく、新時代に生きんとする人々の唯一の資格をつくるものである」として『尖端語百科辞典』(尖端社、一九三一年)が刊行された。また、『和英併用 モダン新語辞典』(金竜堂、一九三一年)が、半年後に『社会百科尖端大辞典』(文武書院)として改題・刊行されたのも、モダンから尖端へという転換に即応したものだった。尖端語は、同じくモダン語ではあっても「新語中の新語」とみなされたのである。

これら尖端語辞典の中で、「**尖端**」は「頂点と同じ意味。最近よくモダニズムと同意語に使用せらる。尖端的といえば最もモダーンなことをいう。しかし時として一般に最前線に進んでいる最も先駆的な人物の場合にも用いる」(『尖端語百科辞典』)と、モダンとの同義性が説かれていた。

さらに「**尖端的**」については、「現代流行語の一つで、尖端は「きっさき」「頂点」(英の top《トップ》)の意であるが、今は「思想、文化、流行の一番進んだ所」の意に用いられる。尖端的モダン語、尖端ガールなど。よく商店の広告などに見る、「時代の尖端を行く」は流行、安売《やすうり》の先駆《さきが》けの意で、「時代のトップを切る」も同じ意味」(『社会百科尖端大辞典』)と、いかなる意味や場所で使われたかが解説された。

こうした記述からも明らかなように、尖端は英語のトップの翻訳語とみなされ、「**トップ**」=これも尖端的と同じく思い出すことばだ。トップは英語の top で、頂点、尖端という意味。これをトップというも尖端というも異《ちが》った意味ではない。「彼は学校の成績はクラスでトップを切ってる」などいわれる。ただ面白いことに、トップと片仮名でいうよりも、むつかしい尖端という漢字でいう方が何だか新しいような気持がするらしい」(『実業之日本』一九三〇年六月一日号)と記述されている。

同時にまた同じ筆者が「尖端的=時代の尖端を歩む。—流行の尖端を行く女。—等々《とう》、それが近頃それこそ流行になって、何でも彼《か》でも尖端的ということばを使うのが尖端的なんだそうだ」と、やや捨て鉢気味に書いているように、明確に定義できないのが尖端や尖端的というモダン語であった。

尖端人・尖端ガールと後端人

このような語義の曖昧さが、「**尖端**＝国産品としては、感じがピリリッとする尖端な言葉だ。以前使い古した「お先走り」という言葉を新しく色上げしたとでもいおうか「モダン露払い」とでも申そうか？　「時代の尖端」「流行界の尖端」何となく尖端的な気分が出るから妙だ。一九三一年の空気を呼吸するものは、多少なりとも、尖端に触れない者は無いといっても然《しか》るべしだ」「**尖端的**＝「アラ尖端的だわね」てな工合《ぐあい》に、子守まで唄っている時代だ。今更らしくいうのも野暮《やぼ》だろう。何でも善いや、意気陽々《(ママ)》と勇敢に一番乗りをやるのが尖端的なんだから」(『モダン語漫画辞典』一九三一年)といったノリで流行語となっていった要因なのかもしれない。

語源については、多くの辞典でtopの訳としていたが、違う説明もあった。例えば、『現代新語辞典』(一九三一年)では「西洋語の何の翻訳でもなく日本製の言葉だ。ドイツ語のSpitz《シュピッツ》英語のポイント(point)の訳語ではなさそうだ。日本で意味する尖端とは物の先頭に立っているということである。『随分尖端的だわね』と女が女に就いて批評するような場合には女がとても思想に、行動に、服装に、施粧《ししょう》に(これのどれか一つでもいい)先頭を切っているようなことである。尖端的な人物を尖端人と世間ではいって居る」と説いていた。「**尖端人**」については「思想的に又は行動的に時代の最前線を進んでいる人」(『最新百科社会語辞典』)といった説明がなされ、新聞では吉行エイスケやロマン・ロランらが取り上げられた。ただ、その選択基準は明らかではない。
そのためだろうか、ここでもモダン・ガールの場合と同じく、尖端とは何かを知りたければ女性が尖端的だと評している女性を見ればわかるという論法が出された。四家《よつや》文子《ふみこ》が歌った「尖端ガール」（大和烈作詞・足利龍之介作曲）では「私ゃデパートの　マネキンガール　派手な装い　洗練模様　目もと口もと　口上述べて　品は売れども　恋は売れないの」といった「**尖端的職業婦人**」が並んでいるが、それはモダン・ガールと重なるものだった。

そして、「**センタンガール**＝常に時代の尖端に立ち、服装、化粧等外面的なことは勿論思想に行動に先走ったことをする女性」（『世界新語大辞典』）といったモダン・ガールに向けられた批判的言辞も、そのまま繰り返されていった。同様に、「左翼的な意味を含めた最も進歩的な思想および行動をいう」（『新語常識辞典』）として「**尖鋭**」というモダン語も現れたが、「最も進歩的」であることが称賛されるというよりも、急進的な言動や人物を非難して使われることが多かった。

さらに、尖端人と似て非なる「何事にも尖端ぶりたがる人間」（『社会ユーモア・モダン語辞典』）をさす「**尖端屋**」という新語も生まれ、「尖端ガールは超モダン的服装をしたり人の意表に出る新らしがりの娘で、支那でもこれを「尖端小姐」といいます。尖端人は思想または行動において時代の最前線を行く人だからまだよろしいが、尖端屋は新らしがり屋の別名ですからやめたいものです」（『店員常識新語解説集』）という戒めも記された。尖端ガールが単に都会的現象ではなく和歌山などでも見られたことは、後藤凡児『EROの和歌山』(私家版、一九三〇年)の「あら、尖端的だわね」「尖端女性の横顔」などで活写されている。また、中国についても村田孜郎《しろう》『支那女人譚』(古今荘書房、一九三七年)では、宋美齢《ソンメイリン》姉妹や作家の丁玲《ティンリン》など抗日運動の先頭に立つ「尖端女性」としてその言動が紹介されている。

しかし、モダン・ガールが増えると批判も増幅したように、尖端ガールに対しても非難が高まる。そして、尖端人の対極に立つ後端人《こうたんじん》というモダン語も現れる。「**後端人**」は「すべて、尖端的、現代的なものを意識的に拒否、排斥する人々」(『新語新知識』)などと説明された。

他方、その後端人に対しても「「あいつはどうも後端人で困る」と云《い》えば、時代の進転に従って、必然的に起って来る、いわゆるモダニズムに、意識的に反抗して来て困るとの意味である」(『実業之日本』一九三二年四月一五日号)として否定的見方も出た。

このように尖端や後端については、賛否の論が百出した。しかし、それは尖端であれ後端であれ、時代の趨勢《すうせい》としてのモダンに対して自らの意志で自由にいずれかの立場を選択するものであった。

だが、一九三七年に国民精神総動員運動が開始されると、それまで専《もっぱ》ら軍事用語であった尖兵が国民全員の代名詞となり、「食糧増産の尖兵」「開拓尖兵」「科学・思想戦の尖兵」「銃後の尖兵」などの役割が課され、「作業場は総動員の尖兵陣」と称された。

ただ、尖端という尖端語が尖兵という時局語に変わるまで、モダン語の世界は、先に、さらに先へ、より新たに、より早く――という衝動に突き動かされていく。今日は昨日の尖端を、明日は今日の尖端を時代遅れとして、葬り去る。それこそがモダンなるものの活力だった。

二　モダンを超え、その先へ

スーパーマン・ウルトラマンと超人

「空を見ろ！　鳥だ！　飛行機だわ！　あっ！　スーパーマン！！　そうです。スーパーマン。遠い星からやって来た奇跡の男　人間の能力を遥《はる》かに超えた　スーパーマン」。

これは一九五六年から放送された実写版テレビシリーズ「スーパーマン」の冒頭で流れるキャッチフレーズだった。スーパーマンは、一九三八年にアメリカのDCコミックス社から刊行された漫画の主人公で、クリプトン星から地球に送られた異星人という設定であった。

そして、M78星雲から来て巨大ヒーローに変身して地球を守る異星人を主人公とする特撮テレビドラマが、一九六六年から始まった「ウルトラマン」である。

このように同じく「超人間」を意味する「スーパーマン」や「ウルトラマン」は、戦後の日本で流行したが、異星人としてではなく、理想的な人間を示すモダン語としては一九一〇年代から流布していた。ただ、スーパーマン(Superman)は「**シューパーマン**」と表記され、「超人。非凡人。人間以上に賢い人」(『英語から生れた現代語の辞典』一九二四年)などと説明された。

そして、非凡人の具体例として、「シューパーマン＝超人。ニーチェの用いた語で、卓越した個性と識見・智力を持った、神のような人間」(『新語常識辞典』)のように、ドイツの哲学者ニーチェが『ツアラトゥストラはかく語りき』で提示した超人(Übermensch)が挙げられた。この超人の正反対の存在である「**末人**」(der letzte Mensch)については「習俗・謬信《びゅうしん》・迷論に惑《まどわ》され易く、何等《なんら》独創なく、智情意の活動を欠き、酔生夢死《すいせいむし》の生涯を送る人々」(『新らしい言葉の字引』)と説かれた。

もちろん、ニーチェの超人はキリスト教の神に代わる人類の支配者に擬せられ、民衆はその服従者でしかないという含意があった。その点についても「**超人**＝その価値及び力において凡俗を遥《はるか》に超えたる人物。ニーチェは凡俗は超人にとって手段たるべきものであると考えた」(『最新百科社会語辞典』)と指摘されている。他方、「**ウルトラマン**」については、「超人の意で、迚《とて》も飛《と》び上《あが》り者にいう。時流を百歩も千歩も前に進む超モダーン人」(『モダン新語大辞典』)としてモダンを超えることが重視された。

このように、現状に飽き足らず、既存の文化を超えて全く別異の新たな世界に至る人間のあり方を託した存在として「超人」が注目された。何よりも「超」という言葉そのものが、モダン語の展開にとって不可欠のキイワードとなった。「**超**」は「接頭語として用いられ、特別非常を意味す。欧米語のウルトラに当る。超美人、超大安売り、超特急等」(『最新百科社会語辞典』)と記されたように、まずはウルトラの訳語と考えられた。しかし、「**シュル**(仏sur)＝超の意味。ドイツ語の「ウルトラ」、英語の「シューパー」と同義である」(『モダン用語辞典』)と説かれたように、フランス語・ドイツ語・英語を駆使することでモダンの新たな方向性が模索された。
そこには「モダンを超える」契機を、どこかに求めないではいられない衝動が作用していた。

ウルトラ・モダンとウルトラセンタン

このように、「モダンのその先にあるもの」を模索する思いが、超やウルトラやスーパーやシュルなどの接頭語に託された。ただ、ドイツ語の「**ウルトラ**」には「過激な。極端な。極左翼。過激家。又、他の語に冠して尖鋭・無上・絶対・最優・超・過などの意味を表わす」(『新語常識辞典』)として、当時流行していた共産主義運動に係わるという意味合いが含まれていた。それはウルトラが「**ウルトラ・リンケン**(ドイツ語 Ultralinken)」で「極左翼の義。左翼小児病というも同じである。英語ではウルトラ・レフト」(『最新百科社会語辞典』)の略語として使われることが多かったからである。

しかし、次第にウルトラといえば、「**ウルトラ・モダン**＝和製英語。超時代的、即ち、モダーンの尖端をゆくという意味」(『一般社会必要新語辞典』一九三三年)に重点がかかるようになっていく。

そして、「ウルトラ・モダンといえば、モダンの中でも最も尖端的なものをウルトラ・モダニズムといい、流行では飛び放《はな》れた最新なものをいいます」(『新語流行語辞典』)と最尖端と同義的に使われるようになる。そのため「尖端」の項目では「時代の先頭、流行のトップ、斬新味の先駆などすべての最前線をゆくものまたはその人をいう。ウルトラ・モダンと同じ意味にも使う」(『現代術語辞典』『毎日

図 5-1　「喫茶の気軽さとカフェーの濃艶《のうえん》とを兼ねた情熱工場」「コーヒー一杯でも朗らかに，うるとら娘のハリキリサービスを」などの看板を掲げるカフェー「美人鳥うるとら」．東京下谷区上車坂町，1937 年（桑原甲子雄『東京昭和十一年』晶文社，1974 年）．

年鑑』附録、一九三一年）という語法が紹介されたのである。

こうした最尖端としてのウルトラ・モダンやその略語ウル・モダンを表象するものとして挙げられたのが、ここでも女性だった。その「**ウルトラ・モダンガール**」と略語の「**ウルトラ・モガ**」は、「尖端を行くモダン・ガール。尖端的モガ」（『新語常識辞典』）、「ウルトラ・モガと言えば、超近代的少女。近代的より、更に一歩進んで新しい」（『ウルトラモダン辞典』）などと紹介され、「**ウル・モダンガール**」や「**ウル・モガ**」とも呼ばれた。さらに尖端にウルトラを冠して、「**ウルトラセンタン**＝超尖端的。流行や思想行為に於《おい》て現代より極端に先走っている事」というモダン語が生まれ、それを担うのが「**ウルトラセンタンガール**＝超尖端娘。ウルトラモダンガールより更に尖端を行く近代嬢」（『世界新語大辞典』）だとされた。ただ、ウルトラ・モダンやウルトラセンタンは、ボーイには冠せられなかった。

このように注目されたウルトラな女性像を小説化した中村正常「ウルトラ女学生読本」（『読売新聞』

一九三一年一一月から一〇回連載)には、ラグビーやボクシングそしてマルキシズム思想などに熱狂する若い女性が取り上げられ、ムーラン・ルージュ新宿座の旗揚げ興行でレヴュー化されてその「新時代的尖端性」が好評を博した。流行歌でも「ウルトラモダーン」(内山惣十郎作詞・三條昇作曲)、「ウルトラガール」(山田せんし作詞・山田甚作作曲)などがレコード化され、「エロ行進曲」(今井十九二《とくじ》作詞・井田一郎作曲)では「レヴューガールは　ウルトラモダン　ジャズのパレード　グロテスク」と歌われた。

しかし、これらの小説や歌で描かれたウルトラモダン・ガールやウルトラセンタンガールなどは、実際にはモダン・ガールと大きく変わるものではなかった。ただ、「モダンを超えるウルトラ」さらに「ウルトラを超える尖端」を想定することは、実現性が問題なのではなく、その志向性を示すことにおいてこそ意義があったのかもしれない。

突飛な連想かもしれないが、その志向性はイタリアの未来派(Futurismo)やフランスのシュルレアリスム、スペインの前衛主義運動ウルトライスモ(Ultraismo)などと世界的同時性をもって生まれていたように思える。若き日のホルヘ・ルイス・ボルヘスも参加した「超絶主義」と訳される「ウルトライスモ」は、一九一八年の宣言で「我々のモットーは「ウルトラ」であり、我々の綱領には、新しい希求を表現するという条件を満たす限り無差別に、あらゆる傾向が盛《も》り込まれる」と謳《うた》った。モデルニスモを否定し、「あらゆるイズムの彼方」に「創造のための創造」の方法として「表現手段の更新」を見出すことをめざしたのである。

その後、ボルヘスは母国アルゼンチンに帰り、南米で社会改革と連動する文化運動として展開されていた「モデルニスモ」を乗り越えるために「ウルトライスモ」を唱導していった。

ア・ラ・モードとア・ラ・パージュ

他方、日本におけるウルトラ・モダンは「超モダンの意でモダン中のモダンなスタイルや趣味や傾向」(『尖端語百科辞典』一九三一年)を追い求めるものだったが、それを象徴的に示すモダン語にア・ラ・モード(à la mode)があった。ア・ラ・モードは、現在では果物やアイスクリームなどを添えたデザートや牛肉の煮込み料理の名として知られている。

しかし、モダン語としては「巴里《パリ》の新流行《アラモウド》」(里見弴『多情仏心』前編、新潮社、一九二四年)などと記され、「**ア・ラ・モウド**=当世流行のというフランス語である。新流行型とも転用される。巴里《パリー》は流行の源泉地であるだけにア・ラ・モウドは新語の最尖端を行く世界語である」(『モダン流行語辞典』『婦人公論』一九三〇年一一月号附録)と紹介された。ただ、フランス発の「世界語」と記すものとは反対に、「**ア・ラ・モード**=英語の mode(流行)と、フランス語の à la(…に於ける)とを組合せた日本製の言葉」(『モダン用語辞典』)として日本製モダン語であることを強調する辞典も多かった。

もちろん、ア・ラ・モードは「当世流行の、というフランス語で新流行型とも転用され、衣服、食品あらゆるものに付けて用いられ、パリ渡来の最尖端語となっている」(『社会百科尖端大辞典』)ものだった。そして、「最新流行の意味ですが、それも余程尖端的な流行の魁《さきがけ》を誇るといった新しい言葉で、「ア・ラ・モードね」といえば「あら、まア尖端的ね」という意」(『新語流行語辞典』)と最尖端をさして使われていた。しかし、「『君の姿はア・ラ・モードだね』と、ある紳士が聘《よ》んだ芸者の服装を褒《ほ》めたところが、この意味を知らなかった芸者が『あら、どうも』とまるで落語のようにお礼を述べたという珍談」(『現代新語辞典』)も生じていた。

そして、尖端に対して後端というモダン語が対置されたように、ア・ラ・モードと「正反対の言葉で「古色蒼然《そうぜん》たる珍奇な行き方」」(『モダン語漫画辞典』)、「クラシックの方向に進む尖端的という意」(『世界新語大辞典』)のモダン語として、「**ア・ラ・パージュ**」(à la page)が流行した。これは「流行界の尖端のトップを切る「ア・ラ・モオド」の反対に、これまたパリで最近もてはやされている、いとも古めかしい珍奇な行き方をいう。歴史は繰り返へし、流行は繰り返へす」(『モダン語辞典』)とされた。

ア・ラ・パージュについては「恐ろしく古くさいこと。およそ尖端的なものとは縁遠いことを意味する。今時、和服に靴を穿《は》き、洋傘《こうもり》を指して歩く親爺《おやじ》があったら、確かにア・ラ・パージュだ。珍奇、骨董的なもの。アラモードの対《たい》」(『新語新知識』)といった説明がほとんどだったが、「最新流行、尖端」(『社会ユーモア・モダン語辞典』)と説くものもあった。

フランス語ア・ラ・パージュは「事情に通じ、時世について行く」の意味で使われるのが通例だが、日本ではア・ラ・モードの反対語として流通していたのである。

ア・ラ・モードという語が流行すると映画雑誌『映画アラモード』が刊行され、「ア・ラ・モード語辞典」が『服装雑貨年鑑』(月刊ア・ラ・モード社、一九三二年〜)に付載された。また、菊田一夫作詞・佐々《さっさ》紅華《こうか》作曲のコンビで「日活アラモード」や「アラモード・シャンソン」などがレコード化された。その中で西條八十作詞・中山晋平作曲の「ア・ラ・モードぶし(節)」が流行し、「習《な》ろた英語は　のこらず忘れ　イットひとつが　忘られぬ忘られぬ　そこがそれそれ　ア・ラ・モード　ア・ラ・モード」と歌われた。性的魅力をさすイット以外の英語は忘れたと開き直り、時勢の変転を追い続けることがア・ラ・モードだと人々は自嘲的に口ずさんでもいたのである。

　モダン語辞典で最新を追うことを意味した「**アップ・ツウ・デート up-to-date**＝最新の。新式の。当世式の」(『是さへあれば』一九二二年)という語も時代遅れとなり、「**アップ・ツウー・ミニット up-to-minute**＝アップ・ツウー・デートとほぼ同じ意味であるが、時代はスピード時代で、一分一秒を競う時であるので、最新のものでも本日で最新なるよりも、たった今までに最新である—という一層切迫した語気を持っている」(『モダン流行語辞典』一九三三年)と強調せざるをえない時代となっていく。

　変転きわまりない状況に、秒刻みで競い合い、即時的に対応しなければならない時代——私たちが今日過ごしているような日常がここに始まっていた。

モダンよりシックへ

しかし、時代や社会は必ずしも目前の状況に対応するだけで動いているわけではない。ア・ラ・モードやアップ・ツウー・ミニットが叫ばれている時にあっても、自らの生活様式やそれに関連した価値観が全く顧みられなかったわけでもなかった。

ア・ラ・モードがモダン語として流行する中で、「**モーディシュ modish**＝流行の、最新式の。ア・ラ・モードに同じ」（『世界新語大辞典』）というモダン語も使われた。ここでア・ラ・モードと同義とされたモディシュ（モーディシュ）については「流行の。はやりの。当世風の。粋《いき》な。現代的な。モダン的」（『新語常識辞典』）とあり、ア・ラ・モードについても「最新流行、当世型の、いきな」（『社会ユーモア・モダン語辞典』）とあるように、単に最新流行というだけでなく、そこに「粋」という日本的な評価が入ってくることを見逃してはならない。それは一九三〇年に九鬼周造によって『「いき」の構造』（岩波書店）が刊行された時代の思潮と無縁ではなかったはずである。こうしたフランスやアメリカの最新流行をモダンとして追いかけるだけでなく、日本の世情や生活感覚の一つとされた「粋」とマッチした流行を求める意識に合致するモダン語として着目されたのが、シックであった。

「**シック**」（フランス語 chic）については「しっくりしているの意。勿論モダーン的にしっくり坪《つぼ》にはまって、一分の隙《すき》もないの意で、モダーンよりシックへという標語が用いられているくらい尖端的な内容を含んだ言葉である」（『超モダン用語辞典』）、「日本語の「粋」という言葉と一脈通ずる。シックリとしていることだと洒落《しゃれ》ても宜《よろ》しい。フランス語であるが、「ヴニティ・フエイア」、「ヴオウグ」などのアメリカ雑誌に一二年前から使われるようになった」(『現代尖端語辞典』『現代人の生活指導』千倉書房、一九三〇年)などと説かれたように、シックと「しっくり」が掛詞《かけことば》となっている。

その解釈でも「シック＝日本語の「粋」とか「いき」とかいうのと同義」(『モダン新語大辞典』)、「英語でいうスマートで、我国の「粋」または「垢抜《あかぬ》けした」に当る言葉である。時代精神を確実に消化して、寸分の隙もなく流行の尖端を行くといったもので、「五分の隙も無いシック振り」等と用いられる」(『モダン語漫画辞典』)と粋との同義性が強調されていた。

このように日本的な粋と時代精神を理解した尖端性が重視されたことから「**シック**＝近代的の洗練、粋の意。モダンよりシックへなどの標語さえ出来た。モダンよりももっと高尚でそして尖端的である」(『モダン常識語辞典』一九三五年)とされ、それを体現する「**シック・ガール**」については「洗練された境地を目指すガールのこと。モダン・ガールよりも尖端を行く彼女嬢である」(『モダン語漫画辞典』)、「徒《いたずら》な流行を追うモダンではなく、よく日本の国民性と時代精神とを諒解して、寸分のすきもないシックな娘さんのこと」(『モダン新語大辞典』)と例になく好意的に評された。ここではガールの対語として現れた「**シック・ボーイ**」についても、「モダン・ボーイが、一風呂浴びて汗を流した感じのボーイ」(『モダン語漫画辞典』)と記されるなど、シックなガールやボーイは「モダーンガール、モダーンボーイを今一歩尖端的にしたものでモボ、モガはすでに古い」(『超モダン用語辞典』)とされた。

シックからは「**シネ・シック**」というモダン語も生まれたが「シネはシネマの略で、シックは仏蘭西《フランス》語のchic—粋だとか当世風のという言葉。それがくっついて出来たモダン語。映画に現われる尖端的な流行を、何の方針もなく、一から十まで模倣して天晴《あっぱ》れモダンの尖端の様に心得顔をしているのを「奴はシネ・シックでネ」と云う」(『実業之日本』一九三一年四月一五日号)ものだった。

雑誌『新青年』には一九三〇年一月号から「chic ciné sick シック・シネ・シック」とシックに粋と病・恋情をかけた映画論・映画情報の常設欄が設けられた。しかし、シネ・シックについては「見て来た映画そのままを無定見に模倣して天晴れシックガール、シックボーイを以て自任する鼻持ちならぬ趣味をいう」(『世界新語大辞典』)といった否定的評価も多かった。

シックについては、シークやシイクとも発音されたため、「一般に、シークと発音されているが、シックと発音して貰《もら》つた方がシック」(『モダン語漫画辞典』)とも注記された。ただ、「シイクかシックか」(『英語青年』一九三一年二月一日号)で指摘されたように、シイクやシークは女性作家ハル(E. M. Hull)の小説The SheikがR・バレンチノ主演の映画で有名になって流布したもので、「巴里風の粋なchicと米国映画好みの色男sheikが混線するところ正に一九三〇年の日本ではある」という側面が確かにあった。シーク・シイクshiek(h)は、アラビアの家長・族長やイスラム教指導者などをさすシャイフの英語読みで、アメリカでは男性的魅力のある人そして俗語では女たらしなどを意味した。

このように「モダンを超える」という試行は外国語受容の混乱を伴いながらも続けられ、一九四二年七月に行われた座談会「近代の超克」へと至る。さらに、欧米近代の倨傲《きょごう》と文明的危機を超越する方途として日本回帰が強調され、「超国家主義《ウルトラ・ナショナリズム》」の唱導につながっていった。

三　「三S《エス》」時代と流線型《りゅうせんかた》

三Sの戦後的表象

そして、第二次世界大戦が終わった一九四五年以後、再び、いや今度はモダン語の時代のように選択する余裕もないまま、絶え間なく押し寄せてくる大波のようにアメリカ的生活様式や価値観が、日本社会に浸透していった。

先に挙げたテレビ番組「スーパーマン」では放送の冒頭で「弾丸より速く、力は機関車より強く、高いビルディングをひとっ飛び」として超能力が誇示されていた。現在では、その程度の能力では誰も超能力とは認められないだろうが、当時の私たちにとって摩天楼《まてんろう》の高層ビルが立ち並ぶ空を飛翔するスーパーマンは胸踊らせるヒーローであり、赤い風呂敷をマント代わりにして高所から飛び降りたものだった。一九六八年に日本初の超高層ビルとして霞ヶ関ビルが竣工したとき、アメリカに追いついて摩天楼時代がやっと訪れたような想いがした記憶がある。

その幼かった私のように、日本の多くの人がテレビ番組を窓口にしてアメリカ、そして世界へと、イメージの上でしかつながっていなかった時でさえ、三Sという言葉を良く耳にしていた。私が中学で英語を習った一九六四年でも、「二度と三Sと批判されないように英語の勉強が必要だ」と諭されたが、当時は外国の人と出会うということさえ全く現実感がなかった。三Sとは何か。

「各国は、日本の外交官を三つのSで呼んでいる。それは、スマイリング(薄笑い)、スリーピング(居眠り)、サイレント(発言しない)だ」——これは二〇一九年に亡くなられた緒方貞子さんが国連公使時代に「日本外交官の語学力不足を批判」したと報じられた際の言葉であり、「日本外交官の〝3悪〟」(『読売新聞』一九七八年七月一六日)という見出しがついている。

この国際舞台における日本人の行動を示す三Sについては、既《すで》に戦前から指摘されていたことであった。そのため戦後すぐに、誠実(sincere)・能弁(speaking)・勇敢(stout)の新三Sが唱えられもした。そして、一九七〇年代の大学紛争後、大学生は自動車(speed)・酒(spirits)・男女交際(sex)の三Sにしか興味がないと批判され、高校生は無気力・無関心・無責任の三無《さんむ》主義(無感動を加えて四無《よんむ》主義)だと評された。

もちろん、三Sという言葉は、それ以前にも多面的に現れていた。一九五二年には映画《スクリーン》・スポーツ・流行歌《ソング》が新三Sと呼ばれた(『六大新報』一九五二年七月一五日号)。そして、映画興行を更に盛りあげるために喜劇・活劇・好色の3K主義に対抗してセックス・サスペンス(suspense)・スペクタクル(spectacle)の三S時代の実現が真剣に検討された(『シナリオ』一九五八年二月号)。商店の販売政策としてはスーパー・スピーディ・スマートの三S主義が、百貨店では微笑み《スマイル》・迅速性《スピーディ》・誠意(sincerity)の三Sサービス運動が、鉄道営業ではスピード・安全《セーフティ》・奉仕《サービス》の三Sが課題とされた。国立公園が観光客増による荒廃で問題となると、静か《サイレント》・セーフティ・科学教育《サイエンス》の三S対策が掲げられた。

一九五七年の「婦人界この一年」ではシンプル（ズバリそのもの）・ショッキング（透けてみえる）・セクシイ（色もの）の流行下着が、「グラマーの3S時代」（『読売新聞』一九五七年一二月一二日）を生んだと回顧されている。この他、一九五七年に首相となった岸信介氏の掲げた三S政策はスマイル《にっこり》・サイン・シェークハンド（握手）で票を集めることであり、一九五九年に警視庁が初動捜査班を設置した際にはスピード・サイエンス・シークレット（覆面化）の三S主義による捜査が提唱された。

また、神武景気を上回る岩戸景気が訪れたといわれた一九五九年当時の女性の憧れの職業は、スチュワーデス・スター・セクレタリー（秘書）の三Sだった。そして、性能のよいトランジスター・ラジオが日本発の世界的製品と称讃されると、小型でも魅力ある美人をトランジスター・グラマー（トラグラ）と呼び、スモール・スタイル・スマイルの三S美人の時代が来るといわれた。

三Sと四Sの時代

このように三Sという言葉がたびたび流行したのは、「三種の神器」から始まって三羽烏、三国一、三人娘、アイドル御三家、3C（カラーテレビ、クーラー、カー）、3K（きつい、汚い、危険）労働、3密（密閉、密集、密接）など、三で括《くく》ることを好む日本人の言語感覚に沿っていたからであろう。

しかし、アメリカが戦後の占領政策を円滑に運ぶために、スポーツ・スクリーン・セックスの三Sを日本人に奨励したという見方も示されてきた。これは戦前に「アメリカは植民地支配の手段として三S政策を用いて比《ひ》島人《とうじん》(フィリピン人)を骨抜きにした」と噂されたものと同根のもので、ユダヤ人やフリー・メーソンが世界征服という陰謀のために駆使していると警戒する声もあった。

すなわち、スポーツは「国民の多くをして之《これ》に熱狂せしめ、国家の安危などを顧みる遑《いとま》なき迄に牽《けん》制《せい》する」、セックスは「男女の関係を乱《みだ》して国民道徳を頽廃《たいはい》せしめ国家の崩壊を謀《はか》る」、スクリーンは「帝王を侮蔑せしめ忌《い》み嫌わしめ」「風儀を紊《みだ》り不節制なる瞬間的享楽を煽《あお》り立てる」(有留弘泰編『神聖運動』昭和青年会、一九三五年)ために利用されるというのである。

ちなみに、韓国では一九八〇年に起きた光州民衆抗争後に全斗煥《チョンドウファン》政権が人々の関心を政治から逸らすために、オリンピック誘致やプロ野球創設、映画規制の緩和、性産業の育成などスポーツ・スクリーン・セックスを推進したとして、その施策が3S정책《サメスチョンチェク》(政策)と呼ばれることもある。

もちろん、アメリカが日本占領時に三S政策を採ったか否かは、立証されていない。

他方、モダン語としての三Sは、アメリカの影響を受けていたとしても日本人自らが急激に変化する世相を象徴的に示す新語として造り出した新語だった。

モダン語では「**3S時代**＝航空機は東阪間を僅々《きんきん》二時間でバク進し、超特急は八時間、円タクに電車に一九三一年の交通機関はスピードアップ時代である。一方スポーツは野球にラクビーに水泳に老《おい》も若きも正にスポーツ万能。思えばエロ、グロ、ナンセンスはスピード時代に応《ふさわ》しい速力で劇場、カフェー、ダンスホールに漲《みなぎ》り、性道徳も友愛結婚のコロンタイズムの赤い気焔《きえん》をあげている。一九三一年は正にスポーツ、スピード、セックスの時代である。3S時代とは即ちこの三つの言葉の頭文字をもつ新語で、現代の時代相をよく象徴している」(『現代尖端辞典』『実業之世界』一九三一年新年号附録)とされた。ここで「**コロンタイズム**」とあるのは、「ロシアのコロンタイ女史によって主張された新恋愛論である。この恋愛論は自由恋愛結婚と、性生活を公的生活から截然《せつぜん》と区別すべきであるとの主張から成り立っている」(『最新百科社会語辞典』)というもので、アメリカ以外の恋愛論や結婚論も注目されていたことを示している。コロンタイズムは、社会主義的恋愛論として、その著作書名から「赤い恋」とも呼ばれ、さらにもじって「**コロビタイ主義**(コロビタイイズム)」で「コロンタイ主義の自由恋愛結婚論を悪く発展させた荒淫乱行《こういんらんぎょう》主義」(前同)というモダン語も造られた。

そして、スポーツ・スピード・セックスの三Sに対して、「Sport《スポーツ》(運動)Screen《スクリーン》(映画)Speed《スピード》(速力)の三語の頭文字をとって三Sというのである。即ち現代は運動、映画、速力の三つが一般大衆から最も愛好され、人気の中心である時代という意味である。四五《しご》年前までは Speed の変り(ママ)に Sex《セックス》(性)が入っていたが、それに変って速力が時代の寵児《ちょうじ》として登場して来た」(『モダン流行語辞典』)と記す辞典もあった。ただ、セックスにスピードが時代を経て代わったというよりも、三S時代とはスピード・スポーツ・スクリーンの「三つのエスの跳梁跋扈《ちょうりょうばっこ》する時代の意。スピード代りにセックスを以てする人もある。スリー・エス時代ともいう」(『最新百科社会語辞典』)のが実情だった。

このようにスポーツ・スクリーン・スピード・セックスのうち何を三つに挙げるにせよ、それらが「一般大衆から最も愛好され、人気の中心である時代としての現代」を特徴づけていると認識されていたことは間違いない。大学生の間で流行していたスポーツが、女性も含めて一般に広がっていったのは一九一〇年代以降のことである。

モダン語辞典では「**アスレチックス**=スポーツよりも狭い意味の体育」(『現代新語辞典』)とした上で、「**スポーツ**」については「野球、庭球、蹴球《しゆうきゆう》(サッカー)、籠球《ろうきゆう》(バスケットボール)、排球《はいきゆう》(バレーボール)、ホッケー、ゴルフ、陸上競技、ボート、水泳、相撲などのアスレチックスはいうまでもなく、登山、スキー、スケート、旅行、帆走、射撃、遊猟《ゆうりよう》、乗馬、釣、自転車、飛行機、撞球《どうきゆう》(ビリヤード)その他あらゆる戸外運動及び娯楽的遊戯をも含んでいる。故にスポーツといえば、健康増進のために行うすべての体育運動と思って差支《さしつか》えない」(『現代新語辞典』)と説かれた。そして、野球やラグビーをはじめとして現在行われている種目ほとんどの用語解説が、モダン語辞典には載っている。

また、当初は活動写真と称された映画はシネマやキネマとも呼ばれたが、「**スクリーン**=映写幕と訳す。わが国においては、初めシーツといった。常設館舞台の正面、映画の映写される白い幕、又は壁のことを言うのである。最近、映画そのものもスクリーンという」(『現代新語辞典』)ようになった。

そのスクリーンの訳語が「**銀幕**」で「映写幕は光線をよく吸収するようにアルミニューム粉末を塗る

ことから案出された新語」(『新しい時代語の字引』)だった。

一九三一年八月には五所平之助監督・田中絹代主演の『マダムと女房』が、日本初の本格的な**発声映画**《トーキー》(talkie, talking picture)として封切られ、**活動弁士**《カツベン》がいない映画館でも入館者数を増やしていく。

「**セックス**」については「「色気」「助平根性」「獣慾」なんて忌わしい言葉も、一たび片仮名でセックスと書けば、何となく高尚らしく聞えるから妙だ。ザ・セックスといえば、女性のこと」(『モダン語漫画辞典』)などと説かれた。

そして、スポーツでもスクリーンでも重視されたのがスピードであり、飛行機・自動車や競技などの世界新記録が話題となった。映画では一秒間で数万コマを撮影できる「高速度活動写真機」「超高速度撮影機」によって撮影した「高速度映画」を普通の速度で映写すれば「スローモーション」となるとされ、スピードの緩急で世界が一変して見えることに人々は驚嘆した。

高度現代文明と高速度

こうして三S時代の焦点として注目されるようになったのがスピードであり、モダンは「速度尊重時代、スピードをモットーとする現代」(『新語常識辞典』)の到来として認識されるようになる。

さらに、「**高度文明**」とは何かを考えるにあたって「高度とは、二十世紀の現代に相応《ふさわ》しく「スピードのある」といった意味の形容詞である。この語、一般に「テンポの早いスピード時代の文明」という意を示す場合に用いられる」(『モダン語漫画辞典』)として、文明発展の尺度としてスピードが考えられるようになっていく。それにとどまらず、「高度文明＝スピード時代特有の文明をいう。すなわち如何《いか》なる物もスピードを保有しないものは亡びるという見方からの現代文明をいう」(『モダン新語大辞典』)として、現代文明の盛衰を決するのがスピードだという見方も強調された。

このような高速度化に対する欲求は、第一次世界大戦後ほぼ二〇年を経て飛行機が旅客機として使われ、大量生産の自動車が疾走するようになったことや電信・電話・ラジオの普及などを反映として生まれたものだった。しかし、いったん高速度時代に入ると交通機関だけに止まらず、「現代スピード出世物語」や「高速度催眠術」が目玉記事となるなど、生活世界のあらゆる面でスピード化に向けて人々は駆り立てられるようになる。その様相は「**スピード**＝現代のようになんでもかでも速力本位、迅速主義の社会では加速度的の速力を尊《とうと》ぶ。そこでなんでもかでも迅速一点張りでスピード時代、高速力時代が展開された。円タクもスピード時代が人力車を加速度に蹴飛《けとば》した。待合《まちあい》もカフェとか酒場にスピード時代で手ぬるしとして蹴飛された。芝居も映画に圧倒された。浜口総理大臣の演説は壮重だがスピードがない。スピードは電波によってその迅速さを代表し、モガとモボとが恋愛的スピード時代を展開している」(『現代新語辞典』一九三一年)と解説された。

同様に、「**スピード時代**＝「速力万能時代」なんて生温《なまぬる》い云い方じゃ追っ附かない。寧《むし》ろ「怪速時代」とでも云った方が適しているらしく思われる。「お早く、お早く」の時代である。結婚の通知を貰った夕方、離婚の知らせが舞い込んだ。と思ったらモウ得恋《とくれん》しちゃった、と。まさか！」（『モダン語新式辞典』一九三三年）、「**スピード・アップ**＝何でも彼《か》でもスピード時代という事になった。恋愛もスピード時代で高速度に発展するなどさすが三二年人は幸福だ。尤《もっと》も冷めるのも高速度だから差引勘定は零《ゼロ》である」（『キング文庫新語新知識』）などと、スピード離婚・得恋や高速度恋愛が揶揄された。「**得恋**」は失恋の対語で「恋愛に成功して恋人を得る」（『新語常識辞典』）という意味のモダン語だった。

しかし、高速度恋愛については、それ以前の一九二五年から帝国劇場で益田太郎冠者《ますだたろうかじゃ》の脚本で上演された「高速度喜劇《ハイスピードコメディーズ》」シリーズでも取り上げられていた。

その前口上を担当した女優の森律子は六六五文字のセリフを五〇秒以内で読んで観客を驚かせたが、そこでは「日常生活、神経の運動、思想の変化一つとして高速度ならざるものは御座《ござ》いませぬ内に特に恋愛の如きに至っては鳥渡《ちょいと》見て直《す》ぐ惚れ、直ぐ忘れ、直ぐ浮気すると言う其《その》進歩発展終結の早き事実は電光石火以上に御座います。是に依って見ましても文化は即ち速力とも申されます」とし、「文化は即ち速力」をモダンの核心だとする認識が示されていた。高速度喜劇は一幕六分程度の短いコントをハイスピードで連続上演するというスタイルを作り出し、榎本健一などが一九二九年から浅草のカジノ・フォーリーで人気を博したレヴュー形式喜劇の原型の一つとなった。

こうした演劇におけるスピード感は、一九二四年に土方与志《ひじかたよし》が築地小劇場のこけら落とし公演に選んだドイツの劇作家ラインハルト・ゲーリング作の戯曲『海戦（原題 *Seeschlacht*）』でも重視された。

この公演について村山知義は、「完成もせぬのにマンネリズム化していた日本の新劇の演技は、第一回公演のゲーリングの「海戦」で徹底的に打ちこわされたかのように見えた。恐ろしいスピード（セリフは大部分何を云っているのか聞きとれなかった）・絶叫（従来の発声法を無視していた）・直線的な烈《はげ》しい動き（それは今までのどんな歌舞伎的、新派的、新劇的な身のこなしとも全く違っていた）はこの国の演技にとって一つのフェノメノンであった。観客も批評家も完全に驚かされて呆然《ぼうぜん》とし、やがて賞讃した」（『演劇論』三笠書房、一九三六年）とその衝撃を記したが、演劇史上記念碑的な上演となったのである。

流線型の世紀

こうして交通機関から生産や出世、スポーツ、恋愛・結婚、演劇などに及ぶまでスピードが希求される中で、その速さを具象的に形状化したものとして注目を浴びたのが流線型《りゅうせんかた》（流線形）であった。

「**流線型**」は、実験を重ねた上で流体力学などの科学的研究が生み出した最尖端技術として宣伝され、「ストリームライン・フォーム（streamline form）の訳。自動車・航空機の如き高速度を貴ぶものの風当たりを弱めて速力を増すためにバナナのようにした型のこと」（『新語常識辞典』）などと説明された。かくして「空陸流線型時代」（『セルパン』一九三五年一月号）が到来したとして、新たな世紀に羽ばたくことが勧められた。青少年には気体や液体などの流体中において「ハイスピード」で進むためには必須となるのが流線形であるとして「スピード時代に知らねばならぬ流線形の話」（『科学と模型』一九三〇年四月号）などが紹介され、南満洲鉄道の特急あじあ号などの流線型列車が関心を集めた。宝塚歌劇団では松島喜美子が飛行機型帽子を被《かぶ》って「流線美」を表現する「流線型飛行機踊子」として評判となった。さらに、女性の化粧品のビンや洋服などのデザインでも流線型が科学的で審美的だとして人気を呼び、井上彦之助「流線型時代と工芸」（『帝国工芸』一九三五年七月号）など、美術・工芸作品に流線型を取り入れることを説く論稿も続出し、女性探偵小説家の大倉燁子《てるこ》によって『殺人流線型』（柳香書院、一九三五年）というタイトルの推理小説も著された。

　流線型というモダン語について、詩人のサトウ・ハチローは「モダンとかウルトラとかいう言葉が一時流行った様にこれも一つの流行言葉《はやりことば》である。この頃では、流線型の雲が流れたり、流線型に女が泣きくずれたり、流線型にすねたりするのである」（「流線型女人風景」『中央公論』一九三五年七月号）とし

図 5-2　上：1934 年 11 月に運転開始した南満洲鉄道の流線型特急列車あじあ号（太平洋戦争研究会編『写説　満州』ビジネス社，2005 年）．
下：「流線美」（『歌劇』1935 年 6 月号）．

て、流線型とみなされる女性の言動の諸相を描いている。

また、弘木丘太「流線型は踊る」(『現代ユーモア小説全集・第18巻』アトリエ社、一九三六年)によれば、逆流線型で下に置けないため手に持ったままグイグイ飲んで高速度で酔える「スピード時代に相応《ふさわ》しき流線型お銚子」も現れたという。加えて、「流線型超特急式利殖法」(等等力雄三『これなら当るハイスピード大衆金儲け新工作』誠光堂、一九三五年)を推奨するハウツー本なども読まれた。

こうした高速度時代をさして「**ギャッグ時代**」というモダン語も生まれた。「**ギャッグ**」(gag)は、ギャグという現在と同じ発音でも用いられ、「元来は「猿轡《さるぐつわ》」だが、それが喜劇俳優などが脚本に無いセリフを云う意味に変り、更に「これでもか、これでもか」と変な動作と奇妙奇天烈《きてれつ》な表情で擽《くすぐ》ることとなった」(『モダン語漫画辞典』)と解説されている。そして、この「ギャッグ」のような脈絡のない瞬間反応芸のように動いていく時流を「ギャッグ時代」と称し、「「場当たり的な、あまりに場当たり的な世の中」の意味。場当たり的なことの、あまりにフンダン過ぎる現代社会の弊を語るによく用いられる」(前同)とされた。

このような流線型に象徴される三S時代や高速度時代そして現在の社会的風潮にも当てはまるような「ギャッグ時代」のあり方に対しては、違和感を抱いた人も少なくなかった。

九州一周の旅を「高速度時代」という詩にまとめた荻原井泉水《おぎわらせいせんすい》は、その後書きに「印象は電の如く感興は風の如く、すべて匆忙《そうぼう》として捉《とら》うべからず、斯様《かよう》なる旅も現代的に余りに現代的なる高速度の病弊であろうか」(『山川行住』創元社、一九三〇年)と懐疑的に記していた。

ファストとスローの交錯

もちろん、高速度時代といっても、人が高速で動けるようになったわけではない。高速移動が可能になったのは、飛行機や自動車や船舶や電車などの交通手段が日々に高速化したためであり、その高速化を実現したのが流線型の採用であると信じられた。いや、流線型に誰もがスピード感を感じるという——その感性自体が、モダンという時代が生んだものであったというべきかもしれない。

そして、高速度化による時間的経験の変化は、空間感覚をも転換させた。現在、私たちは三S時代にいるかどうかさえ考えることもない。ただ、顧みれば、第二次世界大戦後の日本社会では高速度化にアクセルを踏んだり、ブレーキをかけたりするというサイクルを繰り返してきた。

高度経済成長期にあって日本人が「エコノミック・アニマル」とも海外から称されていた一九六九年には丸善石油のテレビCMで風にまくり上げられたスカートを押さえながら「Oh! モーレツ」と叫ぶシーンが話題となった。そして、一九七〇年の大阪万博では「人類の進歩と調和」がメイン・テーマとなった。だが、同じ年には新公害と認定された光化学スモッグの被害者が約二万人にのぼり、水俣病・富山イタイイタイ病・四日市ぜんそく・阿賀野川有機水銀中毒の四大公害病などによって「公害先進国」が流行語になった。一一月の「青空と緑をとり返し、国民の命と暮らしを守ろう」と訴えた「公害メーデー」には、全国各地で約八二万人（警視庁調べでは九万五〇〇〇人）が集まって公害追放を訴えた。そして、一九七一年には「自転車に乗って人間性を取りもどし、自然を守ろう」という「バイコロジー」がブームになり、一日自動車を使わない「ノーカー運動」も起こったが、「ガンバラナクチャ」（中外製薬「新グロモント」CM）も流行語となった。

一九七二年は田中角栄首相の「日本列島改造論」で沸いたが、ワーク（仕事）とアルコホリック（アルコール中毒）のカバン語である「ワーカホリック」も流行語となった。その働き過ぎにブレーキをかけるように「のんびりいこうよ、おれたちは」（モービル・ガソリン）や「ゆっくり走ろう、ゆっくり生きよう」（日産自動車）というCMも生まれ、それに共感を抱く人も多かった。

一九七三年には高速度化社会に歯止めをかけるように「ユックリズム（ゆっくり行こう主義）」が提唱され、「せまい日本そんなに急いでどこへ行く」が標語となった。そして、一九七四年のオイルショック以後、それまでの重厚長大型の大量エネルギー消費社会から省エネルギー（省エネ）社会への体質転換が図られたことによって、国際競争力の高い産業構造へと移行した。アメリカの社会学者エズラ・ヴォーゲルが『ジャパン・アズ・ナンバーワン』を著したのは、一九七九年のことだった。

その後、経済摩擦などを伴いながらも貿易収支は黒字が続き、一九八六年から九一年にかけてのバブル経済期が訪れる。そのピークとなった一九八九年には「二四時間戦えますか　ビジネスマン　ビジネスマン　ジャパニーズ　ビジネスマン」（三共製薬「リゲイン」）のCMフレーズが共感と苦笑をもって迎えられた。

食事についても一九七〇年に東京・町田に日本発のファスト・フード店としてハンバーガー・チェーンのドムドムが開店した。また、築地市場で二四時間営業というスタイルで「はやい、うまい」をモットーとしていた牛丼の吉野家も、多店舗化をめざして一九六八年に二号店を新橋に開店した。それ以後、各種の「早く・安く・便利な」ファスト（fast）フードの「外食産業」が全国各地に広がっていった。ただ、それに対しては、「地産地消」を優先する「スロー・フード」も推奨されてきている。

そして、インターネットやスマートフォンの使用が日常化する中で、5G（第5世代移動通信方式）の商用サービス開始によって二時間程度の映画が三秒でダウンロードできる速さが歓迎されるなど、速さを競う技術開発は熾烈《しれつ》を極めている。交通手段においても、一九六四年東京オリンピック開催と合わせて開業した東海道新幹線の最高時速は二一〇キロであったが、次世代新幹線は時速三六〇キロでの営業運転が予定されている。また、リニア中央新幹線の営業最高時速は五〇〇キロになるという。

そうした加速化を可能にするための課題は、いかに空気抵抗を少なくするか、である。そこでは言葉としては表されないままに流線型が追求されている。

ひとたびスピード・アップの快感が慣性となった人類が、「より速く、もっともっと速く」という誘惑から解き放たれる日は、果たして来るのであろうか。

第6章

エロとグロとその後にくるもの

「モダン語風景」の一部(『婦人公論』1931年1月号).

一　人の本性と欲望

エロ・グロ・ナンセンスと偽・悪・醜

モダン語には、現在では目にするだけで不快感をもよおすような言葉が少なくない。だが、いかに目を背《そむ》けたくとも、それを見逃してはその時代の雰囲気や社会情勢を見誤るキーワードがある。

この言葉について『大辞泉』(小学館、二〇一二年)には、「エロ・グロ・ナンセンス」は、一九二〇年代から三〇年代に流行した「エロ・グロ・ナンセンス」と「エログロ」を一語としたうえで「扇情的で猟奇的、かつばかばかしいこと。また、そのようなもの。大正末期・昭和初期の低俗な風潮をさす語」と解説している。その他、多くの歴史書や辞典などでも「一九二〇年代後半から三〇年代半ばまでの流行語。西洋文化の影響を強く受けたモダン風俗を象徴する言葉を並べたもの。刹那《せつな》的、享楽的、退廃的な風潮を表現する言葉」などといった論調で説明されている。

こうした時代区分から見る限り、エロ・グロ・ナンセンスの時代は、これまで見てきたモダンやウルトラや尖端やシークなどがモダン語としてあふれた時代と重なる。そして、それらが重なるということは、そこに「二つのモダン」が移り行く際に、何が顕著な現象として現れてきていたのかを考えるもう一つのヒントが潜んでいると見ることができるのではないだろうか。

確かに、エロ・グロ・ナンセンスは「低俗な風潮」に過ぎなかったに違いない。だが、扇情的なまでにその時代の人々の心を揺《ゆ》り動かした事実がある以上、それはなぜだったのかを探る必要はないだろうか。エロ・グロ・ナンセンスという人間の性欲と愛などの欲望や感性に係わるモダン語とそれに託して現れた多彩な言動にこそ、人間の本性とは何か、人間という存在はいかなる生きものなのか、を根底的に問い直す契機が潜んでいるとも考えられるからである。

もちろん、一九一〇年以前においても、性や性風俗が問題とならなかったはずはない。それどころか、外国からの眼差しに敏感に対応して「文明化」をめざした開国後の日本では、「おおらか」ともみなされていた性や性風俗に対する規制が図られた。新聞紙条目(一八七三年)で「淫風《いんぷう》を誘導」する記事が規制され、一八八〇年に制定された旧刑法では「風俗を害する冊子図書その他猥褻《わいせつ》の物品を公然陳列し又は販売したる者」を罰するとして「猥褻」という語が初めて法令に規定された。その後、出版法(一八九三年)や新聞紙法(一九〇九年)によって「安寧《あんねい》秩序を妨害し、又は風俗を壊乱する文書図画」の出版や新聞記事への検閲や処罰が強化されていった。

そうした性に関する風俗を規制する一方で、富国強兵という国策に沿って健康で強壮な身体をもつ国民を増やし育成していく必要から性知識の普及が課題となった。そのため、一八七五年に出版された『造化機論』を始めとして、男女の生殖器官などの解剖学的機能や妊娠・出産のメカニズム、性病の予防・治療方法の紹介などによって性と生殖に関する知識の普及と管理が進められた。

他方、芸術の分野では、それまで文学や絵画などにおける不可欠のテーマであった男女の情交を描写した春本や春画などが、「春画及び其類の諸器物」とみなされて販売が禁止された。一八九五年には黒田清輝《せいき》が描いた裸体画が春画と同じく風紀を乱すとして第四回内国勧業博覧会での陳列が大問題となり、一九〇一年の白馬会第六回展に出品した「裸体婦人像」の下半身を布で覆う「腰巻事件」が起きている。このように「近代としてのモダン」の中にあった日本では、欧米においては異例でもなかった裸体画や性描写が、逆に非文明的な猥褻物とみなされて排斥されるという事態も現れていた。

しかし、一九世紀末の欧米では、遺伝学や性科学の進展と自然主義文学などの登場によって「人間の自然」「人間の本性」とは何かが問われ、その表現方法を探る新たな次元に入っていた。

こうした日本における「近代としてのモダン」と欧米における現況との間で生じていた逆説的な事態を象徴的に示したのが、一九〇七年に発表された田山花袋《かたい》の小説『蒲団』であった。この美貌の女弟子への恋情と嫉妬心そして彼女の装身具への愛好としてのフェティシズムを描く小説が人々の興味と関心をひいたのは、ほぼ四〇年近くをかけて抑え込むことがめざされた性欲という人間の本性を、露わにしたことへの驚嘆と反発でもあった。しかし、今日、『蒲団』については、性をめぐる日本の自然主義文学に大きな影響を与えたと評価されている。

それでは、「自然主義文学」についてモダン語辞典では、どのように記述されたのだろうか。

ここでは、菊池寛監修『文芸辞典』(一九三四年)を引いてみると、まず自然主義文学について「十九世紀中葉における近代科学の勃興と共に科学的精神が盛《さかん》になり、一切の解決が科学にあると考えられた思想は、文学における写実的傾向を押し進め」ていることを強調した上で、次のように記されている。

個性の描写が重んぜられ、人間のあらゆる生活は人間個々の心理、本能、遺伝などに還元され、この限りにおいて自然主義はあくまで客観的であり、従来の文学が意識的に目をとじていた人生の暗黒面——醜も悪も大胆に曝露《ばくろ》して憚《はばか》る所がなかった。そしてそのためには偏狭な偽善的道徳とも、はげしい闘争を辞さなかったのである。

もちろん、ここでの記述は、一般的傾向を示したに過ぎない。しかし、「醜も悪も大胆に曝露して憚る所がない」「偏狭な偽善的道徳とも、はげしい闘争を辞さなかった」という側面こそ、実はエロ・グロ・ナンセンスが最も鋭く提示したものでもあったとはいえないだろうか。

あるいは「近代としてのモダン」が欧米における真・善・美をいかに理解し受容すべきかを追求したとすれば、「現代としてのモダン」においては真・善・美を無前提に認めるのではなく、自らの生活世界の中に偽・悪・醜と一体のものとして見出していこうとしたとはいえないだろうか。

確かに、欧米文明が提示した真・善・美を追い求めることは必要であるとしても、真・善・美といわれているものが本当にその内実を備えているのか、それを明らかにするには偽・悪・醜とされてきたものと対比してみるしかないのではないか――そうした発想を必ずしも明確に意識することはなかったにせよ、結果的に提起したのがエロ・グロ・ナンセンスだったとはいえないだろうか。

たとえ、それが既成のモラルや価値観への疑いに発したものでもなく、積極的に反抗や破壊に挑んだものでもなく、個人的趣向に過ぎず、流行の風俗現象として終わったにしても、である。

そのような風俗現象としての一面性や限界性があることを意識しながら、モダン語におけるエロ・グロ・ナンセンスとは何だったか、を見ていきたい。

性欲と色情と変態

こうして性や性欲などの問題が自然主義文学によって表面化されることに対し、医学的視点から批判し、日本における性欲と文学の問題に真っ向から斬り込んだのが、森鷗外であった。

日本で、性欲（性慾）という言葉が初めて使われたのは一八八八年ごろであったが、それを医学的かつ文学的な定義に基づいて使い始めたのは鷗外である。鷗外はドイツ留学中に性科学・病理学という新たな学問領域の成果がフランスの自然主義文学に影響を与えつつあることに注目し、文学表現と科学との関係について研究に着手していた。そして、一八九六年に刊行した『月草』（春陽堂）の「叙」において「人間の動物的な側を誇張して、性欲すなわち劣等な色気を行為の唯一の《（マヽ）》原動力にしたような人物を写すのは、いわゆる病理を詩の種子に使うのだ。こういう類の詩が出て来たのは、伊太利のマンテガツツア、独逸のクラフト、エエビングなどの医学上の論説が詩の境にはいったからだ。たとい又病理にまではならぬ、まだ生理の中に立ち留っている種子があっても、それは男女の間がらを糞と蜜の混合物と看做《みな》して居るに過ぎない」として、性欲と文学の関係について初めて明確に言及した。

ここで鷗外が詩といっているのは自然主義文学全般をさしているが、重要なのは医学的研究の成果を取り入れたところに自然主義文学の特質があるとみなしていたこと、性欲を「劣等な色気」といいながらも、そこには「生理」と「病理」の違いがあることなどを指摘していたことである。

ちなみに、鷗外が名を挙げた二人の医学者は性的倒錯を論じた性科学者で、そのうち「クラフト、エエビング」とあるのはクラフト゠エビング(Krafft-Ebing)でサディズムやマゾヒズムなどの概念を創案した人である。日本では、その著作『性的精神病理』(*Psychopathia Sexualis*、一八八六年)が、一八九四年に『色情狂篇』(法医学会、抄訳・発禁処分)、一九一三年に『変態性慾心理』(大日本文明協会)として訳出されたことによって「色情狂」や「変態性欲」という言葉が普及したことでも知られている。

色情狂は、モダン語では「色慾病の一種で一度発作すれば常軌を逸した淫慾を遂げんとするもの。エロトマニア」(『新語常識辞典』)とされ、エロトマニア(Erotmania)やエロ・マニアとして流行語となった。その**エロトマニア**については、「エロトはエロである。マニアは△△狂の狂である。即ち、エロトマニアはエロ・エロである。エロでなければ夜も明けぬ代物《しろもの》である。ここまで行けば警察の御厄介覚悟の上らしい。色情狂はかなわない」(『モダン語辞典』)と評されている。また、**変態性欲**については

「変態心理によって性慾上に表われる病的状態。即ち色情が常軌を逸して現われたものの総称。①同性に愛を感じて反《かえ》って異性を厭がる同性愛。②女の袂《たもと》を切ったり毛髪肌着等を愛着したりする物件色情。即ちフェティシズム。③異性を虐待して快味を覚える残虐色情。即ちサディズム。④異性に虐待されて快味を感ずる被虐感情。即ちマゾヒズムなどがある」(『新語常識辞典』)と説かれる。こうした説明には明らかな偏見も含まれていたが、当時は変態性欲を変態心理の現れとみなし、心理学における正常と異常の違いを性欲と関連づけて論じるものが多かった。なお、第二次世界大戦後、男女共学が始まると変態 hentai の頭文字をとって「性的にいやらしい言動やその人」をエッチと呼ぶ語法が高校生から広まったが、モダン語でエイチは husband から女学生用語で「夫、彼氏」をさしていた。

さて、鷗外に話を戻せば、鷗外は「生理」と「病理」という表現で、性欲の本質に迫ろうとし、医学雑誌『公衆医事』に一九〇二年から三年にかけて連載した「性慾雑説」は医学と文学の分野において性欲という言葉が普及するにあたって先導的な役割を果たした。そして、「何に就《つ》けても性欲的描写を伴う」自然主義文学を疑問視して、自らの性欲や自慰や同性愛などの問題に向き合い、正常な性欲と非正常な性欲とはどこがどう違い、それらを意志によってコントロールできるのか、などについて自問自答する形で一九〇九年に発表したのが、小説『ヰタ・セクスアリス』であった。このタイトルは、ラテン語で「性欲的生活」を意味する vita sexualis をカタカナ表記したものである。

しかし、この作品が掲載された文芸誌『スバル』第七号は、発刊から二八日後に発売禁止処分となった。ただ、即時に発禁処分されなかったことによって作品自体は、多くの人の目に触れ、賛否両論が新聞・雑誌に掲載された。日本に留学していた周作人(魯迅の弟)も発禁処分によって原価の六倍以上に値上がりしていた掲載誌を苦心して入手し、帰国後には性の問題を扱うにあたって繰り返し論及しただけでなく、一九二八年には半月刊雑誌『北新』に抄訳を掲載していた。

このように鷗外が口火を切った「性欲的生活」における normal(正常・生理)と anomalous(異常・病理)をはじめとする問題にいかに対処するのかは、一九一〇年以降、産児制限や優生学や犯罪学そして恋愛・結婚などとも密接に関連しつつ、日本のみならず東アジア世界各地において様々な局面で避けては通れない課題となっていった。

こうして性をめぐる科学と表現方法の関連という問題が展開し始めた一九一一年、『新公論』(九月号)では「性慾特集」を組み、性欲が動物としての人間にとって不可分の本性であることを前提にして、これまでの道徳と宗教による性の抑圧から離れて、性欲が個人と社会に及ぼす影響などに向き合う必要性などが論じられた。例えば、内田魯庵は「人間を研究しようというなら、生物学、心理学、社会学、人類学等に著大なる交渉を有するものとして性慾を研究するのが必要」であると力説した。

そして、性欲の問題は、変態性欲とそれに関連する変態心理の解明などを課題とする科学や民俗学など様々な分野で関心を呼んでいく。羽《は》太鋭治《ぶとえいじ》・沢田順次郎『変態性慾論』(春陽堂、一九一五年)、中村古峡《こきょう》『変態心理の研究』(大同館書店、一九一九年)、北野博美『変態性慾講義』(日本変態心理学会、一九二二年）などが相次いで刊行され、雑誌も一七年に中村古峡が『変態心理』を、二二年に田中香涯《こうがい》が『変態性慾』を、二四年に宮武外骨が『変態知識』を創刊している。また、二一年に『性と愛』を創刊した秋山尚男は、その後『性愛』『性』『優性』などの雑誌を発行したが、このタイトルの変遷には性欲や性交渉の問題から優生学に基づく断種問題へと社会の関心が移っていく過程も反映されていた。

一九二六年には梅原北明《ほくめい》の文芸資料研究会から村山知義《ともよし》『変態芸術史』など、変態シリーズ全一二巻が刊行されたが、変態には社会状態を意味する「世態」の変容という意味もあったため、必ずしも性や性欲を扱う著作ばかりではなかった。同様に、『性科学全集』（全一二編、武俠社、一九三〇～三一年）でも富士川游《ゆう》『性慾の科学』、杉田直樹『近代文化と性生活』、石川千代松『性と革命』、西村真次『人類性文化史』など、性をめぐる多様なテーマの広がりを示す著作が刊行された。

このような多彩な「**性科学**《セクソロジー》」とともに、「**精神分析学**」が「個人の思想及び行動の基礎たるところの、意識下に隠れた動機を発見する科学で近代文学の重要な方法論の基礎をなしている」（『新聞語辞典』）として注目された。その中でも無意識の深層に抑圧されたリビドー（性的衝動）と意識の表層との軋轢《あつれき》に精神疾患の要因を求めていると紹介されたフロイトの学説は強い関心を集め、『フロイト精神分析学全集』（全一〇巻、春陽堂、一九二九～三三年）が刊行されている。

エロ・グロ・ナンセンスは連語なのか

こうした経緯からも明らかなように、エロ・グロ・ナンセンスがモダン語として流行するまでには、人間の本性を多様な視角から明らかにしようとする試みが進んでいたのである。

その中で、現在ではセックス（男女の性差）、セクシュアリティ（性的特質）、ジェンダー（社会的・文化的に形成された男女の差異）などと区別される概念が、明確に識別されることのないままに社会的に浸透していった。様々な科学的あるいは通俗的な性や愛をめぐる言説があふれ出る中から、それらを苗床に偏見や曲解を含みながらエロ・グロ・ナンセンスという社会的風潮も生まれたのである。

そうした風潮を反映して、モダン語辞典でも「人間の性」に関連する言葉が取り上げられていくが、性欲だけに焦点が当てられたのではない。性欲を含む人としての生き方にかかわる「享楽主義」や「制欲主義」などについても解説が加えられた。

例えば、『現代模範新語大辞典』（一九二四年）は、書名とは異なり、「性病＝「性」に関係ある病。多く花柳病のことをいう」といったように、一項目について一行で語釈を与える簡易辞典だったが、「享楽主義」と「制欲主義」は、趣を異にして次のようなやや長めの記述となっている。「**享楽主義**」については「人生のあらゆる詩的享楽の機会を逸しないで、その味を徹底的に味《あじわ》い、自己の精神生活を充実豊富ならしめようとするもので、これこそ人生の目的、人間の真の生活であると主張する主義。この主義の人々が殊更《ことさら》に不自然な人工的空気に生きようとし、肉感の昂奮《こうふん》刺戟《しげき》を貪《むさぼ》るのも、その意味からである」とされるが、この肉感の昂奮刺激を貪るという規定は、モダン・ガールやエロ・グロ・

ナンセンスに対してそのまま当てはめられていく。

他方、「**制欲主義**」については「人生の目的は、いわゆる社会の名聞利達《みょうもんりたつ》ではなくて、卑しい下劣な欲望の束縛から脱して、合理的な高潔な生活をすることである。この目的のためには、真の徳を成す理想的生活をするためには、十分に理性を働かして、種々な欲情を制すべきである。宗教上・倫理上における実行上の主義である。禁欲主義」と説かれている。

おそらく、これら二つの定義づけには異論もあったに違いないが、欲望にいかに対処し、いかに生きていくべきかを探るためにモダン語辞典でも様々な言葉が取り上げられていったのである。

それまでは揺るぎないと思われたことも少し見方をズラシてみれば全く違った様相を見せ、当然と思われた従来の観念もひとたび跳び越えれば異なった価値観が現れてくる、といったことを認識するためのバネともなったのがモダン語だった。とはいえ、一元的な観念や価値観に従って統合することを望む側からすれば、そうした雑多ともいえる考え方を言語化するモダン語、その中でもとりわけエロ・グロ・ナンセンスなどは、秩序や風俗を乱し余計な波風を社会に立てるノイズでしかなかった。

それでは、そもそもエロ・グロ・ナンセンスという三語のつながりは何を意味したのだろうか。

実は、当時のモダン語辞典でも「エロ・グロ」という項目はあるが、「エロ・グロ・ナンセンス」という三語が並ぶ項目を立てるものは稀であり、解説の中では並べて記すものが多かった。例外的に、『世界新語大辞典』のように「エログロナンセンス百パーセント」という項目で「色気たっぷりで猟奇的でその上滑稽で飛びはなれた新らし味十分という意」と解説し、映画の宣伝や羽子板などに使われているという事例があった。この辞典では「エロナンセンス」と「エログロ」も立項されている。「エロ・グロ・ナンセンス」を一語で扱うのか否かは、現代でも扱いが分かれている。『広辞苑』では「エロ・グロ＝エロチックでグロテスクなこと。煽情的で怪奇なこと」として、エロ・グロを一語としているが「エロ・グロ・ナンセンス」の項目はない。『三省堂国語辞典』(二〇一八年)には「エロ」しかなく、『大辞林』(三省堂、二〇〇六年)、『新潮国語辞典』(新潮社、一九九五年)には「エロ・グロ」ないし「エログロ」はあるが、ナンセンスと連語にはなっていない。『新明解国語辞典』(三省堂、二〇二〇年)には「エログロナンセンス」の語例はあるが語釈はなく、『現代新国語辞典』(学研、二〇一七年)は「大正デモクラシー期の文化の一形態」とする。

他方、『日本国語大辞典』(小学館、二〇〇一年)は、これを連語とし「昭和五年に使われはじめた流行語。すでに使われていた「エロ、グロ」にナンセンスが付け加えられてできた」と由来の解説はあるものの、三つの語がまとまりでもつ意味は明らかでない。

もちろん、嘲《あざけ》りを含みながらも多くの人々が口にし、大流行した風俗を映した言葉については多様な解釈が可能であり、安易な定義づけは避けなければならない。そのことを前提にしたうえで、時に日本型モダニズムと同視され、低俗で浮薄な風俗用語として切り捨てられてきたエロ・グロ・ナンセンスが、いかなる意味合いで用いられたか、は改めて確認しておく必要があると思える。

エロエロなエロ

『広辞苑』でエロに関する項目を見ると、「エロチシズム・エロチックの略」としての「エロ」をはじめとして「エロス」「エロチシズム」「エロチック」「エロ・グロ」という語の説明があり、「エロい」「エロ本」という用語例も挙げられている。

モダン語辞典でも、これらの語が立項され、ほぼ同じ説明がされた。まず「**エロ**」については、「エロティック(Erotic)エロティシズム(Eroticism)の日本的略語である。恋愛なんて、ロマンティックなものでなく、むしろ色っぽき性的魅力や露出症的色情さというそれである」(『モダン語辞典』)と説かれている。エロの語源「**エロス**」(Eros)については、「希臘《ギリシャ》神話のエロスはローマ神話のキューピッドに当る」(『新語新知識』一九三四年)とし、「このエロスからエロチック(erotic)(恋の、色情の、恋歌)とか、エロトマニア(色情狂、恋病《こいわずら》い)というような言葉が出来、更に転じ更に脱線してエロ女優、エロ学生、エロ女給等々無闇矢鱈《むやみやたら》にエロという字を冠《かぶ》せるようになった。一九三二年度の日本においては、主としてエロは『色っぽい』の意に使用されている」(『キング文庫新語新知識』)と説かれた。

さらに、「**エロチック**」=すべてお色気たっぷり的なもの、殊《こと》にモダン・エロチシズムの傾向に至っては、露出狂的な肉体美の暴露、正視するに堪《た》えない程のものもある。簡単にいうエロは勿論、エロエロにいたっては、尖端的すぎるものがある。色情的なものを多分に含む」(『モダン流行語辞典』『婦人公論』一九三〇年一一月号附録)と説明するものもあった。

そして、「文明とエロチックとは平行するものであるといわれ、現代はエロチック時代等といわれている」(『モダン用語辞典』)とし、「**エロ・ガール**」について「エロを切売りする女。近代文明の生み出した存在である」(『モダン語漫画辞典』)とするなど、エロが文明の発達と並行して必然的に現れた時代を表徴するものであることが強調されていた。ここでも現代文明の尖端を切るのは、女優や学生や女給など女性であるとされ、「**エロ味**《み》=色気のあること。性的魅力のあること」(『モダン新語大辞典』)を感じさせる女性はエロ姫と呼ばれた。これに対し、男性の「快楽、享楽を追ってカフェーや待合へ入り浸《びた》りする人間」(『モダン新語大辞典』)は、エロ人《じん》・エロ漢・エロ助《すけ》と呼ばれた。

エロを冠したモダン語として大流行したのは「エロ・サービス」という和製英語で「エロがかった雰囲気をかもし出すような又は男性の本能を刺戟するような巧みな姿態で客を扱うカフェ女給の新戦術」(『現代術語辞典』)とされ、他の接客業でも使われた。この他にもエロ・ダンスをはじめ、脚線美・レヴュー・カフェー・横丁・流行・風景・シーン・画などの言葉の上にエロが付けて用いられた。ひとたび、エロという眼差しが設定されると、あらゆる事象がエロとして見え出してくるようである。

酒井潔は「上品なエロと、朗らかなナンセンス、即ちウルトラ生活の二要素を具備する」漫文などを集めて『エロエロ草紙』(竹酔書房、一九三〇年)と題して公刊した。この著作は発禁処分となったが、エロとナンセンスが並列され、それが尖端的モダン生活の要素とみなされていたことは興味深い。

ただ、「**エロナンセンス**」については早くから「色気たっぷりな馬鹿話」(『英語から生れた現代語の辞典』)として使われていた。酒井の本の表題にもなったエロを重ねるエロエロもモダン語として流行し、「**エロエロなこと**＝エロティックな(色っぽい、恋愛的な、肉感的な)いろいろなことをいう」(『国民百科新語辞典』)として用いられたが、これはエロが色気の色と音や意味が通じるとして「色々なこと」を洒落たもので「**エロ気**《け》＝色気の洒落」(『モダン新語大辞典』)や「エロっぽい」というモダン語も生まれた。

『モダン語漫画辞典』(一九三一年)は、「エロ乱舞曲」という欄で「エロお座敷ダンス」「モダン遊郭」などを実況中継風に描く中で「エロエロな商売」として、次のように女性の職業形態を紹介している。

> エロ時代のエロ風景を彩るエロエロなエロ商売を御紹介する。第一がカフェーの女給さん、お次がダンサー、モデル。お古いところで芸者に娼妓に茶屋女、尖端時代に入ってから現れ出《い》でたのに、キッス・ガール、ステッキ・ガール、マネキン・ガール、エンタク・ガール、ザダン・ガール、スタンド・ガール、ちょっと数えるにも骨が折れるくらいだ。

ここに挙げられたガールは、実はモダン語としては、ほんの一部に過ぎない。モダン語として造られた「～ガール」には、実在が疑わしいものが少なくない。その一方で、造語として想像上の存在でしかなかった「～ガール」が実在するものと考えられて、それを後追い的に実践してみる女性が現れるという事態も起きてくる。想像力が創造力に転じるのである。

こうした「～ガール」という造語が噴出した背景には、多数の女性が家庭から出て新たな職業に就いたり、社会的な活動に積極的に参加し始めたという事態があった。それがどのような眼差しで見られていたのかを、最も鮮明に映し出したのがモダン語であった。そこで注目された「**職業婦人**」の出現については単なる新奇な社会現象にとどまらないとして、「職業婦人激増の原因は主として生活不安による家庭経済および自己の経済的独立のための女性の経済的自覚とにあって、かかる現象は女性解放運動上から見ても甚《はなは》だ有意義である」(『社会科学小辞典』一九三〇年)という認識も出されていた。

しかしながら、「〜〜ガール」などの女性に関するモダン語には多くの場合、「あからさまな男女差別・巧妙な男女差別・目に見えない男女差別」(N・V・ベノクレイティスほか『セクシュアル・ハラスメントの社会学』千葉モト訳、法律文化社、一九九〇年参照)が、意図的あるいは無意識のうちに込められていたことは明らかである。現在では、それらのモダン語は、男女性差別主義(sexism)から生まれた女性差別語(sexist words)としかみなされない語が多い。

ただ、一面では新しい女性の職業や社会的活動を活写するとともに、他の一面では女性差別を前提としていたモダン語がどのように造られ、使われていたのか、その底意をも含めて総体として読み解いていただくためには論より証拠、巻末に収載した「**モダン・ガール小辞典**」を御覧いただきたい。そして、ほぼ一〇〇年を経た現時点での状態と、どこに異同が見出せるのかを見比べていただきたい。

映画・浅草レヴュー・大阪エロ

こうしてモダン語として現れ、大きな領域を占めることになるエロスやエロチックやエロチシズムなどに関連する語は、まとめてエロと表されるようになり、今日まで使われ続けている。

エロスやエロチシズムなどがエロという略語で新聞・雑誌で使われ始めたのは、一九二九年後半からで『東京朝日新聞』では神近市子《かみちかいちこ》「エロの乱舞」が「現代世相展望」(一一月二七日)として掲載された。そして、一九三〇年九月に「猟奇文献雑誌」を謳《うた》う『エロ』(猟奇社)が創刊され、エロを表題に掲げた本や『エロエロ行進曲』という映画公開などが続き、エロはモダン語として流通していった。

このようにエロが恋愛・性愛・色欲など多義的に混用されることに対しては、丸木《まるき》砂土《さど》(レマルク『西部戦線異状なし』などを翻訳した秦豊吉《はたとよきち》のマルキ・ド・サドをもじった筆名)が記した「「えろす」と「せくす」」(『現代尖端猟奇図鑑』新潮社、一九三一年)のように、精神的恋愛としてのエロス(エロチック)と肉体的性愛としてのセクス(セクシュアル)との区別を強調する議論もあった。

モダン語辞典ではセックスやセクシュアルも取り上げられたが、エロとの意味の違いは強く意識されず「**セックス・アッピール**(sex-appeal)=性の訴え、性的魅力、男臭さ、女臭さ。和製英語」(『最新百科社会語辞典』)や「**セクシュアル・アッピール**(sexual appeal)=性の訴え、色仕掛。女冥利《おんなみょうり》」(『新語常識辞典』)などと、英語の原義をあまり考慮することなく使われた。そして、エロは「新しい言葉で「セックス・アッピール」=性的魅力」(『モダン常識語辞典』)と同義だと説く辞典もあった。

これらの性や愛に関するモダン語が一挙に噴き出した要因としては、抑圧されてきた話題が新聞・雑誌などで日々取り上げられて次第に抵抗が少なくなったことがある。だが、それだけではなく起爆剤となった三つの要因があった。それは映画、浅草レヴュー、大阪女給の銀座進出である。

映画のエロ・シーン(ラブ・シーン)など「猥褻に渉《わた》るもの」は、一九一七年公布の活動写真興行取締規則によって検閲・削除された。しかし、トーキー(音声映画)では音とフィルムとを切り離せない方式もあったため、フィルムをカットしても音声が残ったりして却《かえ》って「エロ全盛」時代の観客の好奇心を煽《あお》ることになった。カットされない場面でも、ショート・スカートや下着・水着姿の女優のエロチシズムや愛欲場面が評判になった。日本では第二次世界大戦後までキス・シーンを撮れなかった。

しかし、一九三一年には、その一〇年ほど前には検閲からもれたキス・シーンを見て欧米人は変な事をすると「クスクス笑ったりしていた観客が、今日かくまで接吻という事を理解し、実際化」(小倉浩一郎『世界映画風俗史』風俗資料刊行会、一九三二年)して行うようになったと評されたように、映画が与えた影響は大きかった。「異性を抱擁《ほうよう》して首筋に接吻する愛の意志表示が情熱的で積極的な恋愛行為である」(『モダン流行語辞典』)と説明された「**ネッキング**」(necking)も、短いスカート・断髪・女性の海水着・ダンス・ジャズ・ハイヒール・ドライブなどとともに、映画が流行させた風俗だった。

そして、映画に現れる性や愛に係わる用語を解説する「エロ百科辞典」が『映画之友』一九三一年四月号から連載された。映画が表現するエロチシズムに焦点を当てた研究としては、映画芸術協会を創設し自ら映画製作にあたった帰山教正《かえりやまのりまさ》が『映画の性的魅惑』（文久社書房、一九二八年）という傑作を刊行している。

浅草レヴューについては、川端康成『浅草紅団』（先進社、一九三〇年）に「船来「モダアン」のレヴュウ専門に旗挙げしたカジノ・フォウリイは、地下鉄食堂の尖塔と共に、一九三〇年型の浅草かもしれない。エロチシズムと、ナンセンスと、スピイドと、時事漫画風なユウモアと、ジャズ・ソングと、女の足と――」と描写されたように、エロとナンセンスの融合で人気を博した。

カジノ・フォーリーは「百パーセントのエロ情調を発揮し、満都の人気を奪っている観がある」（『モダン語百科辞典』）との評判が立ち、レヴュー団を率いる榎本健一《エノケン》は、エロケンと別称された。

この流行は、レヴューの最中に踊り子がズロース（下着）を落とすという噂が呼び水になったといわれるが、これを契機に浅草では「日本館が「エロエロ舞踏団」とうまい名をつけると、松竹座までが「ダンス・エロ」と墨黒々だ。どこもかしこも看板に、「エロ」」（『浅草紅団』）があふれ出た。「昨日チャンバラ　今日エロレヴュー　モダン浅草ナンセンス」と「新東京行進曲」（西條八十《やそ》作詞・中山晋平作曲）で歌われたのは、一九三〇年のことである。

こうしてエロレヴューとナンセンスを満喫させる浅草興行街は、「現代としてのモダン」を牽引する空間となった。そもそも「**レヴュー**」は「欧洲大戦後世界に流行するようになった新しい民衆娯楽。調子の速い音楽に合《あわ》せて数人ないし数十人の男女が踊り歌うもの。無内容であること、幕合《まくあい》のないこと、数学的機械的に統制された美をもつこと、簡易なる観覧であること、刺戟の強烈なることなどが、その特徴であり、また流行の原因である。フランスから始まりアメリカにおいて大成された」（『モダン流行語辞典』）と解説されたように、世界的な最新流行の娯楽であった。レヴュー（revue）は、批評・見直しなどの意味で用いられるように、フランスでは年末にその年に起きた様々な出来事を次々に回顧して風刺する軽い余興をさしていたが、「今日では何十場もある大げさなショーの意味になった。華《はなや》かな光、快速なテンポ、愉快なナンセンスを持った最も現代的な娯楽物」（前同）とみなされるよう

図 6-1　カジノ・フォーリーのレビュー（時代世相研究会編・刊『変態風俗画鑑』1931 年およびカジノ・フォーリーパンフレットなど）．

になっていた。もちろん、レヴューはエロやナンセンスや風刺がテーマとなったものだけではなく、宝塚歌劇の『モン・パリ』などに代表されるように「清く正しく美しく」をめざすものもあった。

他方、パリのミュージックホールであるカジノ・ド・パリ(Casino de Paris)とフォーリー・ベルジュール(Folies Bergère)をもじって付けられた喜劇劇団の名称である「**カジノ・フォーリイ**」そのものが「エロとグロとナンセンスを売りものにする尖端興行物たる、ジャズ、レヴュウを見せて客を呼んでいる浅草水族館のそれの如きものをいう」(『モダン語辞典』)として普通名詞化され、エロレヴューも浅草から全国へ広がり、多数のレヴュー団による競争の激化から扮装や所作も「エロ度」を高め、「エロエロ」な方向で発展していった。

このため警視庁は社会公安・風俗を乱すとして、一九三〇年一一月に「ズロースは股下二寸(=約六センチ)未満のものと肉色を禁ず」「背部は上体の二分の一以下を露出しない」「胸腹部は乳房以下を露出しない」「裸体の曲線美を表すものはスカート他で覆う」「片方の脚の股までの露出を禁ず」「腰部を前後左右に振る所作は禁ず」など詳細な取締規則を出した。

この「エロ取締規則」は、「**エロ法度**《はっと》」というモダン語となり、文字通り「手も足も出ぬ……猛烈なエロ征伐」(『東京朝日新聞』一九三〇年一一月二五日)と報じられ、全国的に施行されていった。

こうして「エロい」風俗の発信地となった浅草と対比された銀座は、洋画家・松山省三が一九一一年に開業した日本初の本格的なカフェーとされるプランタンのほかライオンやタイガーなどのカフェーや銀座ビヤホールなどで作家や画家などが集って洋酒や洋食を楽しむモダンな文化空間とみなされていた。しかし、関東大震災以後、女給との「自由恋愛」を建前とする風俗営業の盛り場として全国的に知られるようになっていく。

その銀座に大阪からカフェーのユニオンやサロン・ハルが進出し、一九三〇年には美人座が女給三〇人をチャーターした飛行機で送り込むという演出で一大センセーションを巻き起こすと、日輪がビルディング全体を大阪式五彩ネオンで蔽《おお》うド派手な店を開き、巨大資本を投下した赤玉《あかたま》はカフェー戦線で凱歌をあげた。新聞は「大坂夏の陣」をもじった「大阪ＥＲＯの陣」や「エロ関ヶ原」と称された攻防を取り上げ、銀座の「道頓堀化」が話題となった。

銀座昨今（二）
道頓堀化の歎

図 6-2　銀座の道頓堀化を「大阪ERO の陣」と報じるコラム（『朝日新聞』1930 年 11 月 28 日）.

「銀座は今や大阪カフェ、大阪娘、大阪エロの洪水である」（『銀座細見』）と憤慨した安藤更生《こうせい》は、「大阪カフェの特色は先《ま》ず第一にエロだ。大阪女給はエロ工場での熟練工である。この点ではまったく東京娘は敵《かな》わない。濃粧《のうしょう》と、調子外れの色彩と、イット満喫では何処《どこ》のお客でもダァと参ってしまわざるを得ない。それともう一つの特色は大衆性にある」と、その濃厚性と大衆性に着目していた。

エロがかったエゲツナサをさすエズクロシイという語が大阪にはあったが、その強烈なエロサービスが銀座に持ち込まれ、さらに全国に広がっていく。その展開を安藤は「まったく、大阪資本は次第に日本を征服しつつある。大阪イズムは日本に光宅《こうたく》して居《い》る」（前同）と観察していた。もちろん、大阪イズムが日本全体に普及したかは疑問である。ただ、一九二九年世界大恐慌後の不況の中で大阪の資本が風俗営業に投下され、銀座の夜景を一変させて女性に数少ない職場を与えたことは確かである。

さらに、カフェーの流行は台湾や朝鮮にもおよんだ。朝鮮では伝統文化の担い手であった妓生《キーセン》の中から洋装でジャズを歌う「ジャズ妓生」などが現れ、カフェーの女給に転身していった。

しかし、一九三三年には特殊飲食店営業取締規則が出され、カフェーも取締の対象となる。その規制にもかかわらず、あやしげなカフェの略語「**あやカフェ**」がモダン語となり、女給などの接客業におけるサービスや性的魅力の程度を示すモダン語として流行したのが「**エロ百パーセント**」だった。これはアメリカの作家アプトン・シンクレアの小説『一〇〇％愛国者』や全発声映画を百パーセント映画と呼んだことから転用され、「今一般に「十分・完全・満点」など、最上級の意味」（『新語常識辞典』）となる。百パーセントはエロのほか「モダン百パーセント」など何にでも付けられ、「エロ百パーセント」は「エロ百」と略称された。

和製語グロの両義性

しかし、完全・最上であるはずの「エロ百パーセント」にも飽き足らなくなると、「エロ二百パーセント」など、性表現の方法も露悪化していった。それでも満足できないとなると、これにグロやナンセンスが付け加えられるようになる。

『読売新聞』(一九三一年三月九日)は「エログロの世界におどる――カフェ・ナンセンス」として「エロ・ナンセンスがそこから、朗《ほが》らかな洪笑《こうしょう》をたてて乱れ飛ぶ」と報じ、「エロ・グロ・パンフレット――第一輯」として赤木妖三『エロ・グロ・表現考』(時代世相研究会、一九三一年)も刊行された。このようにエロ、グロ、ナンセンスが混在する空間が生まれると、「エログロナンセンス百パーセント」が最も尖端的な新鮮味をもつモダン語として使われるようになる。

グロは「**グロテスク**=Grotesque(仏)語原はローマ時代の人工的洞窟(Grotto)内の装飾から出たので、転じて不自然、不似合、不合理、荒唐、怪異等の形象をいう」(『モダン新語大辞典』)と紹介された。

この他、「**グロ**」は「英語のグロテスクを略した和製語」で「①怪奇、変てこ、恐怖的《おそろしい》。怪奇な容《か》貌《お》をした人を「あの人の顔はグロだ」。転じて心の方面にも用い、変質的な二重、三重、五重と(ママ)など複雑な人格層の人を言う「あの人はグロだ」など。②エロと一緒に使われ、変態性慾的魅力を多分に持っている意味に用いらる。金持の老紳士が若い美しい女給とでもいちゃついていようものなら「チエッ、グロ親爺《おやじ》め」。共に、あらゆる刺戟に麻痺《まひ》しきっている近代人の神経に強い刺戟を与える猟奇的内容をもてる言葉。エロ、グロ、ナンセンスは近代の合言葉」（『社会百科尖端大辞典』）とも説かれた。ただ、グロは否定的な意味で使われただけでなく、「あいつはグロで素敵《すてき》だ！　断然グロだ！」といった称賛の用法があり、「拳闘が流行して、鼻血のタラタラ流れている処《ところ》に歓喜の声を揚げる女性の多いこと等は、確かにグロ流行の世相に支配された一面を表現している」と記された。また、「現代の日本で用いられている「グロ」という言葉は、単に「怪奇な」とか、「無骨な雅味がある」とか、「飾り気がなくて面白い」とかいう軽い意味に使われて、歴史的のことなどは頭から問題にしていない」（『キング文庫新語新知識』）という状況でもあったという。

グロという和製語の普及の経緯については、「昭和三年十一月一日に、梅原北明《ほくめい》という猥雑《わいざつ》文献蒐《しゅう》集《しゅう》の大家が『グロテスク』と題する月刊雑誌を創刊したのが、恐らく日本語として『グロ』が一般的に用いられる様になった最初であろう」（前同）とする説もあった。梅原が創刊した『グロテスク』の表紙には、「耽奇・探奇・談奇」がモットーとして掲げられ、奇とされる猥雑文献を蒐集・紹介することが目的とされた。これは性科学や生体科学やフロイトの精神分析などを「性慾学」として踏まえながら、奇の中に人間の本性を見出すべく世界各国から資料収集して紹介しようとするものだった。

そして、性欲・性愛を問題とする以上、サディズム・マゾヒズムといった変態性欲や同性愛・異性装なども取り上げられた。それらは実態として存在しているにもかかわらず、いかがわしいもの、猥褻なものとしてタブー視されていたものであり、「健全な」倫理観をもつ人々には嫌悪感を催させるものであった。何よりも、家族国家観に基づいて「イエ永続」のために家長が家族の恋愛や結婚を支配するという旧来の「美風」を乱すような性風俗を「風俗壊乱」として取り締まることを任務とした治安当局にとって、エロ・グロはアカ＝社会主義思潮に次いで取り締まるべき対象となった。

しかし、モダン語としてのグロは「風俗壊乱」だけを意味してはいなかった。そこにはナンセンスと共に、モダンと反モダンの相克という双面性が潜んでいた。

二　グロと犯罪そして卑近美

猟奇とミステリー

「出た！　怪異！　驚倒！　戦慄《せんりつ》すべき猟奇芸術の最高峰！」――一九三一年五月、全国の新聞各紙に踊ったこの惹句《じゃっく》は、さらに次のように続く。

江戸川乱歩氏の探偵小説は阿片《アヘン》の妖気だ！　印度《インド》の魔術師が持つ水晶の珠だ！　其処《そこ》に映る恐ろしき夢と奇怪なる幻の数々は読者の魂を根こそぎ奪って行かずには措《お》かぬ。血と泥で塗りつぶされた地獄絵巻だ！　其処に盛《も》られた奇怪な犯罪と、異常なる変態的性慾は、読者を夢幻の境に誘い込まずには措《お》かない。強烈な刺戟と恐怖の喜びに生きんとするものは先づ本全集に来《きた》れ！

（『東京朝日新聞』五月九日）

こうして全一二巻の予定で売り出された初の『江戸川乱歩全集』(平凡社、最終的に全一三巻)は一か月で「底知れぬ売れ行き！　突破！　十万部已《すで》に突破」と報じられた。その人気を受けて、「何《な》ぜ売れる？」という広告も出され、「グット時代を摑《つか》んで居るからだ！　怪奇！　怪奇！　悉《ことごと》くが刺戟の蠢動《しゅんどう》だ！　エロといえばエロ、グロと言えばグロ、幻惑と悩乱が読者の魂を狂舞せしめねばおかぬ！　正視を虐殺する凄惨《せいさん》と狂喜の世界！　覗《のぞ》き見よ！　乱歩全集の扉の奥に、何を見る！」(『東京朝日新聞』五月二六日)と煽った。

正視できない世界を「覗き見よ！」という窃視《せっし》症(Voyeurism)的な興味や変態的性欲などは、乱歩作の「屋根裏の散歩者」「D坂の殺人事件」「芋虫」などの他、〝淫獣〟とも読み替えられた「陰獣」などでも扱われたテーマであった。

これらのテーマは猟奇小説ではあっても探偵小説やミステリーとは違うのではないか、という疑問も浮かぶ。ただ、モダン語としての「**猟奇**」は、「刺激の多い現代人の神経は陳腐平凡なものでは承知せず、異常なもの、怪奇なものに刺激を求めるようになった」(『モダン常識語辞典』)という心性をさすものであり、さらに「**猟奇病患者**＝文字通り奇を漁《あさ》ることで、胸のときめくような図破《ずば》抜けた刺激を求め、超常識的なことに興味を覚えるという変態的な存在」(『モダン語漫画辞典』)と解釈されていた。

そして、「神秘劇」をさして使われていた「ミステリー・ドラマ」という語は、一九三〇年ごろには「探偵劇」の意味でも用いられるようになり、モダン語の「**ミステリー・ハンター**」は、「世間並でない怪奇なグロエロの世界を探し歩いている人、つまり猟奇探検」(『尖端語百科辞典』)を意味した。

こうして猟奇と探偵・探検が結びつき、「**探偵趣味**」は「猟奇趣味というのと同じだ。奇を猟《あさ》り異を探す趣味で、探偵小説的趣味というほどの意味」(『新しい時代語の字引』)で使われていく。

「科学」と「未開」におけるエロ・グロ

もちろん、猟奇小説も探偵小説も一九二〇年代以前から存在していた。黒岩涙香《るいこう》の翻案探偵小説や岡本綺堂《きどう》『半七捕物帳』などが愛読され、フランスのレオ・サジー作の探偵小説の主人公・兇賊ジゴマは映画化されて大人気となり、「ジゴマ式」で横暴きわまりないやり方、「ジゴマる」で悪らつ・横暴に振舞うというモダン語も流行した。

また、小説「悪魔」や「刺青」を書いて悪魔派や悪魔主義者とも呼ばれた谷崎潤一郎のエロ・グロをテーマにした犯罪・探偵小説も既《すで》に発表されていた。

「**悪魔派**」とは「悪魔主義を奉ずる人々。怪奇、凄愴《せいそう》、暗黒を讃美し、病的な行為に強烈な刺戟を求める人々」(『最新百科社会語辞典』)であり、「**悪魔主義**」とは「文学上、頽廃《たいはい》、醜悪、不健全、不調和の裡《うち》に一種の詩美を求めて人心、世相、社会の暗黒を唱《とな》う一派。エドガー・アラン・ポーやボードレール等に代表され、吾国にては谷崎潤一郎等この一派に属す」(『モダン新語大辞典』)とされた。江戸川乱歩がエドガー・アラン・ポーをもじった筆名であり、谷崎に大きな影響を受けていた事実からすれば、乱歩はまさに悪魔主義の申し子でもあった。しかし、乱歩らの創作探偵小説は、谷崎の「白昼鬼語」や「途上」などの犯罪・探偵小説とも異なっていた。

モダン語辞典でも的確に指摘されたように、乱歩らの探偵小説は「全く様式を一変し、怪奇神秘の本体を、最も痛快に切り開いてゆく科学の力に依る理智の鋭さ、その点に興味の中心を持ってゆく新しい描写」(『新しい時代語の字引』)を特色としていた。そこで指摘された「科学」とは、生理学、性欲学、精神分析、犯罪学、暗号学などを応用したものである。

一九三〇年六月創刊の『犯罪科学』は、「犯罪科学は赤裸々なる人間性の解剖であると同時に又人間本来の要求を充盈《じゅうえい》する人生科学であらしめたい」と巻頭言で謳《うた》い、巻末広告では「学術と猟奇趣味の握手成る!」として欧米の読書界が「機械科学から精神科学の追求へ大旋回を開始した」こと、そして「人類発達史と社会文明史の脊梁《せきりょう》に巣喰うエロチシズムとグロテシズムの探究! それは正しく赤裸々にした人間の研究である」と宣言していた。エロとグロの探究は単なる猟奇趣味ではなく、「人間性を解剖」する科学的分析の対象とされ、人間科学・精神科学の発達と並行して人類史と文明史の骨幹を解明するという課題と重ねられていく。

乱歩が科学的探偵小説の先駆者と称揚した小酒井不木《こさかいふぼく》は、東北帝国大学医学部教授で生理学研究の第一人者としても知られ、『近代犯罪研究』(春陽堂、一九二五年)、『毒及毒殺の研究』(改造社、一九二九年)などの研究書もある。『殺人論』(京文社、一九二四年)では「殺人者の生理及び心理」などに関して、屍体や死因の科学的鑑定法を紹介していた。

こうした犯罪科学に学んだ乱歩の探偵小説には殺人どころか犯罪さえ起きない作品が多い。乱歩の小説では常識や通念となっているものの背後にある「人間性の謎」ともいえるものが提示され、それを論理的に分析して解明していくことに妙味があった。そこでは誰もが気にもかけず過ごしている中で、何が常識で何が無意識なのか、何が善で何が悪か、何が罪で何が救いなのか、が問いかけられる。

それは読者それぞれの生や性など本質に係わりながらも、「隠されていること」「思いも寄らないこと」に改めて気づかせ、「人の生という謎解き」へと人々を誘うものであった。

こうした「人の生という謎解き」に向けたエロ・グロへの関心と解明は、最新の「科学」によってだけ追究されたのではない。むしろ、逆に「未開」のものの中にも「発見」された。

「人文の発達は有《あ》らゆる物を洗練して歪《ゆが》んだ物を淘汰して行く、だから文化社会の中から真正のグロを探求することは益々困難になる。そこで猟奇的変態慾望は未開人の中に向けられて行く」（『変態風俗画鑑』時代世相研究会、一九三一年）。そこには世界旅行が容易になり、写真や映画によって文化人類学的知見がようやく一般に広がり始めた時代の人々の関心が反映していた。

『文学時代』（一九三〇年一一月号）に掲載された「世界の怪奇と怪美とを探る座談会」には、一八年にわたって五五か国を旅した布利秋《ぬのとしあき》など九名が世界各地のエロ・グロの事物や習俗を紹介し、多数の写真と絵が掲げられている。座談会のタイトルが、「怪奇」と「怪美」を並べているのは、醜悪なものと美麗なるものは世界の文化や習俗に目を向けると明確に識別できないという認識の表明でもあった。

そのことを可視的に示したのが『現代猟奇尖端図鑑』(新潮社、一九三一年)であり、文明と未開の両尖端におけるエロとグロの様相が豊富な図版と解説で紹介された。これらの写真や解説では太平洋の「喰人島」、アフリカの「黒人王の愛妾の群」「黒人のグロ乱舞」「首長族」などの他、首狩や人肉嗜食《カニバリズム》、中国における纏足《てんそく》やアヘン吸煙と性欲の関係などが真《まこと》しやかに論じられている。

こうした中でエロ・グロの象徴的存在として注目されたのが女流ダンサーとしてパリで活躍していたジョセフィン・ベーカーであった。「身長の三分の二に及ぶという脚を持つ世界的グロ・ダンサー、ジョセヒン・ベーカーは黒ン坊であるということがグロの一要素で」しかも「妙に甘ったるい容貌がある」ことで「エロ感を所有している」(『変態風俗画鑑』)とされ、「黒色美のオーソリティ」「黒いヴィーナス」とも称されたパフォーマンスや身体能力を讃える雑誌記事も多かった。一九二九年に日本と朝鮮で公開された映画『モン・パリ(原題 *La Revue des revues*)』はパリのレビューを紹介するために製作されたが、ベーカーが踊る場面によってその人気はさらに高まった。

このような眼差しには、馴染みのないものがエキゾティシズムの対象としてエロ・グロの感情を呼び起こしたことが窺える。しかし、実際に訪ねて見ることもできず、検証する方法も持たないままに人種的偏見を広げた事実があることも見逃せない。

戦争が生むグロとグロスのグロ

とはいえ、エロ・グロは「未開」の人種や習俗だけに見出されたものではない。逆に、「文明」の最尖端を進んでいると自他ともに認めていたヨーロッパにおいてこそ、人類史上未曽有の大量死者を出した世界大戦においてエロ・グロがあふれ出ていることも知られていった。

戦場では虐殺や陵辱が日常化し、帰還できた兵士がシェル・ショック(shell shock)に悩まされただけでなく、「欧洲各国で大戦当時心身に受けた圧迫・打撃のため婦人小児の冒された不健康状態」(『新語常識辞典』)をさす「**戦争病**」も蔓延していた。

ベルリンに反戦博物館を開設したE・フリードリヒは、無残に損傷した兵士の顔や絞首銃殺の現場などを紹介した写真集『戦争に反対する戦争!』(一九二四年)を編纂したが、そこから四枚の写真が日本の『変態・資料』(一九二六年九月創刊号)に転載された。

さらに同じ『変態・資料』創刊号にはドイツの画家ジョージ・グロス(G. Grosz)の画集『エクセ・ホモ *Ecce Homo*(この人を見よ)』(一九二三年)の一枚である「セレナード」が掲載されたが、こうした編纂方針には変態趣味者と嘲られ、発禁処分を受け続けたため金鵄《きんし》勲章をもじって自らを禁止勲章の受章者だと嘯《うそぶ》いていた梅原北明が提示しようとした「奇」(↓二二〇頁)やエロ・グロの本質とは何であったのかが示されている。

グロスの線画法は、傷痍《しょうい》軍人や衣服を透かして肉体の線を戯画的に描くなどエロ・グロそのものだとする批判も出たが、戦争による肉体損傷とそれにもかかわらず失われない性欲にもまた自らコントロールできない人間の本性としてのエロ・グロが露わになることに目を向けさせるものであった。

　そうした戦争による四肢の欠損にもかかわらず性欲から逃れられない男女の悲劇は、江戸川乱歩が「芋虫」で描いたものでもある。グロスや乱歩の作品は、肉体を欠損しても失われることのない食欲や性欲などに現れる人の本性と悲惨さを、いかに絵画や文芸で表現しうるかという挑戦でもあった。

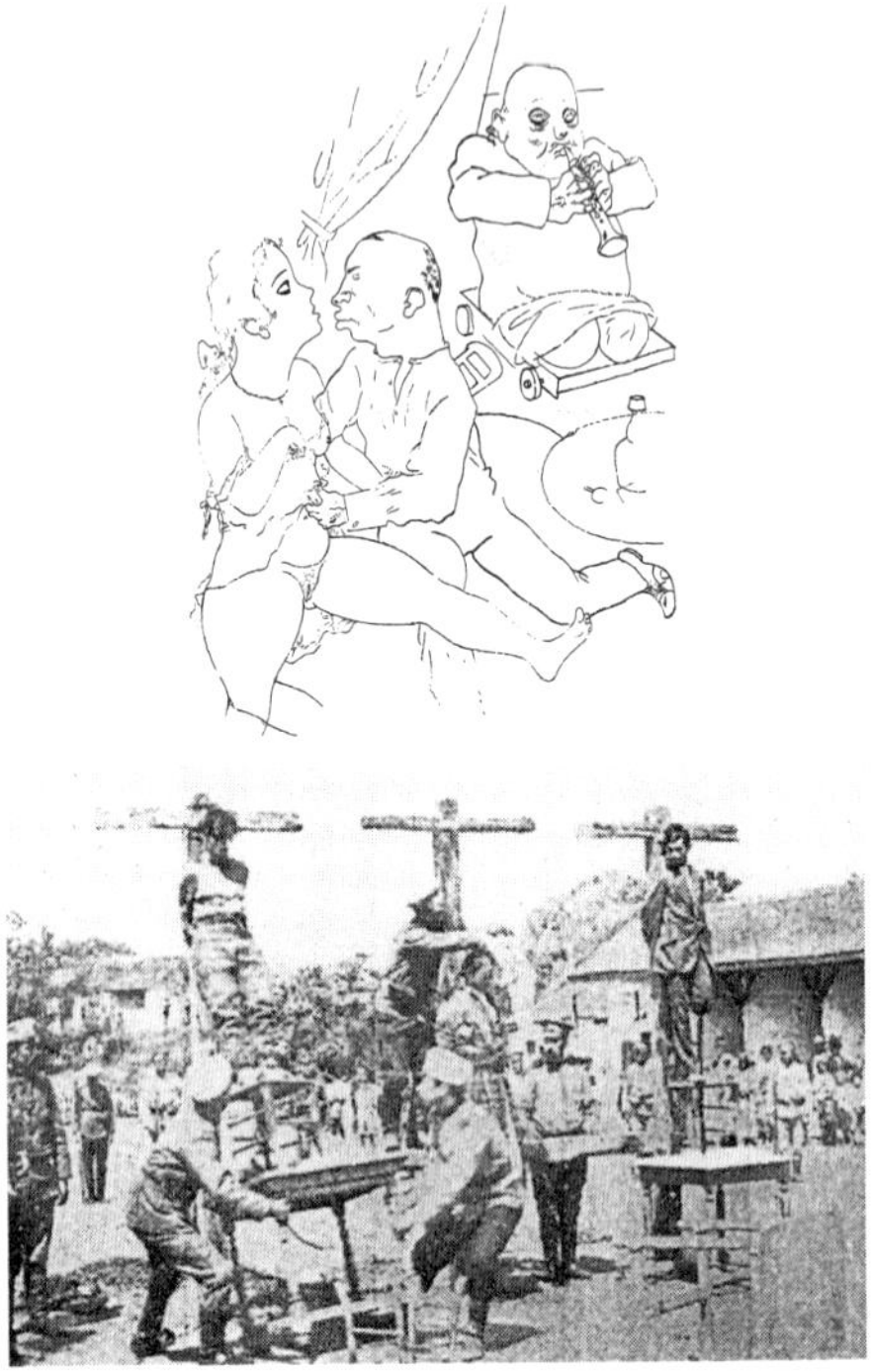

図 6-3　『変態・資料』創刊号に転載されたグロス「セレナード」(画集『エクセ・ホモ』1923 年) と，『戦争に対する戦争！』の「絞首」場面.

　グロスの画風は、村山知義や柳瀬《やなせ》正夢《まさむ》などのプロレタリア美術に強い影響を与えた。また、挿絵画家・竹中英太郎や松野一夫などの画法にも取り入れられて、乱歩や横溝正史《せいし》らの探偵小説の妖美なエロ・グロ感を高めた。

柳瀬は『無産階級の画家　ゲオルゲ・グロッス』(鉄塔書院、一九二九年)を著し、グロスに学んだ省略と強調を組み合わせた労働運動のポスターや政治風刺漫画を描いてプロレタリア美術運動をリードした。柳瀬の強いアピール力をもつ線画的な画法は、東アジア世界にも影響を与え、中国では雑誌『現代小説』や『萌芽月刊』などに転載されるという連鎖を生んでいった。

中国で木刻版画運動を進めていた魯迅も、柳瀬著『ゲオルゲ・グロッス』や『柳瀬正夢画集』(叢文閣、一九三〇年)などを上海の内山書店で購入し、グロスや日本の版画表現に注目していた。さらに、中国ではグロスから強い影響を受けた陸志痒《りくしよう》などによって社会問題の諸相が「漫画」などのカテゴリーで描き出されていった。ちなみに、現在の中国語でカリカチュアを意味する漫画《マンホワ》というカテゴリーは日本に短期留学して竹久夢二と親交をもち、『源氏物語』『草枕』などを翻訳した豊子愷《ほうしがい》によって日本語の漫画から一九二五年に導入されたものである。

卑近美としての「でろり」

こうした国際的交流の中でエロ・グロに人間の本性を探り、社会変革の契機を探り出す動きに対し、中国の禅画や日本の浮世絵や歌舞伎に潜むエロ・グロの美に着目したのが岸田劉生であった。

岸田は「へんに生々しい男女の顔、一種古拙でしかも深く現実感をとらへたミスチツクな姿態、気味悪い程生きものの感じを持った、東洋人独特のぬるりとした顔の描写、さういふ、私の所謂《いわゆる》でろり、とした美しさの味」(『初期肉筆浮世絵』「自序」、岩波書店、一九二六年)を「卑近美」として追究した。「麗子像」の幾点かに醸《かも》されるグロテスクともいえる雰囲気は、この「でろり」を表現したものである。

岸田の「でろり」は、日本洋画が西洋的な崇高・高尚の美を追究することで追い込まれた袋小路からの脱出口を、東洋的な写実・卑近の美に求めたものだった。

岸田は、卑近美を「下品の美」とも呼び、その美を最も生かした日本の芸術が歌舞伎だとして、歌舞伎のもつ「卑近美は、他の日本芸術のどれよりも、最も卑俗的であり、「悪」の色が濃く、グロテスクで、エロチックで、猥雑で、世間的で、無智的で、出《で》鱈目《たらめ》である」(『演劇美論』刀江書院、一九三〇

図 6-4　岸田劉生の「でろり」．上：中国の禅画「寒山拾得」風に描かれた「麗子像」．紙本墨画淡彩，年代不詳．下：「沢村宗十郎・鯰坊主」．油彩，1922 年(ともに『芸術新潮』1991 年 6 月号)．

年）ことを通念とは逆に高く評価した。しかし、岸田は、あえて洋画を崇《あが》める世間の審美眼に異を唱えようとしたのでも、日本回帰を訴えたのでもない。

何よりも岸田にとって美術とは眼前にある「世」の背景に潜んでいる「事」をつかみ取り、描き出すものであり、「仁丹の広告、交番、乞食、子女、俥屋《くるまや》、自転車、人夫、それぞれに皆一つ一つ「世」といふことを表はす」（『初期肉筆浮世絵』）ものであった。ここに列挙されたようなことがらは、普通には美術や美の対象とみなされることがない、いや醜悪とさえみなされている。しかし、その形相の現れでしかない「世」の深奥にこそ、時空を超えた美の真髄たる「事」が潜んでいるはずであった。

こうして、岸田にとって、卑俗で・悪で・グロで・エロで・猥雑で・世間的で・無智的で・出鱈目であることは、決して醜でも奇怪でもなかった。美が唯一ではないように、醜もまた唯一つではなく、美醜はいつでも反転しうるし、また不可分でもありうる。岸田は、血を思わせる赤が多用されることに歌舞伎の特色と美を見出したが、それは「麗子像」の鮮やかな赤の使用に通じるものであった。日本でグロテスクというモダン語が流行したのは、岸田が「初期浮世絵の怪奇美を認め出してグロテスクの美を盛んに唱導してから今では一般的に何にでも用いられるようになった」（『一般社会必要新語辞典』一九三三年）と特記する辞典もあった。

このようにグロテスクの美が岸田によって唱導されたころ、時を同じくして、芸術の本質についての見方を提示して文芸研究に新たな地平を拓いたとされる土居光知《こうち》『文学序説』（岩波書店、一九二二年）が刊行された。そこには「暗い力の跳梁《ちょうりょう》を感じ、または官能の歓びに陶酔する芸術家の形象は多く怪奇《グロ》である。」――と記されている。

軟尖《ナンセンス》の風刺性と破壊的特色

岸田が敢えて卑近美を強調したのは、「「美」がより深く、又はより苦《に》がき、又は渋き味に於《お》いて、表われるためには、美と正反対の或《あ》る感じを借りて、つまり所謂、逆手を用いて表わされる」（『演劇美論』）必要があると考えたからだった。そこには人間が生きているがゆえに持つ獣性や醜悪さを直截《ちょくせつ》に描くことが「美を表わす上に一歩進んだものと云《い》う事が出来る筈《はず》である」という確信があった。

それはまたエロ・グロを押し隠して規範秩序を作り、崇高美・普遍美を求めてきた「近代としてのモダン」を批判し、生や性の真実《リアル》の多面性をしかと見すえながら伝統を組み込んだ「現代としてのモダン」における固有の倫理と美を創成しようとする試みでもあった、と私には思える。

そして、エロ・グロの追究の中に「近代としてのモダン」を再検討し、新たなる位相《フェーズ》となる「現代としてのモダン」を生み出そうとする志向が認められるとするなら、それをより柔軟に婉曲的に、しかし時に鋭い刃を背後に隠しながら表象したのがナンセンスだったのではないだろうか。

「**ナンセンス**（nonsense）は「無意味、馬鹿げている」（『モダン語百科辞典』）という意味で主に使われたが、「エロ・ナンセンスは色気に関する馬鹿ばなし」「グロ・ナンセンスは変態的な馬鹿げたこと」

(『常用モダン語辞典』)として、エロやグロと結びつき、「エロナン」「グロナン」という略語も流行した。

　そうした無意味なものに何らかの意味を、さも意味ありげに見出そうとするのは、それこそナンセンスで歴史的「センスがない」のかもしれない。しかし、「現代人は、あまりに、科学の必然性に迫詰められて居る」としてその窮境から脱するために「馬鹿馬鹿しい偶然の変態ニュース」に軽く戯《たわむ》れるのも「ナンセンスの有意味」(山内一煥『変態エロ・ナンセンス』第3書房、一九三一年)だとする見方もあった。むろん、常識を転倒して見せることは既存の秩序・倫理観からの反発を受け、非現実性ゆえにナンセンスとも見える。チャップリンやバスター・キートンなどの鋭い現実批判を込めた喜劇映画もそのように受け取られた。

　こうした見方に対し、映画評論家の岩崎昶《あきら》は「ノンセンスは映画のエセンス」(「映画的ノンセンスに就いて」『新青年』一九二七年五月号)であるとして、美徳や美風などと称揚される現実に対置される幻想と物真似芸《バーレスク》としてのナンセンスによってこそ、映画のみならず人生の精髄《エッセンス》に肉迫できると考えた。その一方で対象を突き放して見ることもできない浮薄なギャグを喜劇とみなす通念を批判した。

　同様に、ナンセンスを「軟尖」と記して、その有意性を説いたのが、活動弁士から転じて漫談という「ナンセンスの魁《さきがけ》」(『キング文庫新語新知識』)となる話芸を広めた徳川夢声《むせい》だった。

　夢声は「軟《やわら》かいようで何処《どこ》かにチクチクと刺す所がある―と云うと少々水母《くらげ》みたいであるが」としながらも、「軟尖と書くと、一番ナンセンスの本質に近い」(『最新新語新知識』)として当て字の意味を説いた。そして、「意味のある、意味なし」「諷刺のある、馬鹿げた事」にナンセンスの本質があると考えた。意味ありげなものを、いったん裏返して無意味化する異化作用を通じて、人は物事の背後にあるものを透徹して見ることもできるだろう。日々緊張を強いられる中で、一息吐いて脱力すれば見えてくるものもあろう。

こうしたナンセンスが注目された背景には、第一次世界大戦後に断続的に訪れる経済恐慌による社会不安の中で「現代人が切実に慾求する明るさや笑いは、ユーモアからもペーソスからもウイットからも湧《わ》かない」(『モダン用語辞典』)という閉塞感があった。そして、従来の価値観や規範が「次第に真実性を失って、堪え難い偽瞞《ぎまん》的なポーズとして我等の感性を圧迫してくる。その時、最もナチュラルにナンセンスに対する渇望が爆発する」(杉山平介「ナンセンス文学検討」『三田文学』一九三〇年六月号)に至る。

その渇望の具体的表現である「近代味のナンセンスはエロと結合して現代の世相の一端を表している。ナンセンス文学はこの時代を背景にして現われた一種のポンチ文学」(『社会百科尖端大辞典』)であると評されて、ナンセンス文学は人々に迎えられた。ナンセンスとは、強制される公序良俗に対する風刺と反発を込めた抵抗を、自ら戯画化しつつ鼓舞するものでもあった。

そうであればこそ、こうしたナンセンス文学や探偵小説の流行については、有害無益だとする非難も高まった。これに対し、横溝正史はモダニズムの顕著な特徴は猟奇とナンセンスに現れるとして、

「ナンセンスはモダニズムの破壊的特色を最もよく表すものである。ナンセンスは先ず伝統や権威や、一切の勿体《もったい》ぶったもの、上品ぶったもの、形式主義を破壊する。既成の価値を覆滅《ふくめつ》し、センスを解消したところに生れる朗《ほが》らかさ、これがナンセンスの本質である」(「探偵・猟奇・ナンセンス」『綜合ジャーナリズム講座』第10巻、内外社、一九三一年)と説き、未《いま》だ途上にある猟奇とナンセンスの表現法の進展に期待をかけた。だが、時局非常時が叫ばれていく中で、秩序破壊につながると警戒された猟奇やナンセンスに結びつく芸術表現や思潮は、国民統合を妨げるとして抑圧されていった。

かくしてモダニズムとその破壊的特色とを併《あわ》せ持ったはずのエロ・グロ・ナンセンスは、日本的モダニズムの軽佻浮薄さの現れとみなされ、それが通念化されてきた。確かに、それは現実逃避の享楽的風俗に終わった面がある。だが、タブー視されるエロ・グロ・ナンセンスの中にこそ人間や事物の本質があるのではないか、という問い直しの突破口となった可能性も否定できないはずなのである。

エロとは、人としての存続には欠かせないものでありながら、それを露わにすることが憚られることへの違和感の表明でもあった。グロとは、怪奇と醜悪さを取り上げることで、それでは正常とは何か、美とは何かを逆に曝《あば》き出す試みでもあった。ナンセンスとは、意味や意義をもつと考えられている常識が、果たして誰の何のためのものであるのかを問い質《ただ》す反問ともなった。

いや、そのように考えること自体、「奇を猟る」グロとナンセンスに過ぎないのだろうか。

三　後追いするモダン語、先走るモダン語

「よい流行語、避けたい流行語」

モダン語辞典に採録される言葉は、辞典編纂者が目や耳にした新語・流行語の中から選ばれ、「今はエロ・グロの時代だなど、近代社会相の暗黒面をさしていうこともあります」(『新語流行語辞典』)といった時代相や社会意識を映し出そうと努めたものが多い。

そして、モダン語としてどのように使うかについても、「ナンセンスは元来ナン(無)センス(意味)で出鱈目無茶苦茶チンプンカンプンの意味です。馬鹿馬鹿しいところで可笑味《おかしみ》を誘います。ユーモアは条理の立った真面目《まじめ》な可笑味であります。この故に、『あなたはユーモアに富んでいます』というのは結構でしょうが、『あなたは実にナンセンスに富んだ方です』というのは失敬です」(『新語新知識』)などと、類語との違いや日常生活での用法なども記されている。

しかし、それではモダン語が実際にどのように使われ、いかなる好悪の念をもって見られていたかという「モダン語観」を知ろうとしても、同時代的な〝生態〟を知るための史料はほとんど遺《のこ》されていない。それは、流行してはすぐに廃れていくモダン語の宿命でもある。

その〝生態〟を知るための希少な史料の一つに、漫画家の岡本一平など九名が答えた「よい流行語、避けたい流行語」(『婦人倶楽部』一九三二年一一月号)というアンケートがある。

ここでは「好きな流行語は見当りません」「「彼氏」という流行語を好みません。別に理由はありません」といった岡本の素っ気ない回答から始まって、「総《すべ》て外来の流行語には、私はあまりよい感じを持ちません。殊に近頃盛んに耳にする「グロ」とか「エロ」とかいう言葉は不快です」「しかし、「スマート」とか「シーク」などは感じがよく、国語で表せない意味をよく表している言葉だと思います」（大妻裁縫女学校長・大妻コタカ）という、やや矛盾を含んだモダン語観などが列挙されている。

そして、後に環境社会学を創唱した赤神良譲《あかがみりょうじょう》は、「流行語は、今まで朧《おぼろ》げであった観念を、一層明確にしかと把持《はじ》させるものでありますから、それがよい意味のものであるならば、歓迎すべきである」と流行語の意義を確認したうえで、「近時の社会的風潮の反映であるだけに「モガ」「モボ」「エロ」「グロ」「ナンセンス」「ルンペン」「ハンスト」「インチキ」「クサッタ」「カレシ」というような流行語、何一つでも全くいやであります」と答えている。これは「エロ・グロの社会学」「ナンセンスの社会学」（『猟奇の社会相』新潮社、一九三一年）などにおける社会学的意味分析で示された見解とは異なる次元で吐露された率直で個人的な感想である。

ちなみに、岡本や赤神が嫌悪感を示した「彼氏《カレシ》」は、彼女という二字と並べて一字の彼では見た目のバランスが悪いとして徳川夢声が造ったモダン語で、「彼というと何だか呼びつけにする様な感じがするに対して、氏を附してあるだけに一種の親しみの感じが含まれ、近来盛んに使用されている」（『最新百科社会語辞典』）ものだった。そして、彼氏が普及するとさらに女性の敬称として「彼女嬢」というモダン語も造語されたが、これは流行しなかった。
こうして辞典の説明と個人的な感想を対比してみると、かなりの隔たりがあったことがわかる。

エロ・グロ感とその後に来るもの

それでは現在では嫌悪感が強調されるエロ・グロなどのモダン語は、その当時どのように受け取られていたのだろうか。それを知る手がかりとなるのが、次の二つのアンケートである。

①「文壇人のエロ・グロ感」(『グロテスク』一九三一年四月号)
②「ファッショ化の傾向をこう観る――エロ・グロの後に来るもの」(『人の噂』一九三二年五月号)

まず①では「(一)最近エロチシズム並にグロチシズムの変態的流行に関して、(二)人生を如何《いか》により良く無意義に馬鹿馬鹿しく消費する名案に関して、(三)一九三一年中に滅亡して欲しきもの、(四)レヴユウ・ダンサーの肉体露出の限度に関して」という四つの質問項目に一九名が回答を寄せている。

回答は繁簡様々だが(以下、紙幅の関係で引用は一部略。肩書は掲載のママ)、(一)については「従来あんまり臭い物に蓋《ふた》をし過ぎていた反動現象! ザマを見やがれ!」(水島流吉)、「日本のエロチシズムもグロテスクも幼稚園程度なり。……一体がすべて不徹底でエロなら極端にエロを発揮すべきが正当なり」(川路柳虹)、「変態的流行というけれど、エロチシズムとグロチシズムに限らず、何でも窮極に行くと変態的になるのが常道でしょう。これを嫌うならば研究を中途で止め置くより外《ほか》仕方がありません。但し賛否は自《おの》ずから別問題です」(白井喬二)といった答が並ぶ。

また、(二)のより良く無意義に人生を消費するという問いに対しては「死んで了《しま》うこと」(評論家・千葉亀雄)、「出題そのものが既にナンセンスな馬鹿馬鹿しき名案」(徳永直)などと答に窮している。
(三)については「ウルトラ的傾向」(伊藤永之介)、「つまらない道徳的なケッペキ症。検閲の目と手と口と耳と足」(渡辺登喜雄)などのほか、「エロチシズムとグロチシズムとウルトラリンケン」(岩藤雪夫)、「マルクス小児病」(川路柳虹)、「資本主義アメリカ」(北村小松)など、エロ・グロの他にウルトラリンケン(＝極左翼・左翼小児病)と資本主義に対する賛否が表明されていた。
(四)に対しては「すっかり除《と》ってしまったら却っていいだろう。観客の方が逃げ出すから」(徳永直)、「ズロオスの長さまで干渉するが如き、国辱の最」(高橋邦太郎)などと取締への批判が多い。
次に②では、「エロもグロも古いとなったら、次に来るものは何でしょうか?」という問いに対し二四名が答えており、「ゲロとかゴロかと申したいところなるが、適当の言葉を案出いたしませぬ」(評論家・高島米峰)、「「ウル」でもありましょうか。ウルトラのウルでもあり、身を売り、心を売り、生命を売るの「ウル」」(作家・上司小剣《かみつかさしょうけん》)、「エロ・グロに次で、イヤな野暮《やぼ》イズムが頭をあげるのではないでしょうか」(文芸家・巌谷小波《いわやさざなみ》)といった回答が出された。ただ、「エロ、グロも初めから古い。日の下《もと》に新しきものなしか。あれば朝の空気」(文芸家・新居格《にいいたる》)、「エロ、グロは、始めから必要のない存在ですから、改めて、新らしい他の存在物をも必要としません」(千葉)という意見もあり、それとは反対に「形式は変っても、やはり内容は大同小異のものが流行するでしょう」(無産作家・平林たい子)、「人間が棲《す》んでる間は「エロ」は衰い申さず」(政治家・早川鐵治)と見るものも多かった。

しかし、多岐にわたる答の中にはエロ、グロの後に不穏な事態の到来を予測する回答もあった。山川均(思想家)や小川未明(作家)は「ファッショ」とし、林癸未夫《きみお》(早大教授)、高群逸枝《たかむれいつえ》(評論家)、布施辰治(弁護士)、風見章(代議士)は批判や困惑を込めながら「テロ」を挙げている。

その中で布施は「エロもグロももう古い――というても、エロとグロとが現代社会の民心混乱の中に漲《みなぎ》る世紀末的敗頽《はいたい》気分なのですから、それがどういう形で現われるかという事だけが問題なので、恐《おそ》くは変革を好む、そして又その変革は多少残忍のほほえみを伴うという様な関係で、テロ横行時代を現出しはしないだろうかと思います」と強く警戒していた。モダン語としての「**テロ**」はドイツ語の「テロル(Terror)=恐怖」や「テロリズム」「テロリスト」の略語として使われたが、主に革命主義者による赤色《せきしょく》テロをさし、「これに反して過激な赤化運動の防御手段として積極的に弾圧を加える政府当局者の態度や、社会教育者の反動主義的な言語を白色テロ《はくしょく》」(『キング文庫新語新知識』)と呼び、「言論中止、発売禁止、尾行、拘留、投獄等の弾圧」なども含むとされた。

その他、アンケートでは昭和天皇の教育係も務めた小笠原長生《おがさわらながなり》(海軍中将)がエロ・グロの「次にくるものは「ミリタリズム」即ち「ミリ」かと思います」と答えている。

テロとファッショ

このようにエロ・グロの後にファッショやテロやミリが来るという予測を載せた『人の噂』は一九三二年五月一日発行となっているが、その一五日後に起きたのが五・一五事件だった。

もちろん、それ以前からテロやミリの動きは進行していた。一九二七年には蒋介石の北伐阻止を目的とする山東出兵が始まり、二八年には関東軍参謀河本大作《こうもとだいさく》大佐らの陰謀による張作霖《ちょうさくりん》爆殺事件（満洲某重大事件）が起きた。二九年には治安維持法改悪に反対した山本宣治が右翼のテロによって刺殺され、三二年二月に前蔵相・井上準之助、三月には三井合名理事長・団琢磨が一人一殺主義を掲げる血盟団員によって射殺された。さらに中国では三一年九月に満洲事変が起こされ、三二年三月には満洲国建国が宣言されて、日本国内は関東軍を称賛し不景気からの脱出口を満洲国に求める「満洲熱」で沸いた。また、三二年二月の上海事変の際、点火した破壊筒を抱えて敵陣に突入して兵士三人が爆死した「肉弾三勇士・爆弾三勇士」は軍国美談として各種メディアに取り上げられ、新聞社が懸賞募集した「肉弾（爆弾）三勇士の歌」には一〇日程で計二一万近い応募があった。

実は『人の噂』五月号のアンケートでは、「エロ・グロの後に来るもの」の前に「貴方はファッショにどんな関心をお持ちですか。その賛否？」という問いがあった。これに紀平正美《きひらただよし》（文学博士）は「日本の本来の立場は、マルキシズムにもあらず、ファッシズムにもあらず、それ以上正義への精進というのであります。其《そ》の尖端に咲いた花が爆裂三勇士であります。爆裂と共に三勇士の身体も木葉《こっぱ》みじんに飛んだ。エロもグロも其他の理論も皆《み》な消し飛ばされた」と答えていたのである。そして、小笠原長生の答は「日本化され、然《しか》も常軌を逸しなければ「ファッシズム」も悪くはない」だった。

　このように第一次世界大戦以後、国際的に広がっていたファシズムについてはモダン語辞典も重視し、「**ファシズム**(Fascism)＝世界大戦後イタリーに起ったムッソリーニの叫びの下《もと》に集った国粋団体「ファシスチ」(Fasesti)の主義をいう。それから世界各国の反動的国粋的暴力団体の主義を、この名で呼ぶようになった。ムッソリーニは一九一九年に「闘士団」という国粋団を組織し、二一年に「ファシスト国民党」を統成《とうせい》して、二二年九月に社会党の衰微に乗じ革命に成功して、独裁政治を布《し》いた。わが国も満洲事件を契機として、ファシズムが流行して来た。ムッソリーニは曰《いわ》く「余は日本にファシズムを輸出せず」と」(『モダン流行語辞典』)して、その経緯を伝えていた。それとともに、「独裁の思想であって、国家の前には個人の自由を顧みず、一切の民主的傾向は排撃され、階級闘争は否定され、経済上の集産主義的傾向は排斥され、伝統を尚《たっと》び規律、訓練、義務、服従の精神を強調する。従《したがっ》て彼の独裁政治は力による威圧の政治である」(『社会科学小辞典』)といった批判的見方も多かった。

　こうしてヨーロッパや日本で流行し始めていたファシズムにどう対応すべきかについては戸惑いも見られ、『人の噂』アンケートでも、政党政治やマルクス主義を圧殺する直接行動主義と見て賛否も分かれている。しかし、「あまり癪《しゃく》にさわることばかり多いので、いっそ、ファッショにでも」(上司)といった漠然たる期待も示された。同様の反応は「現代思想調査――サラリーマンはどう考える?」

(『文芸春秋』一九三二年一二月号)のアンケートにも見られ、「ヒットラーとかムッソリニイとか、外国人だからえらく聞えるのかもしれないが、左翼であれ、右翼であれいずれの方面でもかまわないから、真に時代を収攬《しゅうらん》する様な思想界のヒイローの出現を望んでいる」(三四歳・男)、「ファッシストの中にも尊敬すべき人はなくはないでしょうが、彼等は遺憾ながら現実を底から眺め分析する能力を欠くようです。腹の底から大衆を思うファッシストがもしあるとすれば熟考を促したい」(二八歳・男)といった閉塞感からの突破口がファシストとファシズムに求められてもいた。

「三ロ」から「軍国《ミリ》」へ

このように日本でもミリタリズムやファシズムへの関心は高まった。だが、モダン語としては「エロ・グロ・ミリ」も「エロ・グロ・ファ」も流行しなかった。人々が同時代の社会相を示すモダン語として頻用したのは「エロ・グロ・ナンセンス」でもなく、「三ロ時代」だった。

「**三ロ時代**」とは「エロ、グロ、テロの三ロ時代。「三エス時代」と共に現代を象徴する言葉である。道頓堀式対銀座式のエロ、グロの合戦があるかと思えば、一方浅草に立籠《たちこも》るエロ・レビュー、警視庁のエロ発散制限令、街頭に発散横溢《おういつ》するエロ、グロ風景、その只中にあって物騒な強盗、窃盗、労働争議、警視庁新撰組、暴力団等のテロ横行、まことに三ロ・オン・パレードの有様である」(『分類式モダン新用語辞典』)としてテロを挙げる辞典があった。しかし、これとは異なり「三ロとは即ちエロ、グロ、プロのことで、現代最も矢釜《やかま》しく持囃《もてはや》されている新社会現象である」(『現代新語辞典』)とし、「**プロ階級**=プロレタリアート(Proletariat)(プロレタリアともいう)に属する階級。俗にプロという。下層階級・無産階級・職工階級・労働階級」(『新しい時代語の字引』)を挙げるものがあった。

そのため「三ロ時代」の項目でも「エロ、グロ及びプロで、現代は三ロの横行時代ともいえる。これにテロを加えて四ロ時代」(『モダン語漫画辞典』)、あるいは「現代はエロ・グロ・テロの時代というその頭文字、プロを加えて四ロ時代」(『モダン常識語辞典』)として「**四ロ時代**」とも呼ばれた。しかしながら、「三ロとはエロ・グロ・プロのこと。性的刺戟・怪奇・無産の三つが全盛の時代。即ち一九三一年の如き」(『新語常識辞典』)と、一九三六年に回顧されているように、三ロが最も注目を集めた一九三一年はまさに新語・流行語がモダン語から官製語・時局語へと移っていく分岐点となっていた。

一九三一年には「満蒙は日本の生命線」など「生命線」という時局語によって満洲事変が正当化され、三二年には五・一五事件によって政党内閣が終わりを告げ「問答無用」が跋扈《ばっこ》して議論さえ許されなくなっていく。後継内閣は「非常時」内閣と呼ばれ、「挙国一致」を掲げた斎藤実《まこと》首相が施政方針演説で「現下の時局は、世人が之《これ》を称するに、非常時の形容詞を以てしまする程重大である」と述べ、以後「非常時」「挙国一致」「時局」が異論を圧殺する魔術《マジック・ワード》語として作用することとなった。

三三年一月には「非常時共産党」員など一五〇〇余名が検挙されて「一網打尽《いちもうだじん》」が流行語となり、二月には小林多喜二が築地署で虐殺された。六月に佐野学《まなぶ》・鍋山貞親《さだちか》が転向声明を出すと、獄中にあった共産主義者が次々と自らの思想を放棄するに至り、「転向」が時局語となった。三五年に天皇機関説事件が起こると、「国体明徴《こくたいめいちょう》」と称する異説排撃運動が展開される。三六年の二・二六事件後に成立した広田弘毅《こうき》内閣は「庶政一新」をスローガンに掲げ、「準戦時体制」が唱えられた。三七年に日中戦争が始まると「暴支膺懲《ぼうしようちょう》」が叫ばれ、「尽忠報国《じんちゅうほうこく》」「堅忍持久《けんにんじきゅう》」などを訴える「国民精神総動員(精動)」運動が推進され、三八年には「国家総動員」体制に入っていった。

こうして総力戦体制が着々と整えられていった道筋をたどるとき、小笠原長生が暗示した「日本化されたファシズム」こそ、日本的ミリタリズムのあり方ではなかったかと思えてくる。

「**ミリタリズム**」(militarism)については「一国の存在及経済的文化的発展を軍の力に依って保たんとする政治思想。又一切の統治権を軍隊で握る軍隊立国主義」(『社会百科尖端大辞典』)とされ、「**軍国主義**」とは「国家の外交、政治、経済、教育等々一切を武力、即ち軍隊を中心に経営して行こうとする主義。日本はその典型的な国家である」(『アルス新語辞典』一九三〇年)と評された。

もちろん、軍国主義そのものが声高に叫ばれた訳ではない。しかし、満洲事変が起こると

図 6-5　時局語「非常時」は歳末売り出しなどの広告にもあふれた(『眼で見る昭和』上巻：元年〜20 年, 朝日新聞社, 1972 年).

「軍国の妻」が愛国美談とされ、盧溝橋事件後に公開された日活映画『銃後の赤誠』の主題歌「軍国の母」(島田磬也《きんや》作詞・古賀政男作曲)のヒットは「軍国歌謡」という呼称を生んだ。

こうして満洲事変前後から使われていた「軍国少年」「軍国少女」を含めて「軍国」という時局語によって日本社会が覆われた時、「**反軍国主義**＝アンチ・ミリタリズムのこと。資本主義の発達によって軍国主義は帝国主義となり、反軍国主義は反帝国主義及戦争反対運動となった」(『尖端語百科辞典』)などの記述が、モダン語辞典に掲載されることはなくなっていった。

第一次世界大戦の戦後と次なる戦前

他方で、第一次世界大戦によって戦争形態が大きく変化したことをモダン語辞典も見逃してはいなかった。早くも一九一八年に出た『新らしい言葉の字引』で「**精神動員**」が「全国民が実戦に従事している程の覚悟を持つこと。戦時民心の緊張を要求する標語」と紹介された。

戦闘形態についても「**立体戦**」がモダン語として注目され、「従来の戦争は地上と海上だけで平面戦に過ぎなかったが、欧洲大戦を画期として空には飛行機、飛行船、海底には潜水艦というようにして空中、陸上、海上、海中と頗《すこぶ》る複雑な戦争——つまり立体戦となって来た。更に毒瓦斯《どくガス》を用いるなど、あらゆる化学の粋《すい》を傾けたところから『化学戦』とも称されている」(『キング文庫新語新知識』)ものに一変したと特記された。

新兵器として現れた「**タンク**」についても「装甲車と訳している。英国の工業家トーマス・タンクの名を採ったもので、欧洲大戦後新武器として現われた攻撃機、機関銃を備えたこの怪物は、山と言わず谷と言わず踏み越えて、敵地に侵入する。突撃隊の先駆として、新武器としての精鋭振りを発揮している」（『新しい時代語の字引』）と説かれたが、ここから「押しの強い、獰猛《どうもう》な人をタンクと呼ぶ」（『現代新語辞典』）というモダン語の用法が広まる。なお、タンクの語源は秘密保持のため水槽（タンク）と呼んだことに由るという説が一般的である。

図 6-6　1933 年 8 月，関東地方における初の防空演習で防毒マスクをつけて避難する小学生（毎日新聞社図書編集部編『日本の百年・写真で見る風俗文化史』1959 年）.

毒ガスについては、窒息・催涙・くしゃみ・中毒・糜爛《びらん》性ガスのイペリットなどについて詳細に説明した上で、「中でもイペリット・ガスは最も悪性で、飛行機からこのガスを一トン撒布《さんぷ》すれば、東京・大阪位の都市は完全に毒化する事が出来るという」（『最新百科社会語辞典』一九三二年）と解説されたが、その現実性を真剣に受け取った読者は少なかったであろう。

こうした戦争形態や新兵器とともに、既に第一次世界大戦中から注目され、多くのモダン語辞典で取り上げられたのが「**国家総動員**」であった。そのうち最も詳しい解説を挙げておきたい。

欧洲大戦の一産物として戦後に唱え出された。いわば戦争に対する国家の「構え方」である。将来の戦争には、これまでのように陸軍と海軍と(あるいは空軍)だけを動かしているのでは駄目だ、いわゆる兵力はむろんのこと、あらゆる工場、土地、建物、船舶、鉄道、車、人など産業的、人間的、一切の国力を必要に応じて何時《いつ》でも強制的に戦争に集中せねばならぬ。すなわち国家総動員でなくてはならぬというのである。そのためには平素から国家総動員計画を立てて、それを中心に戦備を調《ととの》えるのが世界各国の風潮だ。

我が国にも大正七年の軍需工業動員法というものがある。東京市内を走る円太郎自動車に「戦時には軍用に徴発《ちょうはつ》す」という札が掛かっているのは、その動員法によるのである。昭和四年六月下旬、京阪神三都を中心に、我が国最初の国家総動員演習の行われたことは、まだ誰《たれ》もの記憶に残っているはずである。

(『現代新語辞典』一九三一年)

この解説は一九三〇年末、満洲事変が起きる前年に既に印刷を終えていた。ここからは、既に一九二九年から国家総動員演習が実施されており、軍用徴発されるとの札をかけたタクシー(円太郎自動車)が市中を走り回っていたことが明らかになる。もちろん、国家総動員がなんの準備もなしに実施できるはずはない。

そのため一九二三年には、すぐに兵士として動員できるための準備として軍事教練が大学に導入されることになった。これを受けて早稲田大学では「学生軍事教育を率先支持し、欧米各国の各大学に見る軍事教育を研究し、学生の立場より国防に貢献すると共に、その目的の一部たる同大学に巣食う赤化思想を一掃する」ことを目的に掲げて軍事研究団が結成されたが、これに反対する学生・教授とが激突する早稲田大学軍研事件が起きている。そして、反対した講師の佐野学が秘密文書を隠匿《いんとく》しようとしたとして共産党員の検挙事件(第一次共産党事件)に発展し、翌二四年に共産党は解党した。

また、一九二五年一〇月には小樽高等商業学校で、地震発生後に無産主義者団体が朝鮮人を煽動して暴動を起こしており、学生は在郷軍人団と協力して鎮圧にあたるという状況を想定して軍事教練を行うとされたため、これに反対する小樽高商事件が発生した。この状況が関東大震災を想定していたことは明らかだったことから、学生や労働組合などが軍事教練反対運動を展開した。

この反対運動に全国の大学でも呼応する動きが出たが、二五年一一月に同志社大学構内の掲示板に軍事教練に反対するビラが貼られていたとして、京都帝国大学・同志社大学の学生が不穏文書秘密出版の容疑で検挙された。さらに、この反対運動が学生社会科学連合会(略称、学連)によって煽動されているとして、二六年には全国的規模で治安維持法・出版法違反や不敬罪などの嫌疑で学生の逮捕と河上肇《はじめ》京大教授・河上丈太郎《じょうたろう》関西学院大学教授・山本宣治同志社大講師などの家宅捜索・拘引が行われた(京都学連事件)。この事件において初めて治安維持法が適用され、山本は大学を辞職に追い込まれた。さらに、文部大臣通達によって学生の社会科学研究が禁止され、東京大学・新人会などの学生団体へも弾圧が加えられていった。

こうした反対運動を抑え、一九二五年の陸軍現役将校学校配属令によって軍事教練が中学校以上の正課となった。学校だけでなく、一九二六年には義務教育を終えた勤労青少年に対して軍事教練と思想教育を行う青年訓練所が各地に設立され、三五年には全国市町村に青年学校が開設された。そして、三九年には一二歳から一九歳までの男子が七年間訓練を受けることが義務化された。軍事教練は、陸軍将校の失業対策と生徒学生の思想統制を兼ねて行われた。

一九三一年に刊行された『モダン語漫画辞典』では、「**軍事教練**」が「**軍教**」という略語で普及し、「学生ならびに青年たちに、軍事に関する教練を課すること。これに出ると在営年限が短縮されるというので、サボ学生も欠かさず出席するとか」(『モダン語漫画辞典』)といった対応が日常化していると伝えている。また、軍需工業動員法は、一九三七年の日中戦争に際して適用され、三八年の国家総動員法によって対象となる産業施設が拡大されて廃止された。

国家総動員法は、「人および物的資源」の統制・動員・運用を政府が勅令で行うことを可能とする委任立法であり、一九四五年一二月に廃止されるまで同法により諸統制令が発令された。

エロ・グロの後に、ミリは確かに来た。

しかし、それはある日ある時、突如として降って湧いたように可能となったわけではない。世界的な流行現象に人々が耳目を奪われ、戦争など思いも及ばなかった日々の中で少しづつ、しかし着々と積み重ねられていたものが弾《はじ》け出たのである。

第7章
アジア、ローカル、アメリカとの往還

尖端風俗を「ジャズ」と捉え，アメリカの映画と浅草のレビューなどで構成（堀野正雄・写真，板垣鷹穂・構成「大東京の性格」『中央公論』1931年10月号）．

一　世界を巡る言葉、海を渡る人

洋行と入獄

「モダン」という言葉が、そして新たなモダン語が次々と現れて人々の関心を引いたのは、行ったことも見たこともない世界がそこに映し取られており、すぐにではなくともいつの日にか自分でもそれを見たり体現したりできるかもしれないという期待があったからであろう。

「洋行」や「留学」や「外遊」や「海外雄飛」という言葉に、立身出世や一攫千金《いっかくせんきん》という夢が重ねられたのも、そのためであった。そして、実際、国民国家を形成して国際社会に連なるという「近代としてのモダン」を推進するため欧米に洋行・留学して最新の法制や学術そして文化を学ぶことが国策として推奨され、官僚や研究者や芸術家などの個人にとっても重要な意味をもっていた。

しかし、多くの人々が海を越えて行き来できるようになり、メディアを通じて最新の情報が日々入ってくるようになると、洋行や留学などについても両義的な見方が現れるようになる。

その典型が「洋行」であった。この言葉は「①欧米へ渡航・留学すること。②中国で、外国人の商店の称」（『広辞苑』）として知られている通りであり、ともに欧米との関係が注目された。

『広辞苑』では①の用例として「平生の望足りて、洋行の官命を蒙《こうむ》り」(森鷗外『舞姫』)と「洋行帰り」という言葉が挙げられており、それが一種の羨望の念をもって見られていた時代の雰囲気を伝えている。洋行とは何よりも模範国に学んで先進文明を摂取するための必須の手段であり、選ばれて官費で洋行することは名聞利達《みょうもんりたつ》を約束するものだった。

だが「現代としてのモダン」の時代においては、同じ「洋行」でも全く違う意味合いをもつ。「**洋行**」は「刑務所行《いき》のこと」で、「「二年ばかり洋行して来た」と言えば欧米漫遊とでも思われる、が実は洋行とは入獄することの隠語である」(『いろは引現代語大辞典』)とされた。そして「洋行帰りとさえいえば、新知識の持主として幅を利かせられたのは、明治大正時代のことだ。また最近では、刑務所へ入ることの隠語」(『現代新語辞典』)と説かれた。さらに、「左翼連中の通用語。でもフランス、アメリカへ行くと同様に、えらくなり、偉く見えるものらしい」(『モダン語辞典』)というシニカルな解説も現れる。もちろん、当初は通常の犯罪者にとっての隠語として洋行＝入獄が使われた。だが、一九二五年制定の治安維持法によって学生運動も取締対象となり、さらに一九二八年に治安維持法に目的遂行罪が設けられて協力者も処罰の対象となったために社会主義者でなくとも逮捕者が増えたことからモダン語として流通するようになったのである。

そして、「近代としてのモダン」の模範とされた西欧へ洋行することは、もはや時代遅れで現実逃避でしかないと論じる大宅壮一の「文士洋行無用論」(『新潮』一九二九年九月号)が現れる。日本が固有の「新たなモダン」の創出をめざすためにはアメリカかロシア(ソ連)に行って学ぶ必要があるが、中国への洋行も重要であり、さらに知っているようで最も知らない「日本への洋行」こそが最優先されるべきだというのが大宅の主張であった。「現代としてのモダン」を突きつめるためには、米ソ中そして日本の地方《ローカル》を知ることが不可避の課題となってきていた。

「異郷の花」と娘子軍《じょうしぐん》

しかし、同じく海を越えるとしても、中国やアジアへ渡航することを「洋行」とはいわなかった。アジアには「近代としてのモダン」は無く、あったとしてもそれは二番煎じの欧米の模倣に過ぎないということが暗黙の前提となっていたからである。それでは欧米以外の地へ、旅行以外で渡航した人たちは、モダン語辞典などでは何と呼ばれていたのだろうか。

今日から振り返れば、移民や植民(殖民)などと括られるのかもしれない。だが、モダン語辞典などでは、「移民」については「労働の目的を以って海外に渡航する者をいう」(『音引正解近代新用語辞典』)と、「殖民」は「人民が本国より移住して、外国の産業地に永住的に生活すること」(同前)と説明されており、現在の用法とはやや異なっている。そもそも、一八九六年に施行された「移民保護法」では「移民と称するは労働に従事するの目的を以て外国に渡航する者及その家族にして之《これ》と同行し又はその所在地に渡航する者」と定義されており、海外出稼《でかせ》ぎ労働者をさしていた。

その出稼ぎ労働者が従事する労働は渡航地によって異なるが、男性の場合は鉄道・道路工事、鉱山での採掘・選鉱、森林伐採、漁労、クリーニング業、砂糖キビ・コーヒー・ゴム・花卉《かき》などの栽培・収穫などであった。女性の場合は、男性の補助作業などの他、多くはそうした男性労働者を相手とする売春に係わっていた。女性の多くは石炭運搬船の船倉などに潜む密航者であったために九州などでは密航婦、その斡旋を業とする男性を密航氏と呼び、海外に出稼ぎに行く男女はともに「からゆき」とも称されたようである。そして、公文書などでは売春を業とする女性は酌婦や醜業婦・賤業婦《せんぎょうふ》、それに係わる男性は女衒《ぜげん》・嬪夫《ぴんぷ》（英語では **pimp**）などと記されるのが通例だった。

これに対し、モダン語辞典では海外渡航の女性を「異郷の花」や「娘子軍《じょうしぐん》」と呼ぶのが一般的だった。**「異郷の花」**は「異郷の地、即ち、他国で見る美人に対する麗句」（『音引正解近代新用語辞典』）という意味でオペラ歌手の三浦環《たまき》などをさすとも記された。しかし、「外国で見る美人のこと。あるいは海外に出稼ぎする賤業婦の意にも用いられる」（『国民百科新語辞典』）という二重の意味から、「国外へ出稼ぎに行っている日本の賤業婦などをいう」（『新語常識辞典』）と限定された意味で広まっていく。

これに対し、**「娘子軍」**は「ろうしぐん」としても立項されているが、中国・唐の平陽公王が率いた女性だけの軍隊の名から起き、日本では戊辰戦争時に会津藩などで組織された。一般的には、女性の一団をさして使われたが、モダン語辞典では「中古欧洲では婦人許《ばか》りが一団となって戦場に赴いたのを娘子軍といったが、今日用いられている意味は、海外に出稼ぎする売笑婦《ばいしょうふ》。即ち「ホワイト・スレーヴ」の一団」(『新らしい言葉の字引』)、「殊《こと》に海外に送られる売笑婦の一団を指すようになった」(『模範的現代語講義』)とされる。こうして日本が進出をめざす地域に送り込まれ、富国強兵策を推進するための貴重な外貨を稼ぐ最前線に立つ「娘子軍」として持ち上げられていた女性たちも、日本が一等国となったという自負が芽生えてくると「国辱」的な存在として蔑視されていくことになった。

モダン語といえばすぐに欧米の流行文化の影響を受けたモダン・ガールなど、都市文明の最尖端を行く女性たちを思い浮かべがちである。しかし、海外進出の尖兵となった「娘子軍」の女性たちこそ、モダン語の時代を身を挺《てい》して下支えしていたことを忘れてはならないと思う。

「からゆきさん」と満妻《まんさい》

ところで、現在では海外に出稼ぎに出た女性たちを、「からゆきさん」と呼ぶことが多く、『広辞苑』でも「からゆき(唐行き)」について、「江戸時代から第二次大戦時にかけて、日本から南方など外地へ出稼ぎに行った女性の称。「天草子守唄」に見える「から行き」が語源とも。からゆきさん」と説明されている。ただ、管見の限りでは、旅行記や新聞・雑誌に島原族(女)や天草女(娘)などの語は見出せるものの、「からゆきさん」という言葉は一般的に使われていない。

もちろん、島原や天草などでは海外から送金してくれる娘たちを「新銀とり」「からんくにゆき」などと呼んだとの証言もあり、今後とも調査を進める必要がある。そのことを前提にして書けば、まず「からゆきさん」を「南方」に出稼ぎに行った女性と限定することは正確ではない。海外出稼ぎの「娘子軍」が人数的に最も多かったのは、満洲(中国東北部)やシベリアなどの北方の地域であった。また、南アジアからザンジバルなどの東アフリカ、そしてハワイや北米にも及んでいた。

おそらく、「からゆきさん」という言葉が初めて広く知られるようになったのは、『週刊朝日』が募集した一九三五年度懸賞小説で第一席に入賞した鮫島麟太郎《さめじまりんたろう》の「からゆきさん」によってであったと思われる。この小説は、一九三七年に同じタイトルで木村荘十二《そとじ》監督、入江たか子主演で映画化され、雑誌『婦人倶楽部』(一九三七年五月号)には「映画物語からゆきさん」として映画のあらすじが写真入りで掲載されている。また、映画公開に合わせて主題歌「からゆきさんの唄」(時雨音羽《しぐれおとは》作詞、細川潤一作曲)がキングレコードから発売されて愛唱されたが、そこには「踊る白波おどる胸　はるばる帰るふるさとは　唐《から》から帰った　からゆきさん　人はつめたく身は細く　空の陽《ひ》までが目に痛い」とある。「映画物語からゆきさん」では、この歌詞の前に「故郷は寄るも触るも茨《いばら》なり」と記されているが、鮫島の「事実小説」も故郷に帰った「からゆきさん」が地域の人々から受ける差別を描くことにあった。舞台として想定された村では、廃業して帰ったものの肉親や村人から寄付などを強要されながら、激しい差別に耐えきれなくなった女性たちが村はずれに集まってひっそりと暮らしていることになっている。このように「からゆきさん」が帰村することは「唐戻《からもど》り」といわれ、病身や身一つで帰った場合は何ら益することのない「空戻《からもど》り」と呼ばれることが、『キネマ旬報』(一九三七年三月号)掲載の映画批評に紹介されている。それが事実だったか否かは不明だが、持ち帰った僅かな金を親族や村人に用立てても蔑視される映画を、観客は一体どちらの側に立った眼差しで見ていたのだろうか。

この小説と映画で描かれた「からゆきさん」たちは、多少なりとも財産を蓄えて帰ってきたがゆえに妬《ねた》まれ、差別を受けて結局はまた離村していったものと推測される。しかし、「からゆきさん」たちの多くは彼の地で病没したり、行方知らずとなったりして帰村することさえ叶わなかった。

また、懐郷の念に身を焦がしながらも、現地で他国の人や日本人と結婚した人も多かった。その女性たちを呼ぶモダン語が「東洋婦人」「オリエンタル夫人」「南洋奥様」「満妻《まんさい》」などであった。東洋婦人やオリエンタル夫人はモダン語辞典には出ていないが、東南アジアで欧米人に嫁して比較的に裕福な生活をしている女性をさしていたことが旅行記などに記されている。同様に、「**南洋奥様**」はいかにも上品で豊かな暮らしをする奥様を想像させるが、実は「南洋各地に跋扈《ばっこ》せる日本婦女軍の婦女子が、彼地に滞在せる邦人男子の妻となれるもの。満妻などの類」(『現代語新辞典これさへあれば』)という揶揄《やゆ》を込めた呼び名であった。そして、ここで挙げられている「満妻」とは「満洲にある独身者といい加減に結婚する女、満洲に居る間だけの妻という意味」(『新らしい言葉の早わかり新語辞典』)だった。

「**満妻**」については、「日本を飛び出して満洲へ出稼ぎに行った男が、やはり同様の意味で日本を飛び出していった日本の女といい加減に結婚する、満洲で行き当たりばったりに貰《もら》った妻という意味である。しかし、その成立が甚《はなは》だ不安定であるごとく、その生活も離反しやすく、多くは夫の不在中に家財を引払って逃げるものが多いという」(『新聞新語辞典』)、あるいは「日本から満洲へ出稼ぎに行った男がやはり日本を飛び出して行った日本の女と同棲する、満洲でいい加減に貰った満洲だけでの妻という意味で男か女か内地へ帰るときは埠頭《ふとう》や停車場で縁が切れてお別れとなるそうである」(『現代常識新語辞典』)といった、モダン語辞典としては珍しく状況の説明まで付されている。

さらに、「満洲にある独身者または単身渡航者が終生添いとげるの意もなく、同棲している妻とも妾ともつかぬ女。『鮮妻《せんさい》』『湾妻《わんさい》』もある」(『これ一つで何でもわかる』)、「満洲にある独身者または単身渡航者が、終生添い遂げる意はなくて同棲している女。妻とも妾ともつかぬ女である。台湾なれば湾妻、朝鮮なれば鮮妻と呼び、一種の植民地風俗をなしている」(『模範的現代語講義』)——といった解説が加えられているように、台湾や朝鮮でも同じような男女の生活が営まれていたのである。

ちなみに、一九四五年に満洲国が崩壊すると、夫と死別ないし生別した女性が生きて引き揚げるために一時的に「満妻」と呼ばれる身になったという証言も聞いた。その「満妻」と呼ばれた女性の中にはモダン語辞典に説明されているような形で渡満していた女性だけでなく、「二〇カ年百万戸移送計画」(一九三六年策定)によって進められた満蒙開拓青少年義勇軍や満洲移民の妻やその候補者として満洲国へ渡った「拓士の妻」や「大陸の花嫁」なども含まれていた。

そして敗戦から三八年後の一九八三年。NHKテレビ小説『おしん』によって苛酷な運命に耐え忍び辛抱することが「おしんする」という流行語となったころ、かつての「からゆきさん」とは反対にアジアから日本に出稼ぎにくる女性が「ジャパゆきさん」と呼ばれて話題となった。アジアから日本に来て労働に従事することは、かつての「からゆきさん」と同じような業態に就くことではなかったが、「からゆきさん」をもじった造語からマイナスイメージも伴った。

二 アジア・アフリカからのモダン語

地球を回流して今に

さて、ここでもう一度、モダン語と世界のつながりについて確認しておきたい。モダン語が外来語と同じでないことは、これまでも見てきた。だが、それでは外来語とは何かと尋ねられた時、私たちが思い浮かべるのはカタカナで表記された欧米諸語であり、漢字で表記する語は外来語と意識しないようである。『広辞苑』でも、外来語について「外国語で、日本語に用いるようになった語。狭義では、漢語を除く。伝来語」とされ、多くの辞典でも、「主として欧米諸国から入ってきた語をいう」などと記されている。要するに、アジアやアフリカから入ってきた言葉については、その外来性が強く意識されることがなかった。況《ま》してやモダン語が欧米以外の地域から入ってくるということは、欧米の近現代をモダンと同視する常識からすれば考えられないのが当然であろう。

しかし、第一次グローバリゼーションの時代においては、欧米から伝来した言葉だけを外来語として扱うことはできない。何よりも第一次グローバリゼーションの時代とは、日本が帝国としての統治空間を広げ、アジア各地との間で人的交流が進んだ時代であった。そのことは同時代の新思潮や生活様式を示すモダン語とは欧米からの外来語だけではなかったはずではないか、という疑念を呼び起こす。さらに進んで、欧米からの外来語とも思われる言葉も、実は非欧米世界に起源をもつものが少なくなかったという事実に目を向けることが必要となる。

例えば、パジャマ pajamas というと、多くの人は欧米式のベッドでの生活様式を想起されるだろう。しかし、パジャマとは「ペルシャ語のペイ・ジャマ (pae-jamah) から出た語で太いズボンまたは股《もも》引《ひき》附《つ》きの軽い寝巻」(『新語常識辞典』)を意味していた。そして、「印度《インド》人の用いるだぶだぶの股引。または西洋寝衣の意。しかし一般には西洋寝衣の意として理解される」(『国民百科新語辞典』)ことになる。日本では海水浴着のビーチ・パジャマとなり、さらにスラックスの先駆《さきが》けとなる外出着として流行した。

図 7-1　1928 年，海水浴着ともなったビーチ・パジャマと麦わら帽子の避暑地風俗が銀座に現れ，スラックス着用の先駆けとなった．写真：影山光洋(『別冊週刊読売・日本女性 100 年の記録』読売新聞社，1970 年)．

また、シャンプー shampoo というと、現在では液体の頭髪洗剤や洗髪することと誰もが考えるが、これは「頭部を押す、筋肉をマッサージする」という意味のヒンディー語champooから来たものである。そのため、「①西洋式マッサージ。②頭洗い、また頭洗用粉石鹸」(『新語常識辞典』)となる。

さらに、日本では欧米式モダン建築の典型とみなされたバンガロー(bungalow)は、「平屋。園亭。いわゆる文化住宅と称する平屋建《だて》の西洋館」(『世界新語大辞典』)と説明されていた。確かに、建築様式自体は西洋館と見える。だが、この言葉は、ベンガル地方を意味するヒンディー語のbanglaに由来し、同地方の正面にベランダのある平屋建て小住宅をさすものだった。そこからバンガローは、「ヴェランダーつきの平家。文化風の縁側《えんがわ》のある平家住宅」(『新語常識辞典』)と定義され、モダン住宅をさすことになる。それが文化住宅やモダン住宅とみなされたのは、ベンガル地方に由来するという認識など無いままに、あくまでもアメリカ西海岸での流行を取り入れたものと考えられたからである。同様に、ベランダという語も、元々は玄関ポーチや側面を取り囲む縁側を意味するヒンディー語baran-dahが、ポルトガル語のvarandaそして英語のveranda(h)となったもので、屋根つきのものがベランダ、屋根の無いものはバルコニーないしバルコンと呼ばれた。

これらの生活用品や建築様式は、中東やアジアに進出したヨーロッパ人が風土・気候に合わせたスタイルを作りあげ、それが異国趣味として欧米に受容されて従来の生活様式と融合した後に、日本では「欧米式モダン」として受け容れられていったのである。

東南アジアからのモダン語

このように大航海時代以後の世界では遅々としてではあれ、言語と生活様式の相互交流が進んでおり、日本が欧米語として受容した外来語には起源をアジアにもつものが少なくなかった。

そして、伝来語として定着していた言葉も新時代の生活文化の変化に応じて、モダン語としての異なった意義をもつようになる。煙管と書いてキセルと読む喫煙具も、その一つである。

第一次世界大戦以後は紙巻きタバコが主流となったことで女性の喫煙者も世界的に増えていったが、現在でもＪＴ(日本たばこ産業)ではキセル用の刻みタバコを製造している。そのキセルが日本に入ったのは慶長年間(一五九六―一六一五年)ごろだといわれているが、煙管はあくまでも当て字である。『広辞苑』では「「管《くだ》」の意のカンボジア語源はＥ・サトーの説。一説にタバコを吸う意のポルトガル語 que sorver から」と説かれている。アーネスト・サトーの説とは、カンボジア語の khsier に由来するというものであろう。いずれの説が妥当かは断言できないが、キセルというのは羅宇《らう》という細い竹を用いた管の両端にある雁首《がんくび》と吸い口に金属を用いる喫煙具であった。なお、羅宇も当て字で、用いられた黒斑竹の原産地名の老檛《ラオ》(ラオス Laos)がラオやラウに転訛したものという。ただ、柄《え》を意味するポルトガル語の rabo または尾《お》を意味するスペイン語の rabo を語源とする説もある。

この「**キセル**」がモダン語となるのは、二つの端だけに金《かね》を使うことによる。すなわち、通勤・通学に鉄道が使われるようになると、乗降駅付近の乗車券や定期券だけを持って途中区間をただ乗りすることがキセル乗り、キセル乗車といわれるようになった。また、途中区間の切符を買わない場合だけでなく、「汽車の中間は三等切符を買い、始発駅着車駅の附近だけを一等切符を求めて送迎者に見《み》栄《え》をはること」(高久景一編『司法警察特殊語百科辞典』司法警務学会、一九三一年)という意味でも使われた。

このモダン語としてのキセルは、「先と後に金がついている」ことから、全く異なった意味を持って使われた。これは一九二五年に男子普通選挙が実現したことの反映でもあったが、「選挙の際前金で買収し、投票後また後金でお礼をする意」(『国民百科新語辞典』)、「選挙買収等で、契約の時に前金、投票後に後金を支払う方法」(『モダン語辞典』)をさして使われたのである。

そして、多くの日本人が東南アジアを経由してヨーロッパや南米などの間を往復したり、出稼ぎにいくようになるとマレー語・インドネシア語などもモダン語として日本に入ってくる。

現在でも旅行関係の用語として「じゃらん」が使われることがあるが、モダン語でも「**じゃらん**」は散歩・旅行するという意味で使われた。これはマレー語・インドネシア語で動詞の「行く」や名詞の「~通り・道」を意味するjalan、それを重ねたjalan-jalanが「出歩く・旅行する」という意味になることから来ている。そして、モダン語辞典では「ジャランは馬来《マレー》語で散歩の意。それをジャランジャランと重ね用いた所がモダン語で「道頓堀へジャランジャランしようよ」等と用いられる」(『世界新語大辞典』）と紹介された。ジャランジャランは、「戯れる、でれでれする」あるいは「派手に着飾る」ことを表す日本語の「じゃらじゃら」や「じゃらつく」という言葉を連想させ、着飾って戯れ歩くさまを示す音感をもつ語としても受け入れられたのであろう。

この他、マレー語に関連して、「駄目、良くない、役に立たない」という意味で「**ぺけ**」という言葉が江戸時代から使われていたが、『広辞苑』では「中国語の不可（buke）からとも、また、もとマレー語の**pergi**で「あっちへ行け」の意とも」と解説されている。

大槻文彦『言海』（一九三二年）では「ペケ」について「無来語《マレイ》、**Pergi**の転とも云《いう》。愚案、和蘭人《オランダ》、馬鹿を**Baka**と記したるを、英人、べけと読めるに起れるならんか。横浜居留地に行わるる訛語。「可《ヨ》カラズ」という意をなす」と解釈している。「ぺけ」についてもモダン語では新たな意味が加わり、「**べけ**」とも発音して「外国人」や「売春婦」あるいは「雨天」をさすとされた。また、「疵物《きずもの》。不合格の意。貿易商品検査の際『これペケ』と言ったに初《はじ》まる」（『社会百科尖端大辞典』）という説も現れた。

これらに加えて、モダン語そのものとはいえないが、第一次世界大戦を契機に世界的に知られるようになったインドネシア語・マレー語にマタ・ハリMata Hariがある。これはボルネオ・スマトラ・ジャワなどで暮らしたことのあるオランダ人女性が、「ジャワ島からやって来た王女」などの触れ込みでダンサーとしてパリで一躍有名になったときに芸名として使ったものである。そのマタ・ハリが第一次世界大戦中に二重スパイの容疑で処刑されたことから、女スパイの代名詞として使われるようになった。清朝王族の一四女として生まれ、第二次世界大戦後に漢奸《かんかん》＝中国人の売国奴として銃殺された「男装のスパイ」との異名を与えられた川島芳子も「東洋のマタ・ハリ」と呼ばれた。マタ・ハリの原義は「太陽」であったが、彼女たちの一生は強烈な光と陰に彩られたものであった。

現在、マタハリはインドネシアの百貨店チェーンの名前として知られている。

インドからのモダン語

さて、第一次世界大戦停戦に向けてウィルソン米大統領が提唱した民族自決主義は、世界各地で独立運動を喚起することとなった。日本統治下の朝鮮半島では一九一九年に三・一独立(万歳)運動が起き、善後策として憲兵による強圧的な「武断政治」から「文化政治」への転換が唱えられた。同じ年、中国では山東半島のドイツ権益を日本に譲渡するとしたパリ講和会議に抗議して五・四運動が起き、以後も「国権回収」を訴えて日貨排斥(日本商品ボイコット)運動が広がっていった。

日本による統治後も武装蜂起事件が絶えることのなかった台湾では、一九一九年に「内地延長主義」が採用され、これを受けて「台湾議会設置請願運動」が展開されることとなった。この運動を主導したのは一九二〇年に台湾留学生が組織した新民会や一九二一年に設立された台湾文化協会などであったが、治安警察法違反として運動の取締が行われて議会設置も認められなかった。さらに一九三〇年から二次にわたって抗日武装蜂起として霧社事件が起き、死者は一〇〇〇人に及んだという。

このように民族自決・民族独立運動が世界各地で同時多発的に起きたことも第一次グローバリゼーションの特徴であったが、モダン語辞典で多く言及されたのはインドの政治思想や独立運動だった。まず注目されたのは、一九一三年にアジア人として初のノーベル賞を受賞したラビンドラナート・タゴールである。タゴールは一九一六年から五回にわたって訪日し、日本人の自然愛と同じく「自然と一致した生活を讃美し、西欧の人為的文化を呪っている」(『最新百科社会語辞典』)ことに着目して評価する辞典もあった。しかし、日本の植民地支配や中国進攻を厳しく批判したため同時代の日本人からは敬遠されがちであった。モダン語として「**タゴる**」が作られたが、これは「印度詩人タゴールの瞑想《めいそう》から出た語で居眠りすること」(『新語常識辞典』)という皮肉を交えたものだった。

これに対して、尊崇の念を込めて紹介されたのがガーンディーである。

彼の思想・行動については「**ガンヂーイズム**＝非暴力、不服従的抵抗主義」(『世界新語大辞典』)という簡単なものから、「**ガンデイズム**＝凡《すべ》ての人間の欺瞞《ぎまん》生活を去って素朴な「自然に還《かえ》れ」と叫び、非暴力、非協同主義をもって印度独立運動をしている。彼は先《ま》ず「印度人の自治」を提唱する。スワラジ主義がそれである」としたうえで、非協同と非暴力さらにサチアグラハに触れ、最後に「ガンデイズムの本質は「真理」と「愛」と「非暴力」と言い得る。ガンヂーは言って居る「何人《なにびと》も自分の必需品は、自分の労働によって得なければならない。自ら食う穀物は自ら耕作し、自ら着る衣服は自ら織るべきである。頭脳労働者もかかる肉的労働を免れてはならない」と。かくて、「糸紡ぎ車」がこの主義者の旗印にせられて居る」(『社会百科尖端大辞典』)と詳しく説明するものまであった。

ガーンディー主義の主要概念についても「印語」すなわちヒンディー語と注記して「**サチアグラハ satyagraha**」が取り上げられ、「真理の把持または真理の主然にして、印度の革命家ガンヂーが、唱道したる宗教的思想である。即ち一種の無抵抗主義にして、内心に確《し》かと真理を認め、それに邁進《まいしん》する方法として、非暴力手段を選び、徐々に改造、刷新を遂行せんとする忍苦の思想である」(『模範的現代語講義』)と説明された。より詳細なものでは、「印度の聖雄ガンヂーの唱えるところのもので、「サチア」(Satya)とは真理と云《い》うことで、「サチアグラハ」(Satyagraha)とは「真理の把持、真理を獲得して動かざる」と云う意味で、ガンヂーが印度解放のために執《と》らんとする無抵抗主義の信条とするところのものである」とし、さらにその実践項目について「真理を愛し。真理を確保せよ。真理のためには身命をも犠牲にすべし。苦痛は苦痛として喜び迎えよ。苦痛を避くるな。ただし汝の敵を愛せよ。敵に抵抗してはならない。あくまで無抵抗主義であれ。ただ如何《いか》なる犠牲を払っても真理のみは確保せよ。されば如何なる敵、如何なる暴虐者も最後には真理のもとに屈服すべし。「サチア」即ち真理は最後の勝利である」(『音引正解近代新用語辞典』)と力を込めて解説された。

この辞典ではまたインド人による自主・独立を意味する「**スワラジー(Swarāji)主義**」にも注目し、「印度人のための印度主義というような意味で、印度を英国の支配から解放するためには、印度特有の文化を発揚して印度人を覚醒せしめねばならないと主張する主義で、スワラジー主義とは印度独立運動の標語となっている」と記している。この他、関連項目として「無抵抗主義」、そして生き物すべてに対する不殺生《アヒンサー》の戒めを人類愛の実践倫理へと高めた「**アヒンサー（ahiṃsā）主義**」なども取り上げられた。

ただ、ガーンディーの非暴力・不服従的抵抗運動やヒンディー語のスワラージ・スワデーシー（Swadeshi、国産品愛用）などの記述が、簡便なモダン語辞典にしては詳細であればあるほど、やや違和感も覚える。それはイギリスからのインド独立には深い関心を抱きながら、先に挙げた朝鮮・中国・台湾における民族自決運動や蜂起事件などについては、ほとんど触れられていないからである。もちろん、皆無ではなく、「五四運動」や「霧社蕃事件」などを簡単に記述するモダン語辞典もあった。

こうした辞典項目の選択が検閲によるものなのか、出版社側の自己規制ないし編纂者の無関心によるものか、は明らかではない。あるいは、辞典記述者にはインドの独立運動の特徴とされる非暴力・無抵抗主義の意義を強調することによって、それを採用した民族自決・民族独立が日本の統治地域でも被害者を出さずに実現することを願うという祈りにも似た想いがあったのかもしれない。

しかし、そこには欧米の植民地支配や民族差別には激しく反発して自由・平等そして独立と解放を叫びながらも、自国の植民地統治にはほとんど批判の目を向けることのなかった日本のアジア主義の双面性が見出せるようにも思える。そして、これらの辞典を読む人もまた意識しないままに同じような視線で自他の植民地支配を見るようになり、それは現在にも及んでいるのではないだろうか。

以上、見てきたように第一次グローバリゼーションの時代には、東南アジアやインドで生まれた言葉が、新たな時代思潮や生活様式を示すモダン語として日本でも流通していた。にもかかわらず、これまで外来語＝欧米諸語＝モダン語とみなす通念は、疑われることさえなかった。

いや、モダン語は東南アジアやインドだけから来た語に限られたものではなかった。私たちは今日、サファリパークやサファリラリーなどでサファリという言葉を使う。少し年代が上の人なら、一九六〇年代から七〇年代にかけて男女のファッションとして流行したサファリジャケットを思い出されるであろう。このサファリ safari も欧米語ではなく、アフリカ東部などで使われるスワヒリ語であった。

モダン語辞典では、その語源を記した上で「旅行をしたり山野を跋渉《ばっしょう》したりすること」(『国民百科新語辞典』)と記されていた。そして、サファリが物見遊山《ものみゆさん》ではなく冒険旅行や猛獣狩りのために数十人の「キャラバン」を必要とすることなどを詳説した後で、「ところが我国にて此語《このご》は早速モダン語化して盛んに用いられるようになった。「おい今晩は一つ道頓堀へサファろうか」といえば「遊びに出掛ける」とか「魔窟《まくつ》を探検する」といった意である」(『世界新語大辞典』)という用法も紹介されている。

このように散歩から海外旅行に至るまで空間を移動し、未知の社会状況を探るような言葉がモダン語の時代には、世界中からもたらされた。こうした事実こそ、世界が人々の日常的生活空間のつながりとして広がっていった第一次グローバリゼーションの実相を反映しているように私には思える。

三　地方色と郷土色そして民族色

反モダンのモダン性

しかしながら、第一次グローバリゼーションの流れを世界とのつながりにだけ目を向けて捉えていたのでは、実態を見誤る。見落としてはならないのは、そのように「海外」とのつながりが日常生活の中で日々強まっていくように見える「現代としてのモダン」の中で、それでは植民地であった「外地」を含めて日本における「ローカル」はどのように変容していたのか、という問題である。

ここで、一つの事例として、「オラガる」を取り上げ、広告宣伝におけるモダン語の作られ方、そしてキャッチ・コピー(これも和製英語で、英語ではcopyまたはsales message)によって商品選好が生まれる大量生産・大量消費社会のあり方と「地方色」という問題を考えておきたい。

既《すで》に記したように(↓五三頁)、田中義一《ぎいち》首相が長州弁で「おらが」と称したことを商品名に転用して付けられた「オラガビール」から、「オラガる」というモダン語が現れた。「オラガビール」の売り出しにあたっては、「出たオラガビール　飲めオラガビール」「オラガビール　もう工場を出て　今や御宅《おたく》の付近にあり」「今！　オラガビールの飲み時！　旨《うま》さが骨身に透《とお》る時！」など斬新な「語りかけ」調の宣伝文が次々と繰り出された。これらの宣伝文を創作したのは、現在のコピーライター、モダン語では「**アド・ライター**＝広告の文案を起草する人」や「**アド・マン**＝広告文案者、広告図案者」と

図 7-2　アド・ライター片岡敏郎の広告文案．

呼ばれた片岡敏郎であった。片岡は、森永製菓の宣伝では大相撲の横綱・太刀山《たちやま》の黒い手形に「天下無敵　実質の抜群！　名声の卓越！　森永ミルクキャラメル」と白抜き文字で書き、見る者の顔面に突き出してくるような迫力と立体感をもつ広告で評判を呼んだ。

その後、鳥井信治郎社長の要請に応じて寿屋（現在、サントリー）の広告部長となると、意表を突く宣伝文句で「サントリー白札」や喫煙者専用の「スモカ歯磨」（スモカはスモーカーのモダン略語）などのヒット商品を生み出した。「赤玉ポートワイン」の宣伝では「不景気か？　不景気だ！　赤玉ポートワインを飲んでるかネ？　飲んでない！　そうだろう！」といったポスターや赤玉楽劇座（「赤玉ポートワイン」宣伝のために結成された歌劇団）の松島栄美子を起用して日本初のヌード・ポスターをデザイナーの井上木它《もくだ》などとともに一九二二年に作成するなど、その大胆奇抜な発想による広告手法は、宣伝界に新生面を開くものだった。

一九一八年には「欧米各国の商店において需要盛《さかん》な広告文案図案掛」（『新らしい言葉の字引』）として

欧米には存在する職業として紹介されるだけだったモダン語辞典の「アド・ライター」の項目も、片岡がヒット商品を矢継ぎ早に生み出した後には、広告宣伝のあり方にまで言及されるに至る。そこでは、語呂の良い文章や美辞を連ねることを名広告文案と考えるのは素人でしかなく、店頭での客に対する販売語が決して抽象的でありえないように「真の文案は、商品と販売方針を充分に消化し得た者でなくては書けない」(『店員常識新語解説集』一九三七年)と説かれるようになっていった。

ではなぜ「オラガる」が、「お手軽」という意味そのままに、お手軽に使われるまでに流行したのであろうか。当時、水道水は「鉄管ビール」というモダン語で呼ばれていたが、それはビールがまだ高価で日常的に飲まれるものではなかったことを示すものでもあった。「とりあえずビール(とりビール)」といった言葉が普及するのは、「もはや戦後ではない」が流行語となり、ビールが大衆飲料となっていった一九五六年ごろからのことである。

一九三〇年、ヨーロッパ渡来のモダンな醸造酒として比較的高価で高級ともみなされていたビールに「私のビール」という意味の名をつけるのなら、当時宝塚歌劇のレヴューや同名の歌そしてフランス映画のタイトルとして全国的に有名になっていた「モン・パリ(私のパリ)」をもじって「モン・ビール」といった命名法もあったはずである。しかし、あえて「おらでも買える」という田舎訛《なま》りの庶民性を強調して「おらが」と名づけるという、いわば逆張りの商品名で売り出したところにかえってモダン語の新感覚が生かされていた。反モダンをモダンに逆転させる、発想の転換ともいえる。

それは周回遅れで円形トラックを駆けている最終走者が、トップを走っているように見える錯覚だったかもしれない。だが、この反モダンのモダン性も、モダン語を生み出す鍵となったのである。

地方色の光芒

一九三三年に「故郷を失った文学」を書いた小林秀雄は、三年後には「伝統は何処《どこ》にあるか。僕の血のなかにある。若《も》し無ければ僕は生きていない筈《はず》だ。こんな簡単明瞭な事実はない。」(「文学の伝統性と近代性」)として、モダンを追求する中で失われた伝統を見出そうとすれば、それはもはや現在の自己の内にしかありえないという断案に至っていた。

第一次世界大戦から関東大震災を経て否応なく進んでいた中央集権化と都市化の中で、地方から上京してきた人々そして東京で生まれ育った人々にとって、自らの故郷とともに失われていく伝統とは何であったのか、手に入れたはずのモダン性とはいったい何なのか、は切実な問いとなっていた。

そうした中で注目されたのがローカル・カラーや地方色というモダン語だった。

なぜ、そのようなモダンとは真逆とも見える語がモダン語となるのか。

「ローカル・カラー(Local-colour)」については、「「地方色」または「郷土色」と訳す。その土地特有の自然、人情、風俗の総称である。最近素晴らしい勢いで流行している民謡などは、いずれも各土地のローカル・カラーを現わしているので人気に投じているのだ。地方農村が漸次《せんじ》都会風になって、その独特の色彩を失って行く傾向は、やがてローカル・カラーが滅亡することを暗示するかのごとく、転《うた》た物寂しい気持ちがしないでも無い」(『モダン語漫画辞典』一九三一年)と解説された。

ここでは民謡の大流行に触れながら、モダンによって消え去ろうとするものに着目すること自体が人々の渇望《かつぼう》に応《こた》え、逆説的に時流の尖端となっていた事態が指摘されている。

同様に、「**ローカル・カラー**」について「地方色と訳す。島崎藤村氏の名著『破壊』は信州に材を取ったもので、北信小県《ちいさがた》地方の自然・風俗・人情・気風・言語などつまりその土地の色が克明に写し出されている。これらをローカル・カラーの豊かな作品だというのである。越後の大凧合戦《おおだこかっせん》も出雲の安来節《やすきぶし》も一種のローカル・カラーであって、地方の農村などが段々都会風になって、その土地独特の色彩を失ってしまうのを「ローカル・カラーが滅びてゆく」などという」(『現代新語辞典』一九三一年)と解説する辞典もあった。ここで例示されている安来節は、出雲地方だけでなく浅草はじめ各地で大人気を呼ぶ興行となっていた。このように「地方色」は、年中行事や習俗などにも着目するものであったが、その色合いが最も強く現れると考えられたのは文芸作品であり、「**地方色**＝ある地方の特別な情緒・習俗等の現れたものをいう。そうした地方的色彩の濃い一地方を描写した小説等を郷土小説・郷土文学などと称する」(『文芸辞典』一九三四年)などと解説された。

そして、この地方色を反映する郷土小説・郷土文学なども日本に先行して伝統と近代、外国語文学と自国語文学、都市と郷土との関係が問題となっていたドイツで生まれた芸術運動の影響を受けたモダンなものであり、時代錯誤の文芸思潮などとは考えられてはいなかった。

モダン語では「**郷土芸術**＝ドイツ語の**Heimat**《ハイマート》 **Kunst**《クンスト》で、十九世紀末から起った芸術上の新運動、都会中心の芸術に対抗して、郷土即ち地方の田園を題材として、健実な作風を示そうとするのがその主張である。従って郷土文芸と称するものは、地方独特の風俗・方言を、そのまま活写した所に特色があるわけである。更に外国を対照とした場合の郷土芸術は、国粋芸術の意味である」(『新しい時代語の字引』)と説明されていた。そして、郷土芸術を文学に限定した場合には、「土の芸術」とも称され、外国文学では一九二四年にノーベル文学賞を受賞したポーランドの作家レイモント(W. S. Reymont)の大作『農民』が、日本文学では長塚節《たかし》の『土』(一九一〇年)が代表作として挙げられていた。

この長塚節『土』は、内田吐夢《とむ》が二年半の歳月をかけて映画化し、一九三九年に公開された。四季の移ろいの中に農民一家の「飢餓、窃盗、堕胎《だたい》、開墾」という営みを描いた映画は、その徹底した写実的手法によって日本映画史におけるリアリズム映画の頂点をなすと評された。また、通例一週間の公開が三週間のロングランを記録するという日本映画史において画期的な映画となった。しかし、一家が結束して開墾に希望を見出すというラストシーンは、そのまま満蒙開拓に邁進《まいしん》する「鍬《くわ》の戦士」と「拓士の妻」が結束する家族のイメージにすり替えられていった。

文学以外の日本における郷土芸術運動としては、日本青年館で毎春開催されていた「郷土舞踏と民謡」の大会が、その成功例として挙げられることが多かった。この郷土舞踏と民謡については、「各地方の町村に昔から遺《のこ》っていて、その土地だけで行われてきた盆踊りや獅子舞は、都会の大芸術に対して特に「郷土芸術」と呼ばれる」(『現代新語辞典』一九三一年)と「**郷土芸術**」とした上で、これらは「都会芸術から原料を得ている、が、その土地特有の信仰、風俗、情操等がその原料をおのずから調理してその郷土特有の味のある料理にしたのである。同じことは絵や彫刻や工芸にもいえる、だから、各地方の絵馬とか、土俗人形とか、手製器物とかは、それぞれその地方の「郷土芸術」である」(前同)と説き、それが柳宗悦《むねよし》らによって唱導されている「**民芸**」と同じ存在意義をもつものであると評していた。ここで民謡などが都会芸術から「原料」を得ていると記されているのは、「城ヶ島の雨」(北原白秋作詞・山田耕筰作曲、一九一一年)や「波浮の港」(野口雨情作詞・中山晋平作曲、一九二三年。二八年レコード化)などから始まって、「須坂小唄」「ちゃっきり節」「十日町小唄」「天竜下れば」など各地の地方色を織り込んだ「新民謡」が作られ、レコードやラジオ放送によって流行したことをさしている。

新民謡とは「民衆と郷土との声であった日本の民謡も明治維新以来多くはその地方色と野調とを失って行った」(北原白秋編『日本民謡作家集』大日本雄弁会、一九二七年)ことに危機感を抱いた北原白秋や野口雨情らが「民謡精神の根本に還《かえ》り、新《あらた》に時代の民謡作家として起つ」ことを掲げて起こした創作運動によって生まれたものだった。それは白秋が満洲唱歌として作詞した「ペチカ」のような新童謡の創作とも連動しつつ、小唄のほか小樽・前橋・舞鶴・道頓堀・平壌・京城など各地の地方行進曲としても続々と作られた。「青い灯、赤い灯」がカフェーや歓楽街の代名詞となったのは、「青い灯　赤い灯　道頓堀の　川面にあつまる　恋の灯に　何でカフェーが　忘らりょか」と歌う「道頓堀行進曲」（日比繁次郎作詞・塩尻精八作曲、一九二八年）のヒットによる。

そして、一九三〇年代に入るとモダン都市文化と「地方色」情緒とを織り込んだ「月はおぼろに東山」と歌い出す「祇園小唄」（長田幹彦作詞・佐々《さっさ》紅華《こうか》作曲）などの地方小唄が作られ、小唄の流行に合わせた映画も製作されて「小唄映画」や「レコード歌謡」というジャンルも生まれた。

地方色を彩るために、行進曲や小唄だけではなく、「加茂川セレナーデ」「大阪セレナード」などのセレナード、「岡山シャンソン」「琵琶湖シャンソン」などのシャンソン、「新宿らぷそでい」「名古屋ラプソディ」などのラプソディ、「民謡ジャズ・木曽節」「ジャズ小唄・桑名の殿様」などのジャズ――といった、まさに色とりどりに地方色を反映した洋楽の曲調が次々と取り入れられていった。

その一方で、地方色をより前面に押し出す「おらが」をタイトルに冠した歌も、「おらが都」「おらが静岡」などにとどまらず、遂には「おらが亜細亜」にまで空間的に広がっていく。

また、盆踊り歌として作られた「丸の内音頭」（西條八十《やそ》作詞・中山晋平作曲）が一九三三年に「東京音頭」に改作されて大ヒットすると、歌詞を入れ替えた「おらが中国」とも呼ばれた「中国音頭」をはじめ「北海道音頭」「長崎音頭」など一〇〇曲を超える音頭が作られた。さらに日本内地にとどまらず、「朝鮮音頭」「台湾音頭」「台北音頭」「満洲音頭」「大連音頭」など日本統治下の植民地や満洲国における「地方」の音頭が作られ、歌い踊られた。経済不況下で、盆踊り歌に誰もが我を忘れて踊り狂う姿は、幕末の「ええじゃないか」の狂騒状況を想起させるとして警戒する声も出るほどであった。

こうして地方色を反映した「新民謡」を作るために、西條八十・野口雨情・北原白秋らは日本各地のみならず朝鮮・台湾などを訪れたが、これによって植民地においても現地の人々によって従来の俚謡や俗謡を生かしつつ創作新歌謡が作られるという連鎖を引き起こしていった。現在も歌い継がれている「朝鮮八景歌」や「ノドル江岸(川辺)」なども一九三〇年代に新民謡として作られたものである。

農民芸術・自由画・北方性教育・生活綴方《つづりかた》

しかし、地方色を探り出す試みは、都会芸術に原料を得ていたとされる「新民謡」にとどまらなかった。地方色は、自らの生活世界の日常における情味と生業から生まれるはずだったからである。

その地方色を強く意識した運動の一つに、山本鼎《かなえ》らが長野県を中心に実践した「自由画」運動や「農民芸術」運動があった。「**自由画**」とは、模範となる絵画をひたすら模写する「臨画」という絵画教育に対し、「子供の眼に映った自然の事物または想像・空想などを、そのまま描かした画。手本を用いず、教師は助言せず、純真な子供の頭から出た観察力・推理力によって描かれた色鉛筆画」(『新しい時代語の字引』)を描かせる美術教育であった。そして、色鉛筆では難しい重色や面描ができるクレヨンとパステルの両方の特色を備えた描画材料を望んだ山本の求めに応じて、一九二五年にクレパス

（これはサクラクレパスの登録商標名）が開発されたことによって自由画運動は普及していった。

また、農民芸術運動とは農閑期を有効に生かして農民の「民族的もしくは地方的な意匠」（「農民美術建業之趣意書」）を生かした堅牢で素朴な工芸品を制作・販売して副収入を得るものだった。

「農民芸術」は「**ペザント・アート pesant art**」とともにモダン語として注目され、「無技巧の中に郷土独特の気分・特徴を現した簡素な美術品の意味に解されている。日本では山本鼎氏の指導の下《もと》にある信州上田在の農民美術研究所は知られている」（『新しい時代語の字引』一九二八年）と紹介された。

山本が自由画や農民芸術の必要性を認識したのは、フランス留学からの帰途、ロシアの農民美術蒐集館《しゅうしゅう》や児童創造展覧会で見た作品に啓発されたからであった。農民美術練習所（一九一九年創設。二三年、日本農民美術研究所と改称）は、東京や大阪の三越百貨店などで農民が作った作品の展示即売会を開いて人気を得、台湾で工芸品調査を行うなどの活動を展開した。しかし、戦時統制への対応を迫られて一九三九年に閉鎖状態となり、戦後の一九四九年に「農民美術連合会」として再出発している。

さらに注目しておきたいのは、経済的窮乏に直面していた東北地方で試みられた地方色を強く意識して展開された「北方性教育」運動である。この運動は、都市文化的なモダンとは無縁とみなされがちであった東北農村における生活の現実に根ざした教育実践を重視するものであり、「北方」や「北方性」などの概念は単に地理的な自然環境をさしたのではなかった。文化的な平準化をめざす商業主義にリードされるモダンに対して、東北「地方」特有の社会経済構造の中で生まれた文化史的単位や民俗的まとまりなどが個人の人生にとって不可欠の「生活台」となっていることに注目し、それに応じた個性豊かな生き方を教えることが「北方性教育」の目標とされたのである。

その教育方法の一つとして採用されたのが、方言による「生活綴方《つづりかた》」運動であった。生活綴方とは、子どもや青年が自らの日常生活の中で感じたり考えたりしたことを事実に即して自分自身の言葉である方言によって文章として綴ることを促す作文教育法である。しかし、個人の自主性や地方の固有性を重視する作文教育は、一九四〇年以後に国民学校制度による教育方法の画一化が進められる中で弾圧の対象となり、四二年にかけて検挙者三〇〇名におよぶ生活綴方事件によって中断されていった。

その後、第二次世界大戦後に復活して一九五〇年には「日本綴方の会」(翌年「日本作文の会」と改称)が組織され、五一年には山形県山元中学校の学級文集をまとめた無着成恭《むちゃくせいきょう》編『山びこ学校』(青銅社)がベストセラーとなって戦後の作文教育に大きな影響を与えていった。

この「北方性教育」や「生活綴方」運動の進展は、「地方語には地方語的感動がある」として福士幸次郎らが進めた「方言詩」「地方主義」文学運動とも共鳴しあいながら東北各地に広がりを見せた。さらに、童謡「どこかで春が」の作詞者で詩誌『民衆』を一九一八年に創刊していた民衆詩派詩人の百田《ももた》宗治《そうじ》は、「生活綴方」運動に呼応して「児童生活詩」を提唱して詩作教育の指導にあたった。

これらの運動がめざしたものは、生活基盤としての地方に根ざした感性や発想を自らの言葉や技法で表現することによって自己表現を図ることであった。それは一見すれば、グローバリゼーションへの反抗のようにも見える。しかし、現在、グローカリゼーションという言葉があるように、グローバリゼーションはローカリゼーション(地方化)と相即的に進むものである。それが単なるスローガンでないとすれば、その実践は第一次グローバリゼーション時代の日本でも試みられていたのである。

郷土愛と民族色

こうした地方色の重視は、文学や新民謡・舞踊や絵画・工芸製作そして「北方性教育」「生活綴方」「方言詩」「児童生活詩」運動などにとどまらなかった。「生徒を郷土の事物に親しましめ、郷土愛から更に祖国愛の観念を喚起するため、教育上郷土を重んじ郷土の立場からする教育」(『国民百科新語辞典』)としての「郷土教育」運動が「地方研究」を地理科で課した文部省の指導とも呼応しながら全国的に繰り広げられたのが一九三〇年代であった。

だが、郷土愛が祖国愛にそのままに直結するわけではない。郷土愛＝パトリオティズムが強固であればあるほど、祖国愛＝ナショナリズムと相容れなくなることもある。実際、「生活綴方」運動には政府の画一的な国家主義教育に対する下からの抵抗という側面があり、それが国家総動員体制の妨げになるとみなされて生活綴方事件における弾圧につながったのである。

そして、郷土愛と祖国愛のジレンマに葛藤せざるをえなかったのは、東北などの地方に限られなかった。当時の日本において地方や郷土とは、日本列島の中だけに限定されるものではなかったからである。「日本本土＝内地」に対する「地方＝外地」として、朝鮮・台湾・樺太・南洋諸島・満洲などがあった。そこでは日本から渡った人やその子弟などが自らの新たな郷土＝地方としての特色を見出そうとする動きもあったが、それは「外地の内地化」「異郷の故郷化」を意味するものでもあった。

しかし、そうした移住者とは違い、日本に統治される以前からその空間に居住していた人々にとっての「郷土」とは取りも直さず「奪われた地方」でもあった。確かに、その地方は日本の産業構造の一環をになうものとして「開発」され、文明化という名目で「土俗」とみなされた地域文化は改められ、日本式教育とりわけ日本語の普及が図られて日常生活も以前とは異なる景状となっていた。

朝鮮では農業恐慌からの脱出を求めて農村振興運動や自力更生運動が朝鮮総督府によって推進され、地方社会は変容を迫られた。さらに日中戦争の展開とともに兵站基地となった朝鮮と台湾では皇民化運動としての日本同化策が展開されて戦時動員体制に組み込まれていく。

そうした変化にさらされた人々に対して「郷土の事物に親しみ、郷土愛から更に祖国愛の観念を喚起」しようとすれば、何が生じるであろうか。日本に統治され、「開発」「馴化《じゅんか》」される以前にあった「郷土の事物への親しみ」は、当然のことながら、失われた祖国としての故地への愛とそこに暮らし続けていた人々への情愛つまりは民族愛へとつながっていくはずである。

日本統治下の朝鮮や台湾そして満洲国などでは、芸術創作のモティーフとして地方色が称揚され、朝鮮美術展覧会・台湾美術展覧会（一九三八年、台湾総督府美術展覧会と改称）・満洲国美術展覧会さらに

図 7-3　上：朝鮮美術展覧会で幾度も特選や最高賞を受賞した李仁星の「秋の或る日」. 油彩・画布，1934 年特選受賞作. ゴーギャン「タヒチの女（浜辺にて）」と対比される.
下：台湾人画家として帝展に 5 回入選した陳澄波の「嘉義街景」. 油彩・画布，1934 年.（ともに『東アジア　絵画の近代』静岡県美術館，1999 年）.

は現地から帝国美術院展覧会などへの出品作品でも地方色に光が当てられた。審査員や観覧した日本人にとって、その「地方色」とは本土の文化生活とは違う素朴な自然と民俗をテーマに「土俗」色が表象されたものであり、その「失われつつある美」が評価の基準となったようである。

しかし、朝鮮や台湾で制作された作品は、図7-3からもその一斑《いっぱん》が窺われるように創作上の題材・対象を地方の伝統や日常生活に求めながら、その表現技法を洋画から摂取して描くことで、そこが日本内地とは異質な空間であること示すものでもあった。それは自然や習俗を単に写生するのではなく、自己の中にある想像力によって失われた民族色を普遍性の中で再創造する試みでもあった。

こうした絵画・写真芸術など以上に、文学においては更に複雑な問題が孕まれていた。それは「地方」としての郷土をテーマとするにしても、それを描く使用言語を朝鮮語や台湾語（あるいは中国語）とするのか日本語にするのかという難題があったためである。日本語使用が強制され、モダンとみなされる中でいかなる言語を使用するかは、文学表現の問題であるとともに読者をいかに広げていくかという啓発と通俗化＝大衆化の問題と密接に関連していた。そのため、台湾では一九三〇年代半ばに「郷土文学（台湾話文）論争」が起きていた。朝鮮では一九三二年に設立された朝鮮民俗学会の発起人でもあった鄭寅燮《チョンインソプ》などによって朝鮮の「郷土的情緒」を抹殺することなく活かすことで「より大きなものに綜合された抱擁《ほうよう》性に富んだ文化圏を構成する様な行方《ゆきかた》が必要ではないでしょうか」（「朝鮮のローカル・カラー」『モダン日本』朝鮮版、一九四〇年八月）といった提言がなされていた。

　こうして帝国日本への同化と固有の民族性・言語との相克を迫られながら、被統治者の人々が描き出そうとした「地方色」＝「郷土色」とは、素朴美でも土俗美でもなく、誰にも奪われることもなく絶えることもないはずの「民族色」の真髄を捉え、更なる広大な空間に位置づける試みに他ならなかった。「地方色」――それは一見プリミティブとも見える表現によって統治者・日本によって与えられる「今」というモダンを超えて通時的に存続するものを発見する試みでもあり、帝国的統合によって馴化され、固有性を奪われることへの抵抗の楯《たて》ともなりえたのである。

　もちろん、「地方色」の強調は、内地でも外地でも総力戦体制への統合を阻害することになるとして否定されていった。しかし、一瞬の輝きではあったにせよ、「現代としてのモダン」の中で現れた

「地方色」への着目は、失われていく固有性に光を当てることによって平準化に抗《あらが》うものであった。その画一化の否定こそ、個性の自発的表現を尊重するモダンの尖端でもありえたのである。それは決してモダンの全否定ではなく、「地方特有の近代性(vernacular modernity)」の追求であった。

四 「現代としてのモダン」とアメリカニズム

「めりけんじゃっぷ」とアメション

日本人ハワイ移民の労働歌ホレホレ節として歌われた「横浜《よこはま》出るときゃヨー涙で出たが今じゃ子もある孫もある」を「横浜《ハマ》を出るときゃ裸で出たがいまじゃテキサス大地主」という戯れ歌に替えて谷譲次が禁酒法時代のアメリカ社会における日系移民の生態を「めりけんじゃっぷ」として描き、文壇に登場したのは一九二五年のことであった。谷は、「ヤング東郷」など「めりけんじゃっぷ」シリーズを雑誌『新青年』に連載して一躍文壇の寵児となり、多くの青年が希望しつつも実現できなかったアメリカ放浪生活の夢を「亜米利加《アメリカ》の南扇子《ナンセンス》談義」と呼ばれた小説の中で軽妙な文体で描いていった。谷譲次は長谷川海太郎《かいたろう》が「めりけんじゃっぷ」物を書く時の筆名で、林不忘《ふぼう》は「丹下左膳」などの時代小説、牧逸馬《いつま》は犯罪実録小説・家庭小説などを著すときの筆名だった。その三つの名で彼は一九三五年に三六歳で急死するまでの一〇年間に『一人三人全集』(新潮社)全一六巻に収めきれないほどの小説や旅行記などを著した。そうした膨大な作品の中で「めりけんじゃっぷ」物は、渡米してハウス・ボーイや皿洗い労働者として各地を転々とする中で出会った日本人移民や自らの体験などを小説化したものだった。そこでは「自由と平等の国」とされるアメリカが多種多様な出身や階層の人々が混じり合う「合狂国(Mobland)」であり、差別や思想弾圧が歴然と存在している現実が直視される。日本に「現代としてのモダン」をもたらす目も眩《くら》むような光を放つアメリカ社会の、その光源の奥にまで踏みこんでみれば、光が強ければ強いだけ、陰も一層色濃く際立って見えてくる。

しかし、「めりけんじゃっぷ」では、それを悲惨な体験や苦痛として描くのではなく、失敗や挫折も自分を戯画化することで軽く笑い飛ばす。実際、そのように生きていた人々に谷は出会ったのであろう。その中にはカナダ義勇兵として第一次世界大戦で貰った勲章を誇りに生きる人や自らの呼称を「ダンナ(旦那)」と偽って雇主に呼ばせて奴隷的な使役の憂さを晴らす人もいた。『テキサス無宿』には、日本移民として生活の目途も立たず自殺するしかないと思われていた人が、フレデリック・ヤマト博士と名乗って「玄妙的マッサアジ。貴女《あなた》の身体から余剰脂肪を擦《す》り脱《と》って燕の如く舞踏されよ」という広告文で「日本AMMA」つまり「日本按摩《あんま》」を開業する話も出てくる。エステティック(esthétique)の一〇〇年前の先取りである。

その一群の小説は、同時代でも日本最初の移民文学と評されていたが、それは実際に読者が体感することのできないカルチャー・ショックを、文字の上で疑似体験できるという意味で現地レポートともいえる性格をもっていた。その報告は移民の苦労を陰惨に描くのではなく、時には脈絡や現実性も無視して、騒々しく軽やかな口語体でリズム感にのせて流していく、まさにモダニズムの特徴とみなされた「ジャズる」文体で、「お前ならどうする?」と読者を海外へと誘う挑発的文体でもあった。

そこでは等々《エトセトラ》・俺《ミイ》・礼服《トキシイド》・黒人音楽《デキシイ・バンド》などのルビを多用して自分の耳で聞き取ったままの発音を日本語化した「メリケン原音」が記され、「みい・のう・らいき・はうす・うおいき」といった会話が再現される。これを英語に置き直してみると「Me, no, like, house, work」で「私は家事労働が好きではない」といった意味になるのだろうが、アメリカ人と出会ったこともない読者にとっては臨場感をもつ会話体であった。そうしたメリケン原音の一つとして小説から「さのぱがん」などの流行語が生まれたが、これは「**サノバガン**」とも書かれ、**son of gun** で「鉄砲弾の子の意で人を軽蔑する言葉。日本語の馬鹿野郎」(千葉『新聞語辞典』)の意味で使われた。

小説の中では、自らをコスモポリタンや放浪者《ヴァガボンド》・風来坊などと呼ぶ人が出てくるが、「**コスモポリタン**」は「四海を家となす人、世界人。この意味からその範囲をせばめて、一定の居住なく、浪々として歩いている人をもいう」(『モダン流行語辞典』)、「**ヴァガボンド**(vagabond)」は「浮浪者。無宿者。放浪者。無頼漢。漂泊《ひょうはく》者。怠け者」(『新語常識辞典』)などのモダン語としても流行した。

これらのモダン語は、無国籍者になることを勧めるものではなかったが、民族や国境や言葉などの境界など易々と跳び越えることができるという、日本国内に居るだけでは思い浮かべることもできない日本人としてのアイデンティティの違った可能性を暗示するものでもあった。

しかし、日本人は日本国内で生きるべきだと考える人にとっては、コスモポリタンもヴァガボンドも定職もない無宿者以外の何ものでもなかった。また、「必要もないところで英語をはさんで気取る人」(『社会ユーモア・モダン語辞典』)を「**メリケンゴロ**」と呼ぶモダン語があったように、英語(メリケン語)を使う人は「アメリカかぶれ」だとして反発も強かった。

そもそも谷譲次の小説の中では、M・Jと表記される自由人である「めりけんじゃっぷ」も日常的なモダン語としては、「**メリケン・ジャップ**」で「米国人が米国生れの日本人を軽蔑して呼ぶ語。また米国帰りの日本人に対する蔑称」(『世界新語大辞典』)、「アメリカにいる日本人労働者、またはアメリカからの帰朝者に対する蔑称」(『最新百科社会語辞典』)、「時にはアメション式の輩を軽蔑していう時にも使われる」(『モダン語漫画辞典』)ものだった。つまり、谷の「めりけんじゃっぷ」物は、蔑称として使われていた言葉の価値を反転させて意表を突く効果をもつものだった。

ただ、それは一部の読者には支持されたものの、浸透はしなかった。むしろ、逆にメリケン・ジャップや「米国帰り」やアメションというモダン語は、蔑称として広まっていったが、そこには物質文明の繁栄を誇示するアメリカに対する愛憎相反ともいえる感情が反映していた。

これまでの記述でも明らかなように、「現代としてのモダン」は、第一次世界大戦後にアメリカの経済的・文化的プレゼンスが世界的に高まったことによって日本でも出現したものであった。

しかし、谷がデビューした雑誌として注目される『新青年』が一九二〇年一月に創刊された時、そこで特集されたのは「次の戦争」としての日米戦争にいかに対処するかであり、「日米戦争! 日米開戦!」という書き出しで樋口麗陽「第二次世界大戦――日米戦争未来記」の連載も開始されていた。実際の開戦より二〇年も前に、仮想世界では日米戦争が始まっていたのである。

ではなぜ、第一次世界大戦の停戦から二年も経ずして、「第二次世界大戦」という言葉を日本人が造語し、なぜそれを日米戦争だと想定して疑わない雰囲気が生まれていたのだろうか。

それは第一次世界大戦が、対華二一カ条要求やシベリア戦争などをめぐって「外交戦における第一次日米戦争」とも呼ぶべき日米間の対立を生む契機となったからであった(その経緯については、拙著『複合戦争と総力戦の断層――日本にとっての第一次世界大戦』人文書院、二〇一一年参照)。

さらに、一九二〇年代を通じて日本人移民が排斥され、ワシントン海軍軍縮条約が国辱条約とも呼ばれたように人種的にも軍事的にも圧迫を受けているという意識が高まり、アメリカ人が日本人をジャップと呼ぶのに対して、「ヤンキー=アメリカ人を軽蔑していう言葉。「新参者」「成上《なりあ》がり」の意を含んでおり「洋鬼」の字をあてている」(『モダン常識語辞典』)状況にもあった。

そして、「新参」「成り上がり」という表現が示すように、浅い歴史と軽薄な文化しか持たないアメリカに行って学ぶことにどれだけの意義があるのかという反発も生まれてきていた。

「アメリカン(メリケン)・メイド・ソシアリスト」というモダン語が、「①通常人で渡米して米国で社会主義者となって帰朝するもの。②メリケン学者と同様に学問的におそまつな社会主義者」(『国民百科新語辞典』)といった意味で使われていたように、思想・研究においてアメリカはヨーロッパに遠く及ばず、そこで学んでも粗略で意味がないと考えられていたのである。

しかし、実際には日本人による最初の本格的哲学書と評されている西田幾多郎『善の研究』(弘道館、一九一一年)がウイリアム・ジェイムズの「純粋経験」に示唆を受け、日本に初めてプラグマティズムを紹介して王堂哲学と呼ばれる哲学体系をつくった田中王堂が滞米中にジョン・デューイに学ぶなど、アメリカの哲学・思想は日本でも無視できないほどに大きな影響を与えていた。

にもかかわらず、アメリカを軽侮する思潮は、自らも五大強国となったという自負とともに強まっていった。「阿米尿」というモダン語も、そうした対米感情を反映したものだった。

これは「**アメション**」と読み「一寸《ちょっと》米国に行って来た人のことをいう。渡米しても何等《なんら》得ることなく、ただ小便して来ただけ」(『かくし言葉の字引』)と皮肉るものである。ただ、「これと云《い》って得て来たものは無いから、まるで小便しに行ったようなものだと云う意味。こんな連中に限って矢鱈《やたら》に洋行風を吹かせたがるものだ。これに準じて「イギ・しょん」「フラ・しょん」等と云う語も作られる」(『モダン語新式辞典』)とも記されているように、欧米に一時的にであれ「洋行」や「外遊」することは誰もができることではなかったため、憧憬と嫉視《しっし》が入り交じったものであった。

なお、「アメション」を最初に使い出したのは、日本人のキリスト教宣教師であり、小便する間でもアメリカに行って来れば教界で羨望の的《まと》となり、有力な地位を得られることをさしたという反キリスト教的な立場からの語源説もある(「アメションン」『奈良県立奈良図書館月報』一九四二年一月号)。

そして、第二次世界大戦後に「鬼畜米英」というスローガンが用済みになると、一九四八年に岡晴夫(愛称オカッパル)が歌う「憧れのハワイ航路」(石本美由紀作詞・江口夜詩作曲)が大ヒットする。だが、その裏返しの感情の発露でもあったのか、一九五〇年に民間人の海外渡航が自由化されるとともに、再びアメションという語が大流行し、戦前と同じような反応が現れる。

少女時代から可憐《かれん》な日本女性を演じて人気のあった女優の田中絹代が、日米親善芸術使節となって帰国した際に毛皮のハーフコートにサングラスそしてハワイ土産のレイをまとい、報道陣に「ハロー」と呼びかけ、銀座のパレードで投げキッスを連発したことから「アメション女優」とバッシングを浴びたのは象徴的な現象だった。そこには日本社会としてはアメリカ化を受け入れながら、自分だけは「アメリカかぶれ」ではないというアンビバレントな意識が働いていたのではないだろうか。

そうした思潮の中で、アメリカでただボタンを外して帰国しただけだという「アメボタン(略してアメボタ)」やアメリカ帰りの女性を「アメション姐《ねえ》(ちゃん)」と呼ぶことが流行したのである。

それからほぼ一〇年後の一九六一年、「トリスを飲んでHawaiiへ行こう!」という洋酒の懸賞広告に人々は喜んで応募した。だが、その時、「ハワション」は流行語とならなかった。

二つの「文芸」の発出

ここで再び、モダン語の時代に戻り、次の文章を見比べていただきたい。

①真昼である。特別急行列車は満員のまま全速力で馳《か》けていた。沿線の小駅は石のように黙殺された。

②印象をつづり合せたような観方《みかた》、それから来る思想で満足しないで、現実を意力的に、尋求的に「調べて」行く行き方、それから来た思想なりがいまの文壇を救う一つ大きな道ではないかと思う。

①の文章は、横光利一《りいち》の短編小説「頭ならびに腹」の書き出し部分であり、擬人化や暗喩を用いて「高速度時代」においてモダン語が重視した「スピード感」が示されている。この短編が掲載された『文芸時代』(一九二四年一〇月号)を評して千葉亀雄は「新感覚派の誕生」(『世紀』一九二四年一一月号)と呼び、新たな文芸表現を担う世代の到来を告げた。この新感覚派の文体は、横光に明治大学で教えを受けた巫永福《ふえいふく》が台湾初の日本語文芸雑誌『フォルモサ』に「首と体」という小説を発表したのを始めとして、台湾・中国・朝鮮の新文学運動にも影響を与えていった。

これに対し、②の文章はその「新感覚派」を含めて流行の文芸表現が時代意識も時代の苦悩も反映することのない身辺印象を技巧的に記述したに過ぎないと批判し、「「調べた」芸術」(『文芸戦線』一九二五年七月号)の必要性を青野季吉《すえきち》が訴えたものである。

この二つの文章を掲載した雑誌は、同じく「文芸」と冠し、ともに一九二四年に創刊された。『文芸時代』には横光のほか川端康成、中河与一《よいち》、岸田国士《くにお》らが集い、その斬新な感覚と表現技法によって日本におけるモダニズム文学を先導したとされる。他方、『文芸戦線』には青野のほか平林初之輔、小《こ》牧《まき》近江《おうみ》などが集い、初めてプロレタリア文学のマルクス主義的理論づけを行ったと評されてきた。

しかし、そもそも何故、全く方向性が相反する『文芸戦線』(六月創刊)と『文芸時代』(一〇月創刊)とが、ほぼ時を同じくして一九二四年という年に生まれたのであろうか。

その理由は前年の一九二三年九月に起きた関東大震災にあった。

『文芸戦線』は、一九二一年に小牧近江や金子洋文《ようぶん》らが秋田県土崎港《つちざきみなと》町で創刊した『種蒔《たねま》く人』が関東大震災で終刊となった後、再結集した同人たちによって刊行されたものである。

『種蒔く人』という名称は、フランス滞在中にアンリ・バルビュス(Barbusse)が唱導するクラルテ運動に共鳴した小牧が、その運動の種を日本に蒔くという企図で付けたものだった。「**クラルテ運動**」については「「クラルテ」とは「光」を意味するフランス語で、アンリ・バルビュッスの反戦小説「クラルテ」(一九一六年)に由来する。大戦末よりフランスに起った社会主義的反軍国主義啓蒙運動のこと」(『最新百科社会語辞典』)と紹介されたように、ロマン・ロラン、ゴーリキーなどが賛同していた国際平和運動で朝鮮でも金基《キムキ》鎮《ジン》や金熙明《キムヒミョン》らが呼応していった。小樽高商の卒業論文の扉にバルビュス『クラルテ』の結びの一節を引用した小林多喜二も小樽で同人誌『クラルテ』を発行していた。

『種蒔く人』は反軍国主義を掲げロシア革命後の飢饉救済を訴えたことなどで度々発禁処分を受けていたが、関東大震災が起こると『帝都震災号外』で朝鮮人・中国人に対する流言と虐殺の実態を、また『種蒔き雑記』で平沢計七《けいしち》ら一〇名が亀戸警察署に拘束された後に殺害された亀戸事件を厳しく告発した。しかし、財政難もあって終刊となった。こうして関東大震災時に起きた大杉栄虐殺事件や容赦ないテロと弾圧によって圧殺されかけた労働運動・農民運動などを、文芸を中軸とする共同戦線として再編成すべく創刊されたのが『文芸戦線』であった。

「新感覚」と「新しさ」の渇望

これに対し、『文芸時代』の同人たちにとっての関東大震災は、大地の震動が人間生活を根底から破壊し去るという自然災害が与えた衝撃とともに、灰燼《かいじん》に帰した空間が全く姿を変えて現れるという二重の衝撃において、人間の感性とその表現方法を一変させる契機となった。

横光利一は震災から一八年の間に起きた事態の推移を、次のように回顧している。

大正十二年の大震災が私に襲って来た。そして、私の信じた美に対する信仰は、この不幸のため忽《たちま》ちにして破壊された。新感覚派と人々の私に名づけた時期がこの時から始った。眼にする大都会が茫茫《ぼうぼう》とした信ずべからざる焼野原となって周囲に拡《ひろが》っている中を、自働車《（ママ）》という速力の変化物が初めて世の中にうろうろとし始め、直《ただ》ちにラジオという声音の奇形物が顕《あらわ》れ、飛行機という鳥類の模型が実用物として空中を飛び始めた。これらはすべて震災直後わが国に初めて生じた近代科学の具象物である。焼野原にかかる近代科学の先端が陸続と形となって顕れた青年期の人間の感覚は、何らかの意味で変らざるを得ない。

（「解説に代へて」『三代名作全集・横光利一集』河出書房、一九四一年）

ここに列記されているような「わが国に初めて生じた近代科学の具象物」が否応なく迫った人間の行動や感覚の変化が「新しい何ものか」を表そうとする言葉への激しい渇望となった。その飢餓感を埋める言葉がモダン語となり、モダン語辞典の奔出となったことは、これまで様々なアングルから見てきた通りである。しかし、モダン語は「近代科学の具象物」への反応としてだけ現れてきたのではなかった。逆に、人々が間断なき変化そのものを追い求めるようになったモダンという時代精神そのものが、「新しさの具象物」や「新感覚」を的確に表すモダン語を求めたことも見逃せない。

この「新しさ」を希求する抑えがたい心情とそれを捉える理性（悟性）との関連性の表現方法の追究こそがモダニズム文学の使命であると宣言する文章も『文芸時代』には載せられていた。

川端康成は「新進作家を二つの傾向に分ち、「文芸時代」の人々を新感覚派と呼び「文芸戦線」の人々をプロレタリア派と呼ぶことが、文壇の新しい習慣となりかかっている。しかしその習慣に従う前に、次のことはよく知って置かねばならない。プロレタリア派の人々も、新しい文芸を創造する新進作家であるならば、その作風に新しい感覚を含まねばならない。理由は簡単明瞭である。新しい表現なくして新しい文芸はない。新しい表現なくして新しい内容はない。新しい感覚なくして新しい表現はない」（「新進作家の新傾向解説」『文芸時代』一九二五年一月号）として、新しい文芸は新しい感覚に発する新たな表現・内容との一体性をもって生まれると説く。その時、新しい文芸は「手法や表現に於《お》いて、美術や音楽の場合の感覚の働き方に一歩近づいた」ものとなる。それは一九二〇年代から生活世界の中に浸透した映画・レコード・ラジオなどのニューメディアと出版メディアとのメディアミックスの中で生じた感覚でもあった。こうしたメディアの発達に対応しながら、人間の理性と感性とが一体となった「新主観主義的な、主客一如的な客観主義」による文芸作法の創造を川端は示唆する。

その実例として川端が挙げるのが、西欧近代文明の危機を反映して生まれたドイツ表現主義やダダイズムそして精神分析学などであり、「新しい表現様式の出現は、一面から見れば、人間の精神が言語の不自由な束縛から解放されようとする願いの爆発である」と断じたのである。

現代的生活様式としてのモダニズム

こうした川端の理解に便乗していえば、モダン語の噴出もまた既成の定型化された「言語の不自由な束縛」から解放されたいという人間の精神の願いの爆発だったと思われる。

しかし、問題は、何を不自由な束縛と考えるのか、さらには解放された先に現れるはずの事態を、モダン語がいかに表出しようとしていたのかにある。当然に、それは「モダニズム」という言葉の解釈の中に表明されるはずであろう。だが、ほとんどのモダン語辞典は「**モダニズム**＝近代主義、現代主義、当世風、現代式」と記すだけであり、「主なる特徴として挙げられるのは、スピード的であること、刹那《せつな》的、享楽的、ジャズ的であること等々」(『新語新知識』)などと付す辞典は珍しかった。

その中で『世界新語大辞典』は、モダニズムを一六世紀頃の「資本主義発生期より現代に至る時代(近世)に於《お》ける全ての主義思想をいう」とした上で、近代から現代に至る「資本主義的機械文明の高度の発展は機械をして無限の力をもった支配者として社会の上に君臨せしめ、無数の病的な偏質者の群を生産した」として、文明と精神の関係に着目して解説した稀な辞典であった。

そして、これらの「機械文明の影に踊るモノマニア達は圧制者に対する無限の反抗心、呪いを解消するため各自刺戟《しげき》を求めて享楽を追うた(ママ)、新デカダニズム、エロチシズム、グロテスクそしてナンセンスの交錯せる複雑な雰囲気に包まれ五色の酒に酔い痴《し》れている。この雰囲気、この現代的な生活様式をモダニズムというのである。ジャズ、レヴューの飽くことなき流行に次いで、綜合芸術としてのトーキーの出現はモダニズムに対しても大きな影響を与えずには措《お》かなかった。そしてモダニズムは時代の尖端より尖端へと走り既にネオモダニズム発生の徴候を示している」と説いている。

ただ、それでは既に徴候を示しているはずの「**ネオモダニズム**＝新現代主義」や「**ネオモダン**」とは何なのか、については「更に新しく現代的の。一層現代的。最新式」と記すにとどまった。

ここで解説されている「現代的な生活様式」としてのモダニズムが、高度な機械文明、ジャズ、レヴュー、トーキーなどで表象されていることからすれば、それはアメリカニズムと置き換えることができそうである。実際、「**アメリカニズム**＝現代資本主義が産んだ機械文明で、その特徴とする所は

①享楽的で眼前の目新しい官能を刺激する生活を追い、②拝金的で、凡《すべ》てを金に換算して考え、③表面的で内部的深みはないが生活意欲は強い等で、エロ・グロ・ナンセンスの現代相《モダーニズム》は正にこれにあてはまる。アメリカはかかる生活の代表的なものでモダーニゾム《（ママ）》はアメリカニズムと同一異語に用いられる」（『これ一つで何でもわかる』）と説く辞典もあった。

しかし、現実のアメリカやアメリカ的生活様式と希求されるべきモダニズムとは、やはりそのまま直結することはない。アメリカがモダンの最尖端を走ることは認めるとしても、だからこそ反発もまた増幅される。そこにはペリーによって開国を迫られ近代化を進めることができた先達としてのアメリカへの親米感情と、日露戦争以後は日本人移民排斥や軍事的圧迫などによって差別的姿勢を強めていることへの反米感情とがつきまとう。さらに、一九一七年のロシア革命以後は、労働者・農民が自治を実現しつつあるソ連（ロシア）をモダンの最尖端モデルとみなす思潮も広がった。

ソ連型の社会主義的モダンをめざすプロレタリア文学を『文芸戦線』が、アメリカ型の資本主義的モダンをめざす新感覚文学を『文芸時代』が、それぞれリードするかのような図式的な見方がそれなりの説得力をもったのは、そうした社会思潮を反映したものでもあった。

このような第一次世界大戦後の社会思潮に応じた新しい文芸表現様式の出現に対する敏感な対応は、朝鮮や台湾そして中国でも起きた。それが顕著に表れたのは中国であり、横光らの新感覚派文学と『文芸戦線』などのプロレタリア文学の作品と理論が共に『色情文化・日本小説集』（劉吶鷗訳、一九二八年）、『日本新興文学選訳』（張一岩訳、一九三三年）などの翻訳を通じて紹介された。さらにロシア革命後の社会主義思想の影響を受けたことによって文学と政治の両面における新しい時代を映し出す「新興文学」「尖端文学」「左翼文学」などと呼ばれる「現代主義」文学運動として展開していった。

アメリカニズムとルシアニズム

顧みれば、第一次世界大戦から冷戦終結に至るまでの世界システムは、「ウィルソン対レーニン」「アメリカニズム対ルシアニズム（ボルシェヴィズム）」さらには「東西対立」などのテーゼで示されたように、アメリカ型資本主義的モダンとソ連型社会主義的モダンの対抗関係として理解されてきた。モダン語辞典でも「**時代精神**＝現代の時代精神はアメリカニズムと社会主義的思想であろう。うるさき時代になったものではある」（『社会百科尖端大辞典』）などと記されていた。しかしながら、両者は複雑に交錯しており、截然《せつぜん》と分けて対比できるはずもなかった。

それを知る手がかりとなるのが、先に挙げた青野季吉「「調べた」芸術」である。その主張は、事実関係に基づいた文学表現という意味で「**プロレタリア・リアリズム**＝弁証法的唯物論の立場に立ったリアリズムで主観的な解決に満足することなく飽《あ》くまで現実を基礎とし、常に事物を社会的階級的見地から眺め、人間をそのすべての複雑性・全体性において把握するプロレタリア作家の創作態度」（『新語常識辞典』）そのものを推奨したように思われるかもしれない。しかし、青野がそこで重要な模範としていたのはアメリカの作家アプトン・シンクレアの『石炭王』や『ジャングル』であって、ロシア(ソビエト)文学ではなかった。日本が直面していた資本主義化とそこに生じてくる労働者の課題を考えるためには、作られつつある社会主義社会よりもアメリカ社会の実態を考察することが不可避だったからでもある。何よりも「プロレタリア文学」という呼称そのものが、実はロシア革命後の文化芸術運動を参照しながら作られたアメリカ文学の用語から学び取られたものであった。

また、「アメリカニズムとルシアニズムの交流」(『中央公論』一九二九年六月号)で新居格《にいいたる》が指摘していたように、アメリカニズムとルシアニズムには「対立面と交錯線」があった。ソ連が社会主義計画経済体制を確立していくためにも、アメリカのテーラー・システムによる科学的管理法やフォード・システムによる高速大量生産方式そして広告・宣伝の手法を取り入れる必要があったからである。そして、新居が「新しい言葉を矢継早に創造して行くような国々はエラン・ヴァイタルが多いのである。アメリカがそれに価する。ロシヤも同様である。そして日本もわたくしはヴァイタル・フォースの多い国であると断言していいと思っている」と論じていたように、日本はアメリカとロシア(ソ連)の「交錯姿態」を示すモダン語を活発な躍動力《ヴァイタル・フォース》をもって次々に受容し、自らも創造していった。

このように西欧が作った「近代としてのモダン」に対し、「現代としてのモダン」をリードしてきたのはアメリカとロシア(ソ連)とみなされてきた。だが、「現代としてのモダン」を真に主導してきたのはアメリカニズムであったことは、やはり否定することはできない。

「アメリカニズムは、人間のもつ能力を極度に発揮している。このことは如何《いか》なる理由からもしりぞけられるべきものではない。というのは人類の文明の進歩が、上向線をたどる限り、避けることの出来ないものだからだ。そこでアメリカナイゼーションは今や世界をあげての文明の方向であり、ロシアさえもその圏外にたっているとはいわれない」(平林初之輔「アメリカニズムの力」『東京朝日新聞』一九二九年五月八日)と分析されたように、アメリカ的資本主義の否定を理念として建設されるはずのロシアでさえもアメリカニズムから逃れられなかったからである。

もちろん、アメリカニズムとは、本来、「アメリカ的流儀」や「アメリカ的言葉遣い」や「アメリカ人気質」を意味するに過ぎなかった。しかし、モダン語では、アメリカが世界に向けて発する経済・社会システムや文化や生活様式さらには価値観そのものと理解されるに至った。

モダン語辞典でも、「**アメリカニズム**」についての解釈は、時を経て変わっていく。一九一四年刊の『外来語辞典』では単に「①米国贔屓《びいき》。②米国風。米国気質」に過ぎなかった。しかし、一九二五年刊の『広辞林』では「①金銭を尊重し、金銭によりて万事を解決せんとし、無遠慮にして軽便を尚《たっと》び、かつ何事に於いても世界第一を目的とする一種の物質万能主義。②趣味は低級浅薄にして、万事に派手好みなるもの」となり、一九三四年刊の『新語新知識』では「一にも金力、二にも金力で凡《あら》ゆるものを押しぬこう、軍艦も世界一、建物も世界一、何でも他国に負けずに遠慮会釈なくやっつけようというような、拝金的で傍若無人な態度。又、所謂《いわゆる》ヤンキー式の軽佻浮薄で、享楽的で渋味のない浅薄野卑な趣味をいう」と、その影響力の増大に比例して批判的な色合いが濃くなっていく。それは取りも直さず、アメリカの影響が、日本の生活世界に浸透していく濃度に比例するものであった。

いや、それが日本には限定されない浸透力をもって世界に広がっていることに、注意を払うことが読者に呼びかけられる。一九三三年刊の『モダン流行語辞典』は、「**アメリカニズム**」を「宣伝の国、繁栄の国、ジャーナリズムの国、映画の国、機械主義の国、大量生産の国、産業合理化の国、享楽の国、ナンセンスの国、ドルの国、フェミニストの国、ストッキングレスの国、これらのカクテールによって出来たのがアメリカ主義である。現代日本のモダンの源泉は、このアメリカであって、昨日のアメリカの流行は、今日の日本の流行となる。単にわが国のみではない。このアメリカ主義は、今や全世界を風靡《ふうび》してしまった」と、その世界化を指摘する。

個々の事象こそ異なってはいるものの、こうした状況は時を超えて、現在の世界情況につながっているようにさえ思われてくる。つまり、クロスボーダーにヒト・モノ・カネ・情報が移動することによって始まった第一次グローバリゼーションにせよ、それがより高速化した現在進行中の新自由主義経済に基づく第二次グローバリゼーションにせよ、いずれのグローバリズムも「アメリカ的消費システムの世界制覇」プロセスの転換語に過ぎないということもできる。

それでは、その事態にいかに対処すべきなのか。

その問いへの回答も、「現代としてのモダン」が浸透し始めた段階で、既に出されていた。

アメリカをお手本にした日本のモダーンの風俗が仮に低劣浅陋唾棄《せんろうだき》すべきものであったなら、それはお手本となったアメリカの文明の責任では無くて、欠点短処《たんしょ》をのみ学んだ日本人の無思慮無批判を戒むべきである。

（内田魯庵「モダーンを語る」『中央公論』一九二八年一〇月号）

確かにそれが不可欠な論点だとして、それでは結局、「現代としてのモダン」とは何を意味するのか。実は、その問いへの回答も、同時代人としての大宅壮一によって次のように総括されていた。

「モダン」とは時代の尖端を意味する。しかもその尖端たるや、本質的生産的尖端ではなくて、末梢的消費的尖端である。鋭く、細く、脆《もろ》く、弱々しい尖端である。研《と》ぎすまされた時代の神経である。新らしいもの、珍らしいものを最も鋭敏に感受して同時代人に伝える民族のアンテナである。

（『モダン層とモダン相』大鳳閣、一九三〇年）

この見解には多くの方が同意され、今も、その事態は変わってはいないと考えられるのではないだろうか。資本主義は必要に先んじて広告宣伝によって次から次へと新奇な流行を造り出すことで消費の欲望を刺激し、モダンの尖端を永遠化する。

果たして日本人は、いや人類は、気候変動などの地球的課題を前にアメリカニズムとは異なる「文明様式としての新たなモダン」をいかに想像し、選択の可能性をどこに求めるべきなのだろうか。

光と影の境に見え隠れするモダン語の地平から、それを訪ね歩く更なる彷徨《ほうこう》は、亡羊《ぼうよう》の嘆を重ねながら私なりに続いていく。

おわりに——終わりなき「始まりの思詞学」

百年の後に

ももとせの　後の人こそ　ゆかしけれ　今の此世を　何と見るらん

この短歌は、一九一〇年、柳田国男が農政論としては最後のまとまった著作として刊行した『時代ト農政』(聚精堂)の「開白《かいびゃく》」(自序)の末尾に付したものである。

その意味を我流に読み取れば、「百年《ももとせ》の後の人について心ひかれる。その人が私の生きているこの時代をどのように見るのか、できることなら知りたいものだ」という趣旨になるだろうか。

そう書けば、すぐにお分かりになるように、一九一〇年から一九三九年までのモダン語のあれこれを時代の推移に重ねて訪ね歩いた本書は、「百年の後の人」の中の一人として、柳田が「今の此世」と呼んだ時代がどのように見えるのかについて、拙《つたな》い返答を試みたことになるのではないだろうか。

むろん、その答えは個人的なものであり、それぞれの方は全く違う返答をされるに違いない。

いうまでもなく、柳田は自分が生きてその答えを聞けるといったことを想定して歌を掲げたわけではないであろう。柳田は、この歌を掲げる直前に「人間はどの位まで精励刻苦すれば時代を作ったり時代を動かしたりする大人格となれるものか、我々凡人には殆《ほとん》ど之《これ》を推測することさへ出来ませぬ。あんまり面白くもない話であります。朝鮮併合後三日」と記していた。

この日付から明らかなように、柳田の眼差しは、韓国併合ということに踏み切った日本と日本人がその後どのように歩みを進めるのであろうか、と百年の歩みの先を遠く見はるかすように向けられていた。そして、百年という時間の経過の中で日本人がどのように「時代を作ったり時代を動かしたりする大人格となれるものか」が試されるとした上で、百年後の日本人はその成否をきちんと検証しなければならないという想いを歌に託していたのではないだろうか。

柳田はさらに「国運は進むやうに進み成るやうに成り、時勢は無頓着に数十回転し」「あの時代にはこんな議論もしなければならなかったのかとか、甚《はなは》だしきに至っては昔は妙な術語を使用した物だなどなど云《い》って、経済史を学ぶ学生たちが折々来てはちょいと覗《のぞ》くやうな、あまり調法でも無い参考書となって了《しま》ふかも知れませぬ」と記して、時代の推転と自著の運命を重ね合わせて見ていた。

柳田のこの一文を改めて読むと、百年の間にいかに「時勢が無頓着に数十回転し」て、今に至ってきたかに想い到されるとともに、時代を作ったり時代を動かすことに果たして人間はどれだけ自覚的に係わって来たのだろうかという疑念にもとらわれる。しかし、そうした感懐は措《お》いて、柳田が切望していたことは「あの時代にはこんな言葉を使って議論をしなければならなかったのか」と百年後の人が考えるとするならば、なぜそんな議論をする必要があったのか、なぜ奇妙とも思える術語や言葉を使ったかという時代的背景をキチンと確認して欲しいということだったはずだと思われる。

それを確認することが、人が時代を作ったり時代を動かしたりするとは、どういう営《いとな》みであるのかを明らかにするためには不可欠の作業となるに違いないと考えたのであろう。

その後、日本民俗学を切り拓いていった柳田は、書かれた史料などを遺《のこ》すことがなかった「常民」の「心性」を知るために、言葉が最も重要な鍵となると見てその収集と分析に情熱を注いだ。

柳田が古来伝わってきた各地の方言や古語を収集して検討しただけでなく、明治以降の外来語や同時代的に現れた「新語」や地方の「新方言」を、強い関心と執念をもって収集し、分析を続けていったことは改めて留意しておく必要がある。

柳田は「新語」が都市の大人によって造り出されるだけではなく、地方の独自な習俗を背景に生まれ、さらに流布などに「地方差」があることに特徴があると見ていた。そして「夙《つと》に上手な翻訳が公認」されて微笑を誘うような外来の事物に対する「田舎の新語」の作者となっているのは子どもであり、オートバイやオートサイクルを「バタバタ」と名づけ、それが新語として流布している事例などを挙げて注目していた(『国語史新語篇』一九三六年)。柳田民俗学とは、言葉の学でもあった。

本書は、そうした柳田の宏業《こうぎょう》に、はるかに狭くささやかな範囲で驥尾《きび》に付す試みである。

しかも、ここに示すのは「昔は妙な術語を使用した物だ」などと経済史を学ぶ人々が戸惑うことを柳田が想定した学術・専門用語などに比べれば、なおさら厳密な定義もなく言葉遊びに近いと感じられるに違いないモダン語によって「あの時代にはこんな議論もしなければならなかったのか」という時代相を確認しようとするものである。

もちろん、百年ほど前の時代に流行ったモダン語などを今さら調べ直すことなど、無用無益な好事《こうず》家《か》の時間潰しに過ぎないとの論難もあるだろう。確かに、その通りであり、御批判は甘受したい。ただ、柳田にとって「ももとせの後の人」が「何と見るか」が知りたかった「今の此世」とは、官界や学界などに限定されるものではなく、人々が言葉の口承によって世代を越えて受け継ぎつつ変化させていく「生業《なりわい》の世」だったはずである。そう解釈することが許されるならば、その日常茶飯事の言葉がどのように時代や世相の変化を映しながら使われてきたのかを探ることは、冒頭の柳田の歌に答える方法の一つにはなりうるのではないかと思っている。

それは何よりも「およそ如何《いか》なる時代と雖《いえど》も、その時代に使用せらるる特殊の言語は、その時代における人間生活の思想、感情、知識を表現するものなり。従って本書に採録せる言語の大半は、現代生活の反映として、時代を明らかにせんとする人々にとりて、社交を援《たす》け、常識を豊富にするの一助となり、併《あわ》せて、時代研究の資料ともなるべし」(『現代新語辞典』「例言」一九一九年)という効用を期待した、モダン語辞典編纂者の意図に応じるものでもある。

そして、百年前の言葉を調べた本書が今は無益でも、さらに時と場所を越えてモダン語についての「折々来てはちょぃと覗くやうな、あまり調法でも無い参考書」の縁《よすが》になることがあるかもしれないという、はかなく根拠もない想像を馳せてみたい気もしている。百年という時間の距たりを越えて、見も知らぬ人と人とをつなぐことができるのは、言葉というバトンであると信じたいがゆえに。

概念と思想史研究と思詞

しかしながら、ここまで本書を記してきて、じわじわと高まってきた不安と疑念がある。

何よりも、言葉を扱うことによって、それが抜きがたくもつ反対者や異論を圧殺する暴力性と権力性に、本書も不知不識《しらずしらず》のうちに加担し共犯者になってしまっているのではないかという懸念である。

いかなる言葉も両義性をもつとはいえ、モダン・ガールはじめとする女性についての多種多様な呼称をはじめ、階級やエロ・グロ・ナンセンスやメリケン・ジャップやアメションなどに関連するモダン語のほとんどが、何らかの偏見や冷笑を含んだ言葉として使われたことは否定できない。

特に、本書で基本的な史料としたモダン語辞典などは、小型辞典のもつ宿命として短文でまとめなければならないため、どうしても一面的な記述になりやすいという制約をもつ。一面を切り取ることは、その特徴を際立たせることはできるが、それは同時に他の側面を削《そ》ぎ落とすことになる。そこではユーモアは悪罵《あくば》に、断定は偏見に、分類は排斥に、一瞬にして転じうる。

言葉は、円滑なコミュニケーションを行って社会生活を進めるために不可欠なメディアではあるが、そのまま反対論や異論を封殺するための切っ先鋭い刃《やいば》や凶器に化す。

とりわけ、辞典の記述において、女性の扱い方が性差別を助長する機能を果たしてきたことは否定できない。『国語辞典にみる女性差別』(ことばと女を考える会編著、三一書房、一九八五年)が明確に指摘しているように、女性に関する「ことばの鏡」はつねに歪んでいた。そして、『きっと変えられる性差別語――私たちのガイドライン』(上野千鶴子ほか編、三省堂、一九九六年)や『ことばとジェンダーの未来図』(遠藤織枝編、明石書店、二〇〇七年)などによって積極的な提言も重ねられてきてはいるが、今なお課題は山積している。

こうした指摘を踏まえて、本書ではモダン語辞典の特徴でもあるジェンダーや家族倫理などに関する偏見を含む言葉にはできるだけ触れないように留意はしたが、自分では意識できていないバイアスが入り込んではいないかと危惧している。御叱正をいただいて、機会があれば改めていきたい。

そのことをお断りした上で、終わりに臨んで本書において私が思想史研究の方法論の一つとして想定していた「思詞学」とモダン語など言葉の関係について確認しておきたい。

まず、簡単におさらいをしておけば、思想史研究に限らず人文・社会科学は、たとえそこに実証方法として数式などが入るにしろ、帰するところ言葉によって成立している。言葉によって対象を把握し、その観察の結果を言葉によって説得する方法の一つとして人文・社会科学がある。

その対象となるものを把握するためには、対象となる事象とそれ以外の事象とを言葉によって差異化することが必要となる。そして、そこで析出できた事象と、他の諸事象との異同を確認することを経て、同一性をもつものとして定義された言葉が概念と呼ばれることになる。

さらに、ある特定の分析枠組や検討視角から、これらの概念を使いながら個々別々の認識を一定の原理に沿って論理的に整理し組織した知識の総体が、理論や体系となる。

概念であれ体系であれ、同じ名称で同じ内容や意味が了解されていなければ、コミュニケーション行為の一つである人文・社会科学は成立しない。そして、一義的に了解された概念や分析枠組が明確に提示されることによって、異なった見解との比較対照が可能となり、更なる結論に至るという科学的検証に不可欠な「反証(verification)」性が生まれることになる。

このようなプロセスを経て概念化や体系化がなされると、それまで様々なものが入り混じって雑然としていた事柄が、多少なりともスッキリと見透《みとお》しがきくような感じがすることも間違いない。それは暫定的な結論に過ぎないが、そこから一回性しか持たない社会事象に、何らかの法則性を見出して、予測可能性を導き出すことも人文・社会科学の存在理由となる。

こうした概念と体系の重要性は、それによって人の生死や物権の移動などが決せられることになる法学では決定的であり、その形式論理性などが「概念法学」と揶揄《やゆ》されることもあった。

しかし、私自身は法学部卒業後に法案作成にあたる衆議院法制局に勤務した経験もあって習い性となったためか、その後に人文・社会科学とりわけ思想史研究を専攻するようになってからもできる限り一義的に定義できる概念化や体系化による分析を図ることをめざしてきた。

日本と欧米とアジアとの関連性を分析するにあたっても、「連鎖視点」という視角や「模範国」「準拠理論」「複合戦争」などの概念が必要だと思って作ってきた。また、国民国家形成と帝国形成がパラレルに進んだ日本近現代史を総体として把握するためには、「空間学知」と「国民帝国」という二つの概念の相互関連性によって分析することも必須の課題であると考えている。

そうした概念化が単なる自己満足に過ぎないことも重々承知しているが、自らが使う概念や分析視角・方法を明確にしておくことは、必要不可欠な手続きであると信じている。

しかし、それと同時に、概念や分析視角・方法を明確にすることに伴う問題点も、ずっと気になっていた。つまり、ひとたび、概念や分析視角・方法を設定してしまうと、そこから零《こぼ》れ落ちてしまうものが必ず出てくる。明晰さは、切り捨てと同義となる。それは砂を掬《すく》って金網の篩《ふるい》に掛けると、一定の大きさ以下のものがバラバラと抜け落ちてしまうようなものである。

果たして、それで実際に起きていた事象や社会の実相を知ることができるのだろうか？

これで本当に思想史を研究していることになるのだろうか？

当たり前のことながら、私たちは政治学や法律学などの専門的概念を使って、政治や社会などの出来事について日常的に話したりはしない。また、日常生活の話題は、ここまでが政治学、ここまでが社会学などと明確に区分けされている訳ではないし、空間的に日本に限定されている訳でもない。領域を超え（超域）、境界を跨《また》いで（跨境《こきょう》）、言葉でつないでいくしかない。

フランスなどでは日常語が哲学用語でもあるため「哲学カフェ」が生活に溶け込んでいるのに対し、日本では哲学用語の多くが翻訳語であるためなかなか日常生活にはなじまないといわれたのは(事情は変わりつつあるが)、そうした日本人の言語生活のあり方とも係わっている。

今、「言語生活」という言葉を使ったが、それが新語として課題となったのもモダン語の時代においてであった。それは、日本語以外の言語を使う人々が統治下に置かれただけでなく、第一次グローバリゼーションの時代になって外来語や新造語が日常生活の中にあふれ出たことによって、単に「国語生活」を前提にした国語教育や国語研究では対応できなくなったためでもあった。

そのように、日本語による専門用語だけでなく、帝国内の異言語、外来語そして新語・流行語などが混然一体となって社会生活の諸事象について語られるようになった「言語生活」を思想史研究の対象としようとするなら、それに応じた方法や視角が必要となってくるはずである。

それには、一義的に確定された概念化や体系化を前提とした方法だけでは対応できないのではないだろうか。そもそも、時の流れとともに浮遊し、止まることなく変転していくのが新語・流行語の属性である以上、それを概念化・体系化して固定しようとするのは矛盾以外の何ものでもないはずだ。

加えて、概念化された言葉だけを「思想」とみなすという慣性も再検討する必要がある。

本書でたどってきたように、新語・流行語などの平俗な日常語の中にも明確に意識や思想が込められている。ただ、それを思想の言葉として扱う方法がなかっただけではないのか。

柳田国男は新語を造り・伝えることも民間文芸の一種とみなし、自前の思考を立ち上げる手がかりとなる言葉を「思い言葉」「考え言葉」と呼んだ。そして、大槻文彦は言葉を「人の思想《オモヒ》を口に言出すもの。人の声の意味あるもの」(『言海』)と定義していたのである。

そうした柳田や大槻の発想にも示唆を得て、私は社会で使われる日常語もすべて何らかの思想を含んだ民間文芸の言葉という意味で、「思詞」と呼んでみたい。さらに、言葉の字面は変わっていくにしても同じ意味をもつ言葉がどのように推移していったのか、あるいは全く違った意味合いの複数の言葉がどのようなつながりをもっているのか、などの「言葉の連鎖反応」を調べたいと思っている。

それは、輪にした糸を両手首や指に掛け替えていき、少し指の位置を変えるだけで全く違った形相が突如として現れる「綾取り《あやとり》」の遊戯にも似ており、「文取り《あやとり》」と呼べるかもしれない。

方法論なき方法としての「思詞学」

それでは、その「思詞」を対象とする「思詞学」に固有の方法論とはいかなるものであり、それをどのように提示して共有したら良いのだろうか?

それに対する回答を出すにあたって思い出すのは、『忘れられた日本人』(岩波文庫)などの著作で知られる民俗学者・宮本常一《つねいち》の事歴である。宮本は、柳田国男とともにもう一人の師とした渋沢敬三から「学者ではなく発掘者になれ」と諭されたという。そして、五〇年にもわたって日本各地を訪ね歩き、膨大な調査記録や聞き書きなどを残した。しかし、発掘を重ねる中で農具を始めとした生活用具やその生産・使用の技術についての知識を深め、「民具学」と呼ばれる新たな研究領域を築いていった。宮本は、確かに発掘者となって前人未踏の事績を挙げたが、渋沢の意に反して学者にもなったことになる。おそらく宮本は体系化した学問を創る学者になろうと意図することなく、発掘者・採集者であることによって学者となったのではなかろうか。

　ここで私がいっている学者とは、渋沢のいう机上の学者でも、「職業としての学問」を生業とする者という意味でもない。あくまでも生涯に亘《わた》って「クセジュ Que sais-je?（私は何を知っているだろうか?）」と、問い続ける人のことである。このモンテーニュ『エセー *Les Essais*』の中の言葉にこそ、「学ぶこと」とは何か、「学ぶ者」とは何か、を知る手がかりがあるように私は思ってきた。もちろん、「私は何を知っているだろうか？」を知るためには、「知らないということを知る」しかない。「知らざるを知らずと為《な》す、是《これ》知るなり」（『論語』「為政」）、「汝自身を知れ」「無知の知」など、古今東西いずれにおいてもこのことを教えてきたはずなのである。それでは、どうやって自らの無知を知るのか。

　単純に、より多くの事象や器物や言葉などに接して、知と不知とを弁別していくしかない。実は、それこそが柳田や宮本などの民俗学者が採った方法ではなかったのか。

　そうした考え方の根底にある本質を捉え、しかも基礎的な向き合い方について、同じく民俗学者であり国文学者・歌人でもあった折口信夫《おりくちしのぶ》が端的に記した文章がある。

材料は多く集めなければならぬ。多くあつめると共に、その材料が学者の皮肉の間にしみこんでいなければならぬ。何かの時に一つの戸を開けば、それに関係ある事が連繫《れんけい》して出て来なければならぬ。それにはどうしても我々自身が体験し、実験して見なければならないのである。

（「民俗学学習の基礎」（『民俗学』第一巻五号、一九二九年一一月）

私は、この言葉に従って考えるのが思詞学の方法論だと、現時点では想定している。いや、より正確に書けば、方法論がないのが思詞学の方法論なのである。方法論がないから、あくまでも個人の趣味嗜好によって進める他《ほか》ないし、個人の言語体験や記憶をそこに加えることも必要だと思っている。本書で、個人的な記憶・体験や私企業・商品の名称などを書き込んだのもそのためである。

それは客観性を重視し、対象との距離を取ることが要請される人文・社会科学では、避けることが常識とされているものである。しかし、日常語を対象とする思詞学では、自らの言語生活を顧みつつ、時代の刻印を遺しておくことも必要ではないか、と思う。

もちろん「思詞」は、生活という地平に根をもちながらも、必ずしも生活のリアリティーとは直結しない。変転する生活の中で思想的な意味も変容していくことに本質がある。「流行《はや》り物は廃《すた》り物」という俗諺は、流行語・新語にこそ当てはまる。そうであるとすれば、その流動性を跡づけることを目的とする思詞学もまた唯一の定型化された方法論に固定された途端に生命力を失うはずであり、不定形の自己流による言葉への対置の仕方を模索していくしかない。

要するに、思詞学とは「浮遊する言葉を摑《つか》み取って、並べて、読んで、考えて、自分なりに関連づけて、いつでも連繫して引き出せるようにしておく」――ただ、それだけの作業をさす。

その作業はまた「言葉の遺産目録」として inventory を作成することでもある。inventory は「invent-（偶然見つけた、発見した）＋ory（物）」から目録・一覧表やそれを作成することを意味するが、偶然に新たに発見された故人の財産目録をさすラテン語 inventarium に由来するとされる。

そして、辞典こそ言葉の目録・一覧表として日用に役立つだけでなく後世に遺す「言葉の遺産目録」となってきた。そのことを強く意識してモダン語辞典を編纂した酒尾達人は、「朝に夕に現代人の唇から、こぼれおちる言の葉の数々を、私は街路樹の落ち葉を掻《か》き集めるように、掻き集めてみた。ソコには、小魚のようにピチピチと跳《は》ねあがる幾多の活《い》き活《い》きとした言葉がある。病葉《わくらば》のように半ば朽ちた醜い姿の言葉がある」（『ウルトラモダン語辞典』「はしがき」）とした上で、次のように記していた――「「こんな言葉がこぼれていました。」そう言って、それを木の葉籠のままで差し出せばよいのだ。ソコから時代の相《すがた》を覗く人もあるであろう。役立つものを選《よ》って行く人もあるであろう。朽ち果てたものを焼き棄てて呉れる人もあるであろう。時が経《た》ったら、こんな時代に、こんな言葉があったのかと、懐《なつ》かしんで今を振り返って見る人もあるであろう」と。

こうしたすぐには役にも立たない言葉の収集作業に労力を費やすことに何の意義があるのか、それは学とさえ呼べないのではないか、というもっともな反問も出るだろう。それに対しては再びモンテーニュと柳田の言葉を借りて一先《ひとま》ず答えておきたい。

いわく、「或《あ》る人が、「あまり多くの人から知られない学術のためにどうしてそんなに苦労するのか?」ときかれて、「私はわずかの人に知られれば十分だ。一人でも十分だ。いや、一人もいなくても十分だ」と答えた」(モンテーニュ『随想録(エセー)』松浪信三郎訳、河出書房新社、二〇〇五年)。いわく、「常識の世界には記録の証拠などは無いから、忽《たちま》ちにして大きな忘却が始まり、以前はどうだったかを知る途が絶えて行くのである」(柳田『先祖の話』筑摩書房、一九四六年)、そして「事実日本の言語学には鍵の見付からない奥の扉がまだ有るのである」(「北海道の方言」『方言』一九三三年一〇月号)と。

「モダン語の世界」では、今は誰に知られていなくとも、様々な「言葉の遺産目録」が作成され、辛《から》くも遺ったものがあったことによって、当時の日本人の言語生活の一端を知り、いささかなりとも忘却に抗《あらが》うことができた。

そして、今。私たちは瞬時に現れては、瞬く間に言葉が意味を失っていく「インターネットの世界」の中を漂《ただよ》っている。そこにおける日本人の言語生活は、百年後、どのように読み取られることになるのであろうか。

言葉は月日と同じく百代《はくたい》の過《か》客《かく》であり、行き交《か》い、すれ違い続ける人と新語もまた旅人である。

あとがき

「毎回、目からウロコがボロボロ落ちる。」――岩波書店の月刊誌『図書』に連載した「モダン語の地平から」について、読者の方がブログにそのような読後感を書かれていると伝え聞いた。

もちろん、「※これは、あくまで個人の方の感想です。内容を保証するものではありません。」と通販番組の体験談紹介風に注意勧告しておかなければ、誇大広告となるに違いない。

ただ、敢えて個人的感想を書かせていただければ、何を隠そう、実は私自身が毎回同じような思いを重ねていた。それは始めのうちこそ、知らないことを知り得た歓《よろこ》びだった。時に驚き、笑い、呆れながら、貪婪《どんらん》なまでの吸引力をもって膨れていくモダン語の洪水に溺《おぼ》れそうな体験であった。

しかし、回を追うごとに、次第に歓びに戸惑いや懐疑が交じり、そして悔悟《かいご》へと転じていった。調べれば調べるほど、底なし沼に引きずり込まれていくような目眩《めまい》にも似た思いに打ちのめされていったのである。「ああ、この言葉、あの言葉に、こうした意味や他の言葉とのつながりがあったのか。それさえ知らずに、思想史を学んでいるつもりでいたのか！」

知り得たこと以上に知らないことへ興味が広がっていったことは、『図書』連載と新書を担当していただいた石橋聖名さんや『図書』編集長の清水御狩さんに提出していた予定項目にほとんど触れえないまま、一八回の連載が終わったことに示されている。

また、一回の掲載分のテーマで一冊の新書にもなろうかと思えるほどに史料が集まった回もあったが、とにかく指定枚数に収めるために削ったことで筋だけの読みにくいものとなった。『図書』の連載を始めるにあたっては、どのような光景が広がっているのか、未知の大地に当て所《あど》もなく踏み出し、どこかにあるはずの「地平へ至り、そこからまた歩み出す」瀬踏みにでもなればという期待を込めて「モダン語の地平から」と題した。だが、地平線はそこにあってそこにないように、「モダン語の地平」も近づけば更に遠ざかっていくように今なお思える。

＊

そもそも、私がモダン語の言霊《ことだま》に取り憑《つ》かれ始めたのは、京都大学人文科学研究所で二〇〇七年四月から始まった「第一次世界大戦の総合的研究」において、その戦争に着目する意義を「世界性」「総合性」「現代性(持続性)」という三つの基軸で捉えるという合意が次第に形作られていく過程においてであった。そして、最終報告を岩波書店から石橋さんの担当で『現代の起点　第一次世界大戦』(全四巻、二〇一四年)として刊行していただいた時から、それでは「起点となった現代」とは何を意味するのかという問いに対して、誰に問われなくとも自分なりの回答を用意できていなければ余りにも無責任ではないかと考えるようになった。

さらに、二〇一二年から鷲田清一氏を主査に、佐々木幹郎氏・渡辺裕氏が中心となって多方面の専門家を集めて開催されたサントリー文化財団の研究会「可能性としての「日本」」(その中間報告書は『大正=歴史の踊り場とは何か』講談社選書メチエ、二〇一八年)の末席を汚す中で、哲学や詩学や音楽をはじめとして様々な場面で使われる言葉が、いかに同時代の世界の世相や人情や文化の変転を映し出しているのか、またそこに時代を越えて通底しながらも新たな時代を切り拓いていく可能性がどのように潜んでいたのか、を教えていただくことができた。

人間やモダンを考えるには、「言葉で考える」だけでなく、「言語論的転回」以後の議論を踏まえながら「言葉を考える」必要がありはしないかと、遅ればせながら改めて痛感するようになった。

そして、人文科学研究所での最後の共同研究班「現代/世界とは何か?――人文学の視点から」において人文学のあり方について研究分野や年代を越えて討議を重ねていく中で、人々の生業《なりわい》や生活のあり方や喜怒哀楽などの感情を表す言葉が、「いかに造られ、いかに使われ、いかに消えていくのか」について、どれほど無知なままに「人文学」を考えてきたのかを思い知らされた。

そうした反省を踏まえて、二〇一七年二月の最終報告で「始まりの思詞学」というアイディアを提出し、退職後は思想史研究を方法論からやり直してみたいという漠然とした希望を述べた。

その会には石橋さんも出席されていて、私の漠然たる希望を形にすべく執筆の機会を清水さんと相談の上で『図書』に提供していただけることとなった。時には数ページ分も超過して削らなければならないこともあったが、温容と最初の読者として的確なアドバイスをもって対応していただいたお二人にはお詫びと御礼の言葉しか浮かばない。

また、これまで国内外における様々な研究会やシンポジウムなどで貴重な御教授をいただいた方々、そして異分野の研究者の方々との交流の機会を与えていただいたサントリー文化財団事務局の皆様には、御名前をすべて記す紙幅はありませんが改めて謝辞を記させていただきます。

さらに『図書』連載中、大浦康介・冨谷至・野村伸一氏からは肝要な示唆を、三原芳秋氏からは未知のハングル史料を提供いただいた。史料収集にあたっては大宅壮一文庫、日本近代文学館、国立国会図書館はじめ多くの機関の担当の方に御世話になりました。皆さま、本当に有難うございました。

＊

想い返せば、私の研究生活は、ポスト構造主義やポストモダンや脱構築やニューアカデミズム等々が喧伝《けんでん》され、それこそ一般読書界でもブームとなっていた時期に始まった。

アクロバチックなまでに同工異曲の「現代思想」なるものが、時流に乗った論者によって次から次へと量産され、「あたかもナナハンのオートバイにまたがってけたたましく疾駆《しっく》していった後で、イージーライダーになれない私はといえば、そのもうもうたる砂煙にまかれ轟音《ごうおん》に耳を聾《ろう》されながら、ただ「いや、それでも、私には人間と近代《モダン》がいまだに課題なんだ」と呟《つぶや》き、紙魚《しみ》に喰い荒された史料の中に帰っていくだけなのである」――そのように、『近代日本の知と政治―井上毅から大衆演芸まで――』（木鐸社）の「あとがき」に記したのが、一九八四年。

そこから発し、幾度もそこに立ち戻るということを繰り返しながら、問いは近代と現代の複層性をもつモダンとは何かへと広がり、早くも四〇年近くの歳月が経った。その間、様々な研究対象に向き合ってはきたが、何をテーマとしていても「モダンとは何か？」「そこにおける人間とは何か？」という問いは通奏低音のように、あるいは耳鳴りのように、緩《ゆる》やかなうなりとなって鈍く響いていた。その途上で「「近代」の奔流と逆流―六〇年代日本精神誌の一側面―」（富永茂樹編『転回点を求めて――一九六〇年代の研究』世界思想社、二〇〇九年）という粗雑なデッサンを試みたこともあった。

もちろん、いかに愚鈍な私でも、「人間とは、モダンとは何か？」といった原初的にして究極的な問いに、答えられるはずなどありえないという確信に近い思いはあった。

「モダンなどという悪夢から醒めよ」と、囁《ささや》く声を自らにかけたことも一再ならずあった。

ただ、目前に屹立《きつりつ》する登攀《とうはん》できそうもない壁や山が険しければ険しいほど、その頂から見晴るかす地平線はさらなる広がりをもっているのではないか、という夢想によって自らの無為を慰めてもきた。

それは私的な、あくまでも極私的な自己内対話に終始するしかなかった。抽象的ではあるが、T・S・エリオットの詩の一節を借りて書けば、それはどこまで行っても足がもつれるように「しがみつくこの根は何か」（「荒地」）と足下《あしもと》を確認し続けるような、もどかしい歳月だった。

他方で、流行の最尖端を行く「現代思想」なるものに強い違和感を抱き、あれほどブームや時流とは全く無縁に過ごしてきた身でありながら、流行語としてのモダン語に固執してきているのは何とも皮肉なことではある。自らに無いものに魅せられているのだろうか。

おそらく、「モダン語の世界」に私が生きていたとしても、率先してモダン語を使ったとは思えない。現在の私がそうであるように、反時代という断固たるスタンスも取れず、さりとて時好に投ずることなど更にできないまま眼前で展開していく事態に呆然《ぼうぜん》と立ちすくむしかなかったであろう。

そうした仮定はともあれ、本書は、四〇年前の私自身の問いかけに対して送る返書でもある。それは自らが貴重な時間をいかに徒過してきたか、「近代と現代という二つのモダンとは何か」と問いかけては一歩前進二歩後退を続けた結果として、どこまで退歩したのかを示すものである。「人は過《あやま》つがゆえに努力する」(ゲーテ)ことが要請されるに違いないとしても、遅鈍なる者の虚仮《こけ》の一念が、往々にして結実することなく虚無に終わることもまた否定しえない冷徹な事実である。

その事実を重く受けとめた上で、すがるような思いでW・ベンヤミンが「歴史の概念について」で取り上げたパウル・クレーの絵「新しい天使《アンゲルス・ノーヴス》」の像を、私は思い浮かべる。その天使の顔は過去の方に向けられ、楽園の方から吹き付ける嵐に翼を閉じることもできないという。

その姿が寓する意味をベンヤミンは、次のように読み解く。――「この嵐が彼を、背を向けている未来の方へ引き留めがたく押し流してゆき、その間にも彼の眼前では、瓦礫《がれき》の山が積み上がって天にも届かんばかりである。私たちが進歩と呼んでいるもの、それがこの嵐なのだ」(『ベンヤミン・コレクション1　近代の意味』浅井健二郎訳、ちくま学芸文庫、一九九五年）と。

あるいはここで「進歩」といわれている事象は、「モダン」と言い換えることができるかもしれない。そして、天にも届かんばかりの瓦礫の一つ一つが、「モダン語」とそれらによって指し示されていた事象や世相であったのかもしれない。ベンヤミンが示唆した「歴史の天使」は、こうして過去に目を向けたまま後ずさりしながら現在へ、そして明日へと押し流されていく宿命を負わされている。

結局、「歴史の天使」は、未来を見ることも創り出すこともなく、過去の瓦礫の山に何があったのかに目を凝《こ》らして確かめることしかできないのであろう。

そうであるとしても、その激風に抗して踏みとどまり、瓦礫のかけらの一片なりとも拾い上げ、こびりついた泥や埃を丁寧に拭い取りながら、それらの在りし日の姿形や面影を甦《よみがえ》らせて想像してみることも、時には誰かが試みてもいいのではないだろうか。

そう自らを納得させようとするのは、厭《いと》わしかったはずの過去の日々も愛《いと》しい思い出に転じてしまう、老残の身であるがゆえの戯《ざ》れ言《ごと》であり、幻想に過ぎないのかもしれないのだが……。

＊

そうそう、忘れるところであった。

「はじめに」で引用させていただいた長田弘《おさだひろし》氏の詩は、次のように続いて終わる。

まっすぐに生きるべきだと、思っていた。

間違っていた。ひとは曲がった木のように生きる。

きみは、そのことに気づいていたか？

サヨナラ、友ヨ、イツカ、向コウデ会オウ。

確かに、私は間違っていたようだ。それにようやく気づかされている。だが、もはや軌道修正はできそうにない。いつ訪れるかは不明だが、「向こうで友に会える」日を楽しみに待つしかない。

その今少し残された時間を、とうてい定論を得られることもなく、「永遠なる未完」に終わるはずの「モダン」、そして私にとってもう一つの課題語である「アジア」に、不器用なりにこだわって終えることができれば、と願う。こうして本書は、今一度、歩み直す復初のための前書きとなる。

老執は老醜そのもの、と自らを諫《いさ》めつつ、執着しながら終着に向かうために。

「過去は序言である」（シェークスピア『*The Tempest*（あらし）』）

「あらゆる時代は、自分の後に続く時代を夢見る」（ミシュレ「未来！　未来！」）

第一次世界大戦停戦記念日（Armistice Day）一〇二周年の日に　二〇二〇年一一月一一日

山室信一

主な資料および参考文献

本書で取り上げた様々なテーマに関連する史料や文献は、大量に及ぶため恐縮ながら割愛させていただきます。ここでは本文中で挙げた以外の、モダン語とその時代全般に係わるものをあげるにとどめます。

1 複刻・史料集

『近代用語の辞典集成』松井栄一・曽根博義・大屋幸世監修(全四〇巻、大空社、一九九四―九六年)。

『近代日本学術用語集成』(全四五巻、龍渓書舎、一九八八―二〇〇九年)。

『大正社会資料事典』(全四巻、日本図書センター、二〇〇二年)。

『昭和社会資料事典』(全三巻、日本図書センター、二〇〇二年)。

『日本世相語資料事典』(大正編・昭和戦前編、全七巻、日本図書センター、二〇〇六年)。

『近現代日本語辞典選集』(全四巻、クロスカルチャー出版、二〇二〇年)。

『近代庶民生活誌』南博ほか編(全二〇巻、三一書房、一九八四―九八年)。

『コレクション・モダン都市文化』和田博文監修(全一〇〇巻、ゆまに書房、二〇〇四―一四年)。

2 辞典・言語研究

あらかわ　そおべえ『角川外来語辞典・第二版』角川書店、一九八〇年。
石井久美子『大正期の言論誌に見る外来語の研究』三弥井書店、二〇一七年。

石綿敏雄『外来語の総合的研究』東京堂出版、二〇〇一年。

沖森卓也編『歴史言語学の射程』三省堂、二〇一八年。

加藤秀俊・熊倉功夫編『外国語になった日本語の事典』岩波書店、一九九九年。

樺島忠夫・飛田良文・米川明彦編『明治大正新語俗語辞典』東京堂出版、一九九六年。

窪薗晴夫『新語はこうして作られる』岩波書店、二〇〇二年。

陣内正敬・田中牧郎・相澤正夫編『外来語研究の新展開』おうふう、二〇一二年。

槌田満文『明治・大正の新語・流行語』角川書店、一九八三年。

飛田良文編著『英米外来語の世界』南雲堂、一九八一年。

松井栄一・曽根博義・大屋幸世共著『新語辞典の研究と解題』大空社、一九九六年。

吉沢典男・石綿敏雄『外来語の語源』角川書店、一九七九年。

米川明彦『明治・大正・昭和の新語・流行語辞典』三省堂、二〇〇二年。

3 論考・図版など

赤川学『セクシュアリティの歴史社会学』勁草書房、一九九九年。

天野正子ほか編『新編日本のフェミニズム』全一二巻、岩波書店、二〇〇九―一一年。

飯田祐子・中谷いずみ・笹尾佳代編著『女性と闘争』青弓社、二〇一九年。

石川桂子編『大正ロマン手帖』河出書房新社、二〇〇九年。

伊藤るり・坂元ひろ子・バーロウ編『モダンガールと植民地的近代』岩波書店、二〇一〇年。

茨城県天心記念五浦美術館『大正ロマン・昭和モダン――大衆芸術の時代展』(図録)二〇〇九年。

モダン語辞典一覧

ここには新語、新聞語などのモダン語に関係する辞典・語彙集などを挙げた。これらの辞典類は、現在、図書館などに架蔵されているものが少なく、複刻版も含め古書店でも入手困難なものが多い。幸い、国立国会図書館で順次デジタル化が進められ「デジタルコレクション」としてインターネット公開されているものもあり、アクセスに便利である。

なお、当該時期には、山田美妙編『大辞典』(嵩山堂、1912年)、上田万年『ローマ字びき国語辞典』(冨山房、1915年)、落合直文・芳賀矢一編『言泉：日本大辞典』(大倉書店、1921〜29年)、金澤庄三郎編『広辞林』(三省堂、1925年)、大町桂月・野崎小蟹共編『現代国語辞典』(岡村書店、1927年)、大槻文彦『大言海』(冨山房、1932〜37年)、平凡社編『大辞典』(平凡社、1934〜36年)、新村出編『辞苑』(博文館、1935年)などの国語辞典が刊行されており、モダン語も収録されている。

1. 辞典一覧

『日用舶来語便覧』棚橋一郎・鈴木誠一、光玉館、1912年4月。

『音引日用新辞典』中村呉東編、春昇堂出版部、1912年5月。

『文学新語小辞典』生田長江編、新潮社、1913年10月。

『外来語辞典』勝屋英造、二松堂書店、1914年2月(「新語小解」収載)。→訂正増補1916年2月。

『現代文芸新語辞典』大畑徳太郎(匡山)、西村酔夢・補、東条書店、1914年3月。

『ポケット顧問；や、此は便利だ』成蹊社編集局編、1914年4月→下中芳岳(彌三郎)・秋水東洋、平凡社、1914年11月。→訂正増補版1918年6月。→増補改版1919年7月。→大増補全改版1936年5月。

『日本外来語辞典』上田万年・高楠順次郎・白鳥庫吉・村上直次郎・金澤庄三郎編、三省堂、1915年5月。

『大日本国語辞典』全4巻、松井簡治・上田万年、冨山房・金港堂書籍、1915年10月〜1919年12月(「近代語・現代語」収載)。→修訂版1939年10月〜1941年2月。

『新式模範いろは辞典』岩崎臨洋・妹尾薇谷、駸々堂、1918年1月(「現代新語類例」収載)。

『新文学辞典』生田長江・森田草平・加藤朝鳥、新潮社、1918年3月。

『文芸新語辞典』小山内薫、春陽堂、1918年9月。

『新らしい言葉の字引』服部嘉香・植原路郎、実業之日本社、1918年10月。→訂正増補版1919年4月。→大増補改版1925年3月。

『現代新語辞典』時代研究会編、耕文堂、1919年2月。→改題『ポケット新語辞典』(時代研究会編、金龍堂・武藤書店、1923年1月)。→改題『現代新語辞典』(金子専一郎、金子出版部、1924年1月)。

『模範新語通語大辞典』上田景二編、松本商会出版部、1919年5月。→改題『新言海』(上田編、中央タイムス出版部、1920年5月)。→改題『新しい言葉辞典』(上田編、成光館出版部、1923年5月)。

『袖珍新聞語辞典』竹内猷郎編、竹内書店、1919年6月。→再増補1920年11月。→修正増補1923年12月。→訂正増補1925年12月。

『新語交り和漢大辞典』高木斐川、玉井清文堂、1919年8月。

『なるほど』松本重彦・伊藤尚賢編、一誠社、1919年10月(「最新語・新聞語辞典」収載)。

『新しい語のポケット辞典』芳野啓次郎、博多成象堂、1919年12月。

『現代日用新語辞典』小林鶯里(善八)編、文芸通信社、1920年2月。

『秘密辞典』自笑軒主人、千代田出版部、1920年6月。

『新しい主義学説の字引』勝屋英造、実業之日本社、1920年10月。

『新文化事彙』内藤智秀・山川康一共編、一誠社、1921年10月。

『よく使はれる外国語の字引』高橋謙三、中央出版社、1921年12月。

『新らしきことはの泉』芳賀矢一序・小林花眠、博進館、1921年12月。

『新式漢和大辞海』井上哲次郎監修・梶康郎、大日本教育書院、1922年3月(「新語要覧」収載)。

『現代智識是さへあれば』小泉準一、内外出版協会、1922年9月(「現代流行語辞典」収載)。→『現代智識是さへあれば』(新文化調査会編、文化書院、1922年10月)と同一。

『現代大辞典』木川又吉郎・堀田相爾・小堀龍二・阪部重寿共編、大日本教育通信社、1922年11月(「現代用語辞典」収載)。

『通人語辞典』勝屋英造、二松堂書店、1922年11月。

『日用百科知識の華』新知識研究会編、玉井清文堂、1922年11月。

『新しき用語の泉』小林花眠、帝国実業学会、1922年12月。

『近代語新辞典』坂本義雄、南郊社、1923年5月。

『現代語辞典』生田長江校閲・素人社出版部編、素人社、1923年12月。→改題『新らしい言葉の字引』(新語研究会編輯部、読書普及会営業部、1926年11月)。

『現代模範新語大辞典』積文堂編輯部編、積文堂書店、1924年4月。

『英語から生れた現代語の辞典』英文大阪毎日学習号出版部、大阪出版社、1924 年 7 月。→増補改訂版 1930 年 3 月。→改版増補版 1930 年 9 月。

『活用現代新語辞典』紅玉堂編輯部編、紅玉堂、1924 年 10 月。

『掌中新辞典』藤村作監修、至誠堂書店、1924 年 10 月。

『新らしい外来語の字引』田中孝一郎、実業之日本社、1924 年 11 月。

『現代語解説』上・下巻、文化之日本社編刊、1924 年 10 月・1925 年 2 月。

『掌中新辞典』飯田菱歌、藤谷崇文館(大阪)、1925 年 1 月。

『改造新語辞典』相田隆太郎編、新潮社、1925 年 4 月。

『掌中近代語辞典』大久保忠素校閲、文僊堂出版部、1925 年 4 月。

『最新現代用語辞典』小山内薫監修、秋山湖風・太田柏露共編、明光社、1925 年 5 月。

『最新社会大辞典』高木斐川、芳文堂、1925 年 6 月。

『新しい言葉・通な言葉・故事熟語　社交用語の字引』鈴木一意、実業之日本社、1925 年 11 月。

『英語から生れた新しい現代語辞典』上田由太郎、駸々堂出版部、1925 年 12 月。→改題『昭和現代新語辞典』(駸々堂編輯部編、駸々堂出版部、1928 年 11 月)。

『ハンドブック新語日用辞典』秋山五村、富田文陽堂、1925 年 12 月。

『文芸新語辞典』文芸時代編輯部編、金星堂、1926 年 5 月。

『デエリー新文化語辞典』高信峡水・谷口武、啓明社、1926 年 6 月。

『模範的現代語講義』文化之日本社編輯部編、偉大会・文化之日本、1926 年 7 月。

『新らしい言葉は何でもわかる』新語研究会編、ヤナセ書院、1926 年 7 月。

『外語から生れた新語辞典』国民教育叢書刊行会編、内外出版協会、1926 年 11 月。

『実際に役立つ新撰語の字引』森田芳男編、弘英社、1926 年 11 月。

『新しい語源解釈の字引』服部嘉香、実業之日本社、1926 年 12 月。

『常識百科精講』玉文社編輯部編、玉文社出版部、1926 年 12 月(第 18 編「新語の解釈」収載)。

『昭和百科現代の常識』秋山逸博・本田武次郎、中央書院、1927 年 3 月(「新らしい言葉」収載)。

『思想学説用語の字引』高木斐川、教文社、1927 年 5 月。

『昭和公民辞典―新しい民衆語の解』花岡敏夫監修・公民協会編、文泉社、1927年7月。

『日用語大辞典』芳賀剛太郎、誠文堂、1927年8月。

『現代語新辞典これさへあれば』上田万年・物集高見閲、文化出版社編刊、1927年8月。

『国語熟語新語外来語新時代語辞典』日本青年社編、大興社、1927年9月。

『机上便覧』中和書院編輯所、中和書院、1927年11月(「現代語辞典」収載)。

『音引正解近代新用語辞典』竹野長次監修・田中信澄編、修教社書院、1928年1月。

『新しい時代語の字引』実業之日本社出版部編、実業之日本社、1928年6月。

『新外来語辞典』有馬祐政監修・国語研究会編、富文館、1928年6月。

『文芸大辞典』菊池寛校閲・斎藤龍太郎編、文芸春秋社、1928年6月。

『新らしい言葉の早わかり新語辞典』本間晴、学而書房、1928年7月。

『新しい言葉の泉』高谷隆、創造社、1928年10月。

『近代社会語辞典』藤本勇、勇栄社出版部、1928年11月。

『新辞典』藤村作編、至文堂、1929年4月。

『特高新辞典』横溝光暉、松華堂書店、1929年4月。→改題『新特高辞典』(1931年11月)。

『社会常識辞典』法制時報社編、法制時報社、1929年9月。

『かくし言葉の字引』宮本光玄、誠文堂、1929年11月。

『現代常識国民百科大辞典』国民教育研究会編、国民書院、1929年12月(「現代新語辞典」収載)。

『熟語増補　明解漢和大辞典』小島文夫、春江堂、1929年12月(「現代語」収載)。

『新かくし言葉辞典』津田異根、博進堂、1930年2月(「モダン用語」収載)。

『欧文入　新語辞典』吉沢哲編、有宏社、1930年3月。

『現代新語辞典』東亜書院編輯所編、東亜書院出版部、1930年4月。

『最新外来語辞典』粟津清達編、先進堂書店、1930年5月。

『昭和新語いろは字典』東郷昌武・菊池武夫編、島鮮堂書店、1930年5月。

『時勢に後れぬ新時代用語辞典』長岡規矩雄、磯部甲陽堂、1930年7

月。

『プロレタリア文芸辞典』川口浩・山田清三郎、白揚社、1930 年 8 月。

『英語から日本語となつた新しい言葉の手引』小野半次郎編、先進堂書店、1930 年 9 月。

『綜合新辞典』大西貞治編、白星社営業部、1930 年 9 月。

『モダン辞典』モダン辞典編輯所編、弘津堂書房、1930 年 10 月。

『モダン用語辞典』喜多壮一郎監修・麴町幸二編、実業之日本社、1930 年 11 月。

『新時代の尖端語辞典』長岡規矩雄、文武書院、1930 年 11 月。

『国漢外語辞典』高野辰之・芝染太郎総纂、春秋書院、1930 年 11 月。

『片仮名でひく外国語辞典』松浦林太郎編、平凡社、1930 年 11 月。

『現代語新辞典』新井正三郎編、新井正三郎自治館、1930 年 12 月。

『全(オール)・外来語新辞典』横山青娥、交蘭社、1930 年 12 月。

『アルス新語辞典』桃井鶴夫、アルス、1930 年 12 月。

『モダン語辞典』鵜沼直、誠文堂、1930 年 12 月。

『社会科学小辞典』鵜沼直、誠文堂、1930 年 12 月。

『新聞語辞典(1931 年版)』竹内猷郎編、竹内書店、1930 年 12 月。

『尖端語百科辞典』早坂二郎・松本悟郎共編、尖端社、1931 年 1 月。→『モダン新語辞典』(早坂二郎・松本悟郎共編、浩文社、1931 年 10 月)と同一。

『これ一つで何でもわかる；附録付・モダン語と新主義学説辞典』小山湖南編、松寿堂出版部、1931 年 1 月。

『これ一つで何でも分る現代新語集成』小山湖南編、博隆館、1931 年 1 月。→『和英併用 モダン新語辞典』(小山湖南、金竜堂、1932 年 1 月)。→『社会百科尖端大辞典』(矢口速編、文武書院、1932 年 7 月)と同一。

『新撰現代語字典』伊林秀春編、伊林書店、1931 年 2 月。

『超モダン用語辞典』斎藤義一、中村書店、1931 年 2 月。

『モダン隠語辞典』 宮本光玄、誠文堂、1931 年 2 月。

『プロレタリア科学辞典』山洞書院編輯部(大木直太郎)編、山洞書院、1931 年 3 月。

『大阪毎日新聞スタイル・ブック』大阪毎日新聞社、1931 年 5 月(「支那現代語」収載)。

『ヤァ是は便利だ新しい言葉の字引：モダン語全集』正文館編、正文館書店、1931 年 5 月。

『実用新辞典：附・現代語辞典』酒井歌彦編、浩文社、1931 年 5 月。

『日本語となった英語』荒川惣兵衛、研究社、1931 年 5 月。

『ウルトラモダン辞典』酒尾達人編、一誠社、1931 年 6 月。

『日常便覧現代新語辞典』生田長江閲・第一教育出版社編、第一教育出版社、1931 年 8 月。

『いろは引現代語大辞典』現代新語研究会編、大文館書店、1931 年 10 月。→改題『モダン新語大辞典』(1932 年 5 月)。

『常用モダン語辞典』伊藤晃二、創造社、1931 年 10 月。

『モダン語漫画辞典』中山由五郎他、洛陽書院、1931 年 11 月。→改訂版、祥光堂書房、1932 年 7 月。→『モダン語新式辞典・改訂版』中山由五郎、文啓社、1933 年 5 月。

『分類式モダン新用語辞典』小島徳弥、教文社、1931 年 11 月。

『キング文庫新語新知識』淵田忠良編、大日本雄弁会講談社、1932 年 1 月。

『誰にも必要なモダン語百科辞典』斉藤義一、中村書店、1932 年 3 月。

『現代語大辞典』藤村作・千葉勉共編、一新社・白星社、1932 年 3 月。

『社会ユーモア・モダン語辞典』社会ユーモア研究会編、鈴響社、1932 年 4 月。

『最新百科社会語辞典』改造社出版部編、改造社、1932 年 5 月。

『モダン新語大辞典』モダン新語研究会編、大文館書店、1932 年 5 月。

『東奥日用語辞典』東奥日報社編刊、1932 年 6 月(「外来新語・時事日用語及日本新語」収載)。

『新文芸用語の字引』山田清三郎編、白揚社、1932 年 9 月。

『新文芸辞典』菊池寛、誠文堂、1932 年 9 月。

『ペン字入和英併用机上辞典』高野辰之編、東光社、1932 年 9 月。

『法律・経済・新語・俗語・同音語其他　日用大辞典』松華堂編、松華堂書店、1932 年 10 月。

『外来新語辞典』中目覚、博多成象堂、1932 年 12 月。

『モダン流行語辞典』喜多村壮一郎監修・麹町幸二編、実業之日本社、1933 年 1 月。

『一般社会必要新語辞典：附・ユウモア隠語集』赤爐閣編輯部編、赤爐閣書房、1933 年 1 月。

『近代文化小百科事典』日本辞書出版社編・刊、1933 年 3 月。

『ペン字草書入・和英併用最新辞典』中山久四郎編・井上高太郎、成光社、1933 年 4 月。

『新聞語』朝日新聞社編刊、1933 年 4 月。

『新聞新語辞典(1933 年版)』大西林五郎、日刊新聞通信社、1933 年 4 月。

『新聞語辞典』山下梅太・中国民報社編、中国民報社(岡山市)、1933 年 4 月。

『新式モダン語辞典』小坂潔、帝国図書普及会、1933 年 6 月。

『現代いろは大辞典・尖端的辞書』植松安監修・吉見文雄、忠文館書店、1933 年 8 月。

『最新現代語辞典』大島秀雄、素人社書屋、1933 年 9 月。

『新聞語辞典』千葉亀雄編、栗田書店、1933 年 10 月。→増訂改版 1936 年 10 月。

『新聞語辞典附録・隠語辞典』栗田書店出版部編、栗田書店、1933 年 12 月。

『日満英独仏モダン新語辞典』福田正人編、日本図書出版社、1933 年 12 月。

『最新日本百科精典・第 13 編・モダン語辞典』大京社編集部編、大京社、1933 年 12 月。

『国民百科新語辞典―小辞典全集・第 11 巻』新居格・木村毅監修、非凡閣、1934 年 3 月。

『時事新語解説』堀八州男編、暁星書房、1934 年 3 月。

『文芸辞典―小事典全集・第 8 巻』菊地寛監修、非凡閣、1934 年 6 月。

『一般的／共通的・誤字誤読モダン語の新研究』村井勝弥、日本文字研究社、1934 年 7 月。

『コンサイス常識百科事典』志賀哲郎編、和甲書房、1934 年 10 月(「モダン語辞典」収載)。

『布教百科大辞典・第 11・現代知識辞典』三井晶史・菅原法嶺編、東方書院、1934 年 12 月。

『隠語構成の様式幷其語集』樋口栄、警察協会大阪支部、1935 年 6 月。

『万国新語大辞典』英文大阪毎日学習号編輯局編、1935 年 8 月。→改題『世界新語大辞典』(1937 年 10 月)。

『現代新語大辞典』辞書刊行会編、秀文社、1935 年 8 月。

『現代新語小辞典』新潮社編輯部編、新潮社、1936 年 4 月。→増補版 1938 年 12 月。

『新語常識辞典』白星社編輯部編、河野成光館、1936 年 8 月。

『警察社会常識辞典』石崎魁、万世社、1936 年 9 月(「社会新語」「特

高用語」収載)。

『机上辞典入りモダン百科事典』日本辞書出版社編・刊、1937年9月。

『最新百科大辞典』愛之事業社編纂部編、愛之事業社、1937年10月(「新語辞典」収載)。

『時局解説百科要覧』下中彌三郎編輯、平凡社、1937年11月(「時局要語辞典」収載)。

『時局新語早わかり』片桐勝昌編、日本書房、1937年12月。

『現代常識新語辞典』新語研究会編、萩原星文館、1938年2月。→大洋社出版部、1938年5月。

『語源解説俗語と隠語』渡部善彦、桑文社、1938年4月。

『時局解説新しい問題と言葉の辞典』若山亀吉、東光社、1938年5月。

『新聞語解説』創造社編輯部編、創造社、1938年7月。

『国民辞典今日の言葉』関田生吉、厚生閣、1938年9月。

『毎日新語辞典(改訂五版)』英文大阪毎日学習号編輯局編、大阪出版社、1939年5月。

『現代常識新辞典』愛之事業社編纂部編、愛之事業社、1939年6月(「外来語辞典」収載)。

『戦時社会常識百科事典』志摩達郎編、研文書院、1939年7月(「現代新語辞典」収載)。

『机上辞典入りモダン百科事典』日本辞書出版社編輯部編、日本辞書出版社、1939年7月。

『日支英対照興亜新辞典』高野辰之編、成光館、1940年5月。

『続百万人の常識時局新語辞典』野田照夫、法学書院、1940年10月。

『新語と新形容』吉本英一、桑文社、1940年12月。

『新体制辞典』木下半治編、朝日新聞社、1941年4月。

『新聞雑誌語事典』植原路郎(武徳)、八光社、1941年8月。

2. 中国語・ハングル

『現代新語釈義』崔録東、京城・文昌社、1922年12月。

「モダン語辞典」『신민(新民)』1930年9月号、京城・新民社。

『日本現代語辞典』葛祖蘭編訳、上海・商務印書館、1930年10月。

『新語事典』青年朝鮮社編『青年朝鮮』1934年10月号附録。

『鮮和両引모던(モダン)朝鮮外来語辞典』李鐘極、京城・漢城図書、1937年8月。

「モダン文芸辞典」『人文評論』創刊号(1939年10月)〜第2巻4号

(1940 年 4 月)、京城・人文社。

3. 雑誌・年鑑附録

『知っておけば便利新しい言葉の辞典』『少年倶楽部』1925 年 3 月号附録、大日本雄弁会講談社。

『偉大臨時増刊現代新語集成(前・後篇)』偉大会編輯部編、1926 年 10・11 月、偉大会・文化之日本社。

「モダン百語辞典」『文芸春秋』1930 年新年号附録、文芸春秋社。

『モダン流行語辞典』『婦人公論』1930 年 11 月号附録、中央公論社。

「モダン日本辞典」『モダン日本』1930 年 11 月号、新太陽社。

『現代世相百番附』『実業之日本』1931 年新年号附録、実業之日本社。「モダン語番附」収載。

『現代尖端辞典・モダン現代人必携』『実業之世界』1931 年新年号附録、実業之世界社。

『若草文芸手帖』『若草』1931 年新年号附録、宝文館。「モダン千語辞典」収載。

『現代新語辞典』『現代』1931 年新年号附録、大日本雄弁会講談社。

『女学生モダン流行語辞典』『少女の友』1931 年 9 月号附録、実業之日本社。

『現代術語辞典』『昭和七年毎日年鑑』附録、1931 年 10 月、大阪毎日新聞社・東京日日新聞社。

『最新新語新知識』『現代』1932 年新年号附録、大日本雄弁会講談社。

『婦人必修モダン語辞典』『婦人公論』1932 年新年号附録、中央公論社。

『最新百科社会語辞典』『改造』1932 年新年号附録、水木鍊次郎編、改造社。

『新語流行語辞典』『婦人倶楽部』1932 年新 8 月号附録、大日本雄弁会講談社。

『青年男女必携・新釈流行語辞典』『新青年』1932 年 8 月号附録、博文館。

『新語早わかり』『新愛知』14775 号附録、1932 年 10 月 15 日。

『モダン常識辞典』『実業之日本』1933 年新年号附録、実業之日本社。

『新語新知識　附・常識辞典』『キング』1934 年 1 月号附録、大日本雄弁会講談社。

『日用三萬語新語辞典』『日の出』1934 年新年特大号附録、新潮社。

『誰でも知りたい今日及び明日の話題』『現代』1935年新年号、大日本雄弁会講談社。「新語・時局語解説」収載。

『モダン常識語辞典』『昭和十一年朝日年鑑』附録、1935年9月、朝日新聞社。

『ファシズム辞典』『改造』1937年新年号附録、改造社。

『店員常識新語解説集』『商店界』1937年4月号附録、誠文堂新光社。

『ニュース便覧一問一答新語新問題早わかり』『キング』1940年1月号附録、大日本雄弁会講談社。

4. モダン語関係・収載書

『敏郎対話一円札と猫』生方敏郎、日本書院、1918年。「現代語辞典草案」収載。

『ゆうもあ叢書3　モダン微笑集』春江堂編輯部編、春江堂、1929年。「モダン流行語辞典」収載。→『話のよもやま　暁』(浩文社編輯部、浩文社、1934年)所収「モダン流行語辞典」と同じ。

『尖端をゆくもの』小生夢坊、塩川書房、1930年。「尖端人新用語辞典」収載。

『現代人の生活指導』林恒彦、千倉書房、1930年。「現代尖端語辞典」収載。

『最も新しい昭和女子書簡文』井澤水葉、中村書店、1932年。「モダン用語辞典」収載。

『美しい口語体女子手紙とはがき』三宅やよひ、中村書店、1933年。「モダン用語辞典」収載。

『思想警察通論』　日本警察社編・刊、1933年。別冊附録「思想警察新語辞典」。

『小説作法講義』広津和郎、万昇堂、1934年。藤浦洸編「文芸辞典」収載。

『芸妓リーダー』平野徳次郎編、神戸市聯合検番事務所、1934年。「お座敷モダン語」収載。

『新女性手紙読本』新居格監修・伊藤貫一編、南光社、1934年。「新撰モダン用語」収載。

『最新中学百科宝典』大日本国民中学会編刊、1935年。「外来の新語」「社会語抄」収載。

『微笑・英語社交会話の手引』田中路三、太陽堂書店、1938年。「最新外来語辞典」収載。

モダン・ガール小辞典

「現代は結婚よりも職業の時代」(渋谷美容院)、「婦人成功の鍵・産婆又は看護婦が出世の近道で尊敬されます」(東京産婆看護婦講習会)、「婦人の職業として子供洋服が第一・百円の資本で立派に自活が出来る」(洋裁女学校)などの広告が婦人雑誌に載るようになったのは1920年代半ば。

フェミニズム(feminism)が「女権主義、女性礼讃主義と訳す。その内容は教育における男女の機会均等、同一労働同一賃銀、婦人参政権などである」(『モダン辞典』)と紹介されたのは1930年であった。

それから56年後の1986年に「男女雇用機会均等法」が施行されたものの、「同一労働同一賃金」などの実現はほど遠く、1989年には「セクハラ」が新語・流行語大賞に選ばれた。

この100年近い歳月の中で、女性に対する呼称や見方はどのように変化したのだろうか。

モダン語の時代を特徴づけるのは、新たな職業を得て、社会に進出し始めた女性たちの言動に着目する新造語の噴出という現象である。モダン語辞典だけでなく、壱岐はる子『エロ・エロ東京娘百景』(誠文堂、1930年・発禁)や酒井潔『エロエロ草紙』(竹酔書房、1930年・発禁)などにもガールに関連するモダン語が掲載された。そこでは従来タブー視されていた性的側面が解放されていく軌跡も映し出されている。

もちろん、戯画化され誇張された露骨な表現や実在の疑わしいもの、誤った解釈や「創作」と思われる記述も少なくない。ただ、モダン語には新聞・雑誌などの記事からは知ることのできない、女性の社会的進出に伴って現れた新職業や街頭に現れた光景、衣食住の生活風俗なども映し取られている。

ガールに対しては子、娘、嬢、姫、害有、蛙などの字が当てられ、ガアルやギアアルのほかガルやギャル(gal)、ガーリィ(girlie)などと発音された。

これらのモダン語からは当時の女性がどのように社会進出していったのか、それがいかなる差別や嘲笑の眼差しにさらされていたのかが推測され、日本におけるジェンダーやセクシュアリティにおけるバイアスの一端を窺うことができる。そこには、あからさまなセクシュアル・ハラスメントが表明されている語も多い。おそらく、モダン語辞典の男性執筆者の多くはそれが性差別《セクシズム》になるという認識もなく、読者もまた「言葉遊び」として受け取ったのであろう。しかし、それらの「性差別語」がいかにして通念や偏見となっていったかを直視することも、モダン語を扱う際には避けて通れないことを御諒解いただきたい。

語釈や語源の解説などは辞典によって異なる語も多いが、紙幅の関係でなるべく原文の記述を生かしつつ、公約数的な表現にまとめた。ただし、余りにも露骨な語は割愛し、表現を改めた箇所もある。★は山室による付記。

ア

アウタ・ガール　アウト・ゲームという拳闘に似た護身術を使う女性。

青バス・ガール　東京乗合自動車会社の青塗りバスの女車掌嬢。中には一家を背負って健気《けなげ》に働いているものもある。★青バス・ガールは制服の襟の色から白襟嬢とも呼ばれた。

赤襟嬢　①20歳未満の芸娼妓の異称。この年頃の芸娼妓は総て赤襟を着けるため。②女車掌。東京市営の自動車や電車の女車掌の制服の襟が赤だったことから広まった。★バスの女車掌は、1924年に東京市電気局(そのバス部門が東京市営自動車)の雇員として初めて採用された。

アヂ(ジ)・ガール　色仕掛けでうまく持ちかけて金にしたり、自己に有利になるように手練手管を用いる女。★アヂ(ジ)は煽動する、興奮させるアジテーション(agitation)の略。

アッパッパ・ガール　ワンピースの婦人用夏季簡易服であるアッパッパから、見るからにだらしない風体や無節操な女性を呼ぶようになった。

アッピール・ガール　魅力を盛んに発散して異性を悩殺する女性。

アド・ガール　①新聞雑誌の広告外交を専門とする職業婦人。②広告ビラを配る女性。

アド・マネキン　人形の代わりに流行衣裳などを身につけて、客の目を惹《ひ》き、その購買欲をそそらせる女性。「アド」は広告(advertisement)の略。マネキンは人体模型、案山子《かかし》。新しい婦人の職業でマネキン・ガールともいう。★女学生用語でマネキンは、おしゃれ娘。中味がないという揶揄《やゆ》を含む。

アナ・ガール　①女子のアナーキスト(無政府主義者)。②女性のアナウンサーで、アナ嬢ともいう。③劇場や競技場などのマイク放送係の女性。

アノコ　何とはなしに親しみと可憐さを感じさせる女性。★西條八十作詞『東京行進曲』(1929年)の「せめてあの子の思い出に」から来た新語。

アパート・ガール　文化貸部屋・アパート住まいの女。職業婦人が多い。1921年、桜楓会が女子アパート設立。★アパートはアパートメント・ハウスの略。多数の家族が住めるところから蜂の巣に喩《たと》えて「蜂窩《ほうか》式住宅」と訳され、「軍艦長屋」「文化式間借住宅」などとも呼ばれた。単身者専用の場合は「独身アパート」。日本初のアパートは、1910年、上野不忍池畔に建てられた木造五階建ての「上野倶楽部」で63世帯が入居できた。

アベック・ガール　Avec-girlで同伴嬢。金を貰って男子の散歩に恋人然と同伴する女性。

アマチャン　ドイツ語のAmazone《アマゾーネ》(勇婦、女丈夫)から転じ、シネマも見ず、スポーツもわからず、おしゃれもしなければマルクス主義も知らず、ひたすら試験の点ばかりにキウキウしてガチガチ勉強しているような女学生。

アメチョコ・ガール　①飴菓子工場の女工。②甘ったれる小娘。★アメチョコは飴とチョコレートではなく、「小さい」を意味する「ちょこ」から「小さな飴玉」をさした。

アンチステッキ・ガール　男性がステッキ代わりに女性を連れて歩くのに対し、男をハンドバッグ代わりに連れ歩く女。★相手の男性は、ハンドバッグ・ボーイやオペラバッグ・ボーイと呼ばれた。

アンチモダン・ガール　非現代式娘。純粋の日本式娘さん。

アンナイ・ガール　劇場や真っ暗な映画館で小さな懐中電灯をつけて客を席まで導く案内嬢。その瞬間、客とガールの手はしっかりと握られている。その間たった一分間の果《はか》ない恋。★劇場の案内係は、席案内のほか、脚本・筋書きなどを抱えて売り歩いた。

イケミグサ　美人で浮気な女性。蓮っ葉女と同意語。蓮の異名である「池見草」から。★「蓮っ葉」は、蓮の葉が絶えずゆらめいていることから、女性の言動や態度が軽薄なさまをいう。

イタハリ・ガール　逢い引きをする紡績女工。★板張は紡績工場で布を洗い糊付けして板に張り、しわを伸ばす作業。この作業には男女が共に携わることから、出会いの好機となっていた。

イット・ガール　性的魅力たっぷりの女。エロ的な娘、艶っぽい娘。

イデオロ姫　マルクスがどうの、イデオロギーがどうの、新時代の女性はどうの、などと理屈だけは立派な尖端的なことを一人前以上に喋るが、いざ実際のこととなると手紙一本満足に書けないモダン・ガールのこと。マルクス・ガール、エンゲルス・ガールともいう。

イレズミ・ガール　刺青をしている女性。毒婦型の女性。

ヴァンプ(バンプ)　ヴァンパイア(vampire)の略。①妖怪や妖婦の役を得意とする活動女優。②吸血鬼の意味から転じて、媚態をもって男を悩ます凄腕の女または男たらし。「ヴァンプる」で「妖婦じみた、又はぶった行為をすること」。★対語の女たらしの男性は、メール・バンプmale-vamp。

ウインド・ガール　陳列窓の付近で半広告的に勤務するタイピスト。

ウーピー・ガール　アメリカの喜劇「ウーピー(Whoopee)」で、舞台上で叫んだ声から流行語となった。ここからジャズ・ダンス・ドライ

ブ・演劇・飲酒などに興じる娘をさす。フーピー・ガールともいう。

ウエイトレス　女ボーイ、女給仕。今日では主にカフェーの女給をさす。waitress。★その実態については、村嶋帰之《のりゆき》『カフヱー』(1929年)が詳しい。1922年大阪では待遇改善を求めて「女給同盟」が組織された。1930年、広津和郎が『婦人公論』に連載していた小説「女給」をめぐってモデルとされた菊池寛と中央公論社が対立した事件で女給に注目が集まった。

ウオーク・ガール　女工。働いてパンを得る女。★ウオークは、ワーク(work)の転訛。

ウケツケ・ガール　会社の受け付け係の女性。

ウルトラエロ・ガール　極端に性的魅力をもつ超エロガール。殺人的魅力を持つ女。

ウルトラセンタン・ガール　超尖端娘。ウルトラモダン・ガールより更に尖端的な近代娘。

ウルトラモダン・ガール　超現代式女。モダン・ガールにもう一つ輪を掛けた娘。ウルトラ・モガ、ウルモガともいう。

エア・ガール　和製英語だが逆輸出されて英米でも使われた。①旅客飛行機専属女案内人。飛行機のお客に対し下界の風景説明、お茶などのサービスをなすモダン天女《てんにょ》。エアー・ガール、エーア・ガールともいう。最尖端の婦人の新職業。②女性飛行士。③男性飛行士の女助手。④軽く飛び回ることから軽佻な娘。★①のサービス・ガールは、1931年に東京航空機輸送会社が東京・清水港の間の定期航路で実施するために3名を採用した。婦人職業新戦線の最尖端を行くと応募者も殺到したが、危険で給料が安いとしてすぐに辞職に至った。②の飛行免状をもった女性飛行士は、1925年当時で2名。

エア・バイセクタース　脚を高く振り上げて空気を両断する人(air-bisector)から転じて、ダンサーや舞踏家の女性。

エア・マネキン　飛行機上から商品の広告ビラまきを行うスピード時代の新職業婦人。

エキストラ(エクストラ)・ガール　①臨時雇いの端役女優。エクストラレデーともいう。②時間外に臨時のサービスをする女給。

エバー・レデー　万年新造、年をとってもいつまでも若々しい婦人。「万年娘」ともいう。

エフ　色っぽい姿態をして情的気分を挑発させる女。英語 feminine(女性らしい女)の頭文字から。

エプロン・ガール　エプロンは前垂、前掛の意。これを着用している娘のことで即ちウエートレス、給仕女、女給。

エレベ(ヴェ)ーター・ガール　昇降機(エレベーター)運転係の女性。ス

マートな洋装に可愛い帽子を被り、男子の職業戦線を盛んに占拠しつつある。略してエレガール、エレちゃん、エレ子。★昇降室・エレベートルとも呼ばれたエレベーターの設置は1890年、浅草に開業した凌雲閣が最初で、エレベーター・ガールは1929年松坂屋上野店で初採用(大阪の百貨店と記す辞典もある)。「自動式階段」とも呼ばれたエスカレーターの常設は1914年に新設開店した三越呉服店が初め。

エロ・ガール　色気を発散する女性。エロを売りものに客を呼ぶ娘。必ずしも娼婦とは限らない。

エログロ・ガール　色情的猟奇感をそそる女性。または変態性欲的な女性。

エロ姫　色気のある職業婦人。またはエロ的な雰囲気をもった娘。

エロヒャク・ガール　エロ百パーセントの色気たっぷりな娘。

エン・ガール　一円で所定の距離を一緒に歩く女性。

エンゲルス・ガール　①社会科学を研究する女。②マルクス・ボーイの対語。分かりもしないのにマルクスやエンゲルスの経済学や社会主義にかぶれる少女。エンゲルガールあるいはマルクス・ガールともいう。

エンタク・ガール＝①市中を流している料金均一の一円タクシー(円タク)に乗り込んでお客を拾うためのマネキンとして働く女性。②女性の運転助手や運転手。★「円タクも大阪からはじまり、車のいいのも東京の比ではない」(安藤更生『銀座』1931年)とあるように円タクは1924年大阪で始まり、26年に東京でも現れた。しかし、1930年に不景気で客が激減すると料金が半額や割引となり、「半円タク」や「銭タク」と呼ばれた。

円太郎嬢　東京市営の乗合自動車が円太郎と俗称されたことから、その女車掌。★明治時代に落語家の橘屋円太郎が高座でラッパを吹く真似で評判を取ったことから乗合馬車を円太郎馬車と呼んだ。ガタ馬車ともいわれ、乗り心地の悪さからバスにも転用された。

オークション・ガール　競り売り市場で客引きや売買をする女。

オート・ガール　自動車に同乗して一定の時間をドライブして男子から賃金を得る新職業婦人。ドライブ・ガールに同じ。またバス・ガールと同じく女車掌をもさした。

オーライ・ガール　「ストップ、オーライ、オーライ」を極めてあざやかに言う乗合自動車の女車掌。発車の時には必ず「オーライ」と合図するため「オーライねえさん」とも呼ぶ。昔は市営バスの「オーライガール」は紺サージに赤襟だったので赤襟嬢と呼ばれたが、今は白い襟でシックな服装をしている。団結力が強く争議の際などには、男も負かす威力を示す。★「オーライ」は英語のall rightの転訛。

オール・モーション　四方八方に誰彼の区別なく、誘惑的なモーション

を投げる女。八方美人どころの騒ぎではない。★英語 motion は、モダン語では「モーションをかける」などと使われ、「異性の気をひく行動をする。相手にさぐりを入れる」ことを意味した。

オカチン・ガール　いつも仲良くくっ付いている同性愛の少女。レスビヤ・ガールに同じ。オカチンとは餅のこと。

オシャク・ガール　お酌嬢。芸妓。二上《にあが》り三下《さんさが》りの代りに「慶応の宮武いいわね、早大の多勢《たせ》は…」などとスポーツの話をするのが現代の雛妓《おしゃく》ガール。★二上り三下がりは三味線の調弦法。新内などで使われた。

おはね姫　パタパタと華やかに、あどけなく、色気をふりまいて、跳ね回る娘。フラッパーの日本語訳。おはねさん、おはね女ともいう。

オフィス・ガール　女事務員。サラリーが平均 30 円という所から別名を 30 円ガール、サーチーエン・ガールともいう。★1928 年ごろの女性事務員の平均給与は 30 円前後で、男性の給与の 3 分の 1 から 3 分の 2 程度というのが普通だった。

オフィス・ワイフ　若くして、美しくて、怜悧《れいり》で、健康で、親切で、事務も手伝ってくれれば、コートも掛けてくれるといった「準奥様的彼女」。悲しいことに大衆的ではなく、役員級以上でなければ与えられない伴奏である。転じて、資産家の情人や妾にも用いる。

オペチョコ・ガール　おしゃまで新しがり屋で生意気で蓮っ葉な 20 歳以下の少女。★「オッペケペ」のオペと「オッチョコチョイ」のチョコとを合わせた語と説く辞典もある。

オペラ・ガール　①歌劇好きの女。②歌劇女優。

オメサン　お妾から転じて上級の者が同性愛的に愛する下級の美少女をさす。また、同性愛者をいう。

女車掌嬢　列車や電車などの婦人の車掌。★列車乗務員としての女性は 1902 年に讃岐鉄道、1906 年に南海鉄道が列車給仕として採用していたが、女性車掌としての採用は 1918 年の美濃電気軌道が初だった。国鉄での採用は 1944 年。

女ボーイ　女のような男子ではなく、ウエートレス。給仕人を意味するボーイを女性が担当することから女給仕(人)。★レストランなどの女給仕(人)は単に注文された料理を運ぶだけだが、カフェーで働く女給は客席に座って接待や給仕をしてチップを得た。

カ

カード・ガール　カード式記帳事務を取り扱う女事務員。伝票などを整理する女性。

ガイド・ガール　客の求めに応じ、話相手となり土地の名所案内をする

女性。女子の新職業として、熱海、別府その他に現れた。案内ガール。

カウボーイ　英語のcowboy(牧童、牛飼い)ではなく、「男《ボーイ》を飼《カウ》う(買う)」女性。

カウンター・ガール　女勘定係。女帳場。

家政婦　家政を監督・管理するために雇い入れる婦人。家事手伝いに雇われる娘。ハウス・キーパーともいう。

ガソリン・ガール　街の辻々の小さな硝子《ガラス》の家にいて、軽快で朗らかな小鳥のような敏捷《びんしょう》さをもって自動車にガソリンを注ぎ込むガソリン売子嬢。「又きてね」と去り行く自動車にベーゼ(接吻《キス》)を投げかける無邪気さには運転手君ワザワザ回り道をしてまでも又来ないではいられぬという。そこで彼女の売上げ百パーセント。朝は8時から夕方6時まで、ガソリン・スタンドの横の小さな家に一人で勤めているので、色々と面白いローマンスが生まれている。交通地獄でのアオシス嬢。★ガソリン・スタンドは和製英語で、英語ではfilling station, service station またはgas station(アメリカ)、petrol station(イギリス)。またベーゼは、フランス語のbaiserで接吻の意味。

カヂノムスメ　浅草のカジノ・フォーリーで人気のある花形踊子・女優。

カチューシャ女　①トルストイの小説『復活』の女主人公のように流転して歩く女性。②恋に泣く若き女の代名詞。★ともに「カチューシャの唄」(島村抱月・相馬御風作詞、中山晋平作曲)の歌詞「ひろい野原をとぼとぼと　ひとり出ていく(ララ)あすの旅」「つらいわかれの　涙のひまに　風は野を吹く(ララ)日はくれる」などによる。

カッパゾク　①断髪のおかっぱ頭をした女性の集団。②河童《かっぱ》のように泳ぎの上手な娘たち。

家庭手　①女中や女中さんが差別的な呼称だとして作られた新称。②派出婦会からすれば、派出婦だが、雇う方では派出婦では意味が通らないとして作られた新語。

カフェー・ガール　女給、ウエーター、ウエートレス、サービスレデー、女ボーイなどの別名がある。★1929年年8月の警視庁統計では、東京のカフェー店数は6187軒、女給数13849人とある。カフェーは、コーヒー店のほか酒食を提供する店もさす。

カフェー・フラワ　カフェーの花(フラワー)。花形女給。話題でもサービスでも断然頭角を現すカフェーで最も華やかで勢力のある女給。

カブキ・ガール　歌舞伎俳優以上に黒々の眉墨、真白な白粉、真っ赤な口紅をつけるなどフランス国旗式の物凄い化粧をしてすましている女達。女優をまねて濃厚に化粧する娘。

カルピス・ガール　思春期に達した娘。初恋の味を知りはじめた少女。

★乳酸飲料名のカルピスはカルシウムと熟酥《じゅくそ》の意味をもつサンスクリット語・サルピスの混成語。1922年4月に「カルピスの一杯に初恋の味がある」という新聞広告から「初恋の味」とともに初恋という言葉が広まり、カルピスという語も「甘酸っぱい恋愛」の意味で使われた。

カレッジ・ガール　女子大学生。

頑張りガール　1933年の松竹少女歌劇部争議で湯河原に立てこもった争議団側に同情が集まり、闘争を続けた水の江瀧子らは「頑張りガール」、会社側に帰参した女性達は揶揄《やゆ》的に「お詫びガール」と呼ばれた。★この争議は、男性労働者による「赤色争議」に対して「桃色争議」と称されたほか、水の江瀧子の愛称に因んで「ターキー・ストライキ」として注目を集めた。

カンバン・ガール　看板娘。★看板がネオン・サインになるとサイン・ガールとも呼んだ。

キッス・ガール　接吻を売る女。またエロ・ガールの意にも用いられる。横浜では消毒ガーゼを口につめてキスを販売したという。モダーン・キッス・ガールともいう。

キッチャ・ガール　喫茶店の女給仕。★1905年末に銀座で開業した台湾喫茶店が初めて喫茶店と称し、コーヒー・紅茶ではなくウーロン茶を提供していた。喫茶店は、当初は「きっちゃてん」と呼ばれていた。

キネ・ガール　女子の映画愛好者・映画ファン。シネ・ガールともいう。

キネマ・ガール　尖端的職業の一。男性の要求に応じて映画館にお供して幾時間かのお相手をするのである。このキネマ・ガールの資格としては勿論美しい事が第一であるが、それに多少の教育があって男性の話し相手になり得、しかもエロ的でなければならない。

キネ魔ガール　映画のワンサ・ガールの中で教養や資産をもつというプライドの高い女優。

ギャール　あまえっ児。ギャアギャアと騒がしい甘えっ子。わがままな女性。ガールをもじった語で女性を悪くいう時に限って用いられる。★1972年にジーンズメーカーのラングラーが女性用ジーンズを「ギャル」と名づけて売り出した。その後、「キャンパスギャル」「こ(高校生)ギャル」、外国語に堪能な若い女性をさす「バイリンギャル」、中年男性と同じような言動をする「オヤジギャル」などの混成語が現れた。なお、「オヤジギャル」の対語は「オバサンボーイ」。

キャッシュ・ガール　女子の金銭出納係。キャッシュレジスターを扱う女性。女キャッシャー、女カウンターともいう。

キャラメル・ガール　①異性に未だ関心を抱かない少女。②キャラメルを包装する女工。

ギャルソンヌ　フランスの小説家マルグリットの作『ラ・ギャルソンヌ』から出た言葉。男のような女。変性男子。その言語、動作、服装などすべて男そっくりな独身の娘。女だてらに酒も飲めば煙草も喫《す》い、時にはカフェーで管を巻く。頭は極端な断髪のギャルソンヌ刈りで「女を忘れた彼女」とも呼ばれる。★2013 年のテレビドラマから生まれた「オス化女子」という流行語に近い意味合いかもしれない。

キャンプ・ガール　夏季キャンプが好きな娘。またはそこで春を売る女。

クッション・ガール　羽蒲団のようにやわらかく、しかも艶麗《えんれい》にしてクッションの代りに心身を休ませてくれる女性。サービス百パーセントの女給。第二号(妾)の女性もさす。

クヤシガール　文字通り、男女交際において男に騙《だま》されて「口惜しがる」女性。

クリーニング・ウーマン　掃除婦や掃除を得意とする家政婦をさす。

クロペチャ・ガール　色が黒くてペチャクチャうるさく喋る 14 才から 18 才ぐらいまでの娘。

ゲイシャ・ガール　①芸妓。②芸者学校に学んで、ダンスもすればジャズも演奏する芸者。オシャク・ガールともいう。★カフェーやバーに出る芸者は「モダン芸者」と呼ばれた。

ゲーム・ガール　撞球場のゲーム取り女。ビリヤード・ガールともいう。

コイル・ガール　電機工場の捲き線女工。捲き線ガールともいう。★英語の coil-girl から。

コーラス・ガール　①合唱少女。オペラなどで合唱を歌う少女。レヴューで唄う娘。②端役の女優・踊り子。③集まってペチャクチャと盛んにお喋りする女店員や女学生。

コーラス・ビューチー　美しいコーラス・ガールのこと。

コケット　粋な、おしゃれなどの意味のフランス語 coquette から、モダン語では男たらし、なまめかしい女、手練手管《てれんてくだ》に富む女の意味で使われる。

ゴシック・ガール　①群衆の中で一きわ目立つ姿態をしている女性。②敬虔にして宗教的な感じのする女性。★ゴシック(Gothic)はゴチックとも発音され、①は線が一様で肉太の活字書体から、②は建築様式・美術様式から発想された。

ゴシップ・ガール　新聞・雑誌のゴシップ欄でとかく問題となる女性。

コピー・ガール　文筆派出婦。雑誌社などの求めに応じて原稿浄写などをして報酬を得る職業婦人。★1930 年、菊池寛が文芸春秋社内に「文筆婦人会」を組織し、口述筆記や翻訳などを担当する「文筆派出婦」を育成した。この中に石井桃子、中本たか子もいた。

ゴルフ・ガール　①ゴルフ好きの女。②プレーヤーのクラブを運んだりする女性。

コンパニ・ガール　会社(company)ガールだが社員ではなく、銀行や会社などを回り歩いて重役などにエロを押し売りする女性。会社ゴロの凄味をエロで行く、不景気とエロ時代が生んだ珍職業婦人。

サ

サーカス・ガール　①曲馬団の女。②小屋がけの巡業見世物の女芸人。★「旅の燕《つばくら》　寂しかないか　おれもさみしい　サーカスぐらし」と松平晃が歌った「サーカスの唄」(西條八十作詞・古賀政男作曲)が発売されたのは1933年5月。

サーバント・ガール　女中。食堂などの女給仕。仲居。メードサーバーともいう。

サービ(ヴィ)ス・ガール　①女給、仲居。②銀座通りやデパートの入口に立ち、依頼によって書状の受け渡しや伝言などを職業とする実在のガール。③1934年2月、東京市営バスに初登場した補助の女性。④食堂などの女給仕。女給、仲居。★上品にいう時は「サービ(ヴィ)ス・レデイ」と注記する辞典もある。

サイレン・ガール　正午のサイレンが鳴ると昼間の休憩時間を利用して恋を売るビジネス・ガール。

サイン・ガール　①店の看板娘。②スポーツ選手や男優などのサイン集めに熱中する娘。

ザダン・ガール　座談嬢。文学芸術の話から政治経済の主義学説そして漫談でも何でも来いの口八丁式のインテリ職業婦人。雑誌社の座談会などに雇われる婦人は座談会ガール。★雑誌に「座談会」と銘打って初めて掲載したのは『文芸春秋』1927年3月号。『婦女界』の「座談会」も人気があった。

サブ・ガール　地下鉄嬢。地下鉄の女事務員、案内嬢。★1927年12月、日本初の地下鉄が上野―浅草間に開通したときは「地下鉄道」と呼ばれた。

サラリー・ガール　女月給取。女事務員等でビジネス・ガールともいう。

サラリ・ウーマン　職業婦人。女サラリーマン。女性俸給生活者。★「安く使えて、おまけにハイハイと云《い》うことを素直に聞くので、評判の良い「職業婦人」のこと」と『モダン語漫画辞典』は記している。

サロン・ガール　社交的集会などに何をおいても出席する派手好きの女。

サンガー・ガール　産児制限を実行して奔放に振る舞うモダン・ガール。

サンマー・ガール　夏の薄着の女のように、ほとんど裸体のような挑発的な薄着をして闊歩《かっぽ》し、道行く男を悩殺している尖端娘。★summer-

girl の転借語。

シー・ガール　海水浴場の女性。また海上に乗り出して船員や船客を相手にエロを売る女。

シーズン・ガール　夏になれば海水浴場、冬になれば温泉地、春秋の好シーズンになれば遊山地にといった風に、四季とりどりに職場を変える仲居または売笑婦。

シガー・ガール　紙巻きタバコ(シガレット)を吸う女性に対し、高価な葉巻(シガー)を吸う女。ただ、「今では 1 本 5 銭からあるから、何もそんなに大層がることはない」とされる。

シケーダ・ガール　①蟬《せみ》(cicada)が鳴くように至って口やかましい女性。②蟬の羽根のような薄物の服を着て曲線美を露わにし、挑発的態度を示す女性。

シック(シーク)・ガール　粋な現代娘。モダン・ガールよりも尖端を行く上品な感じのする娘。新時代的に洗練された女性。★仏語シックと英語ガールの混成語。

シネ・ガール　映画好きの娘。女の映画ファン。キネマ・ガールに同じ。

ジプシー・ガール　モダン語のジプシーは放浪生活とその人をさした。しかし、ジプシー・ガールは日本各地さらには海外にまで出かけて果敢に見聞を広げる女性放浪詩人の美称とされた。

シャボン・ガール　①石鹼工場の女工。②シャボン玉のようにはかなく消え去る空想を追う女。③議論好きで口角泡を飛ばす女性。

従業婦　喫茶店・カフェー・酒場・おでんや等で客の酒間を斡旋する婦人。女給もしくは接待婦と称していた職種に対し、1933 年 2 月に改称するとされた。

シュール・ガール　超現代女。ウルトラ・ガールに同じ。

ショウヒンキッテ・ガール　デパートの商品券(商品切手)を 1 円について若干銭の手数料で交換する事を職業とする女で、1931 年春に東京駅頭に出現したが、交通妨害の理由で東京駅から退去を命ぜられた。

ショー・ガール　①展覧会、共進会などの女監視人。②看板娘。

ショーファー・ガール　フランス語の男性運転手ショーファー(chauffeur)から、女子の自動車運転手や助手。★1917 年 9 月、女性に初の運転手免状が下付された。

女給　①カフェーなどの女給仕。ウエートレス。②映画館の女案内人。

職業婦人　家庭婦人(女房)、労働婦人(女工)に対し、自由職業および俸給生活の婦人をいう。女事務員・タイピスト・看護婦・電話交換手など各自に職業を有し、その職業により定額の給与を受けて、生計を立てまたこれを補う婦人。有職婦人ともいう。★『新聞語辞典』(千葉亀

雄、1933年)には、「日本の職業婦人の数は現在三十万人位」と記されているが、根拠は明らかでない。当時は農業・商業はじめとして家事などに給与を貰うことなく、女性のほとんどが家庭内で労働に従事していた。また、「居職《いじょく》」(裁縫師など家庭で仕事をする職人)や内職で生活費を得る婦人も多かったため、職業婦人や有職婦人は不正確である。ただ、当時は、会社や工場など家庭外で働く夫が増え始めたことから、専業の「主婦」や「家庭婦人」という言葉などと対比的に用いられていた。

職女　男性の工場労働者を職工と呼ぶのに対応して、女工を避けて呼ぶ。

助産婦　産婆のこと。昔は老婆だけであったが、近時若い婦人も産婆になるところより、新しくこの名が生まれた。

ショップ・ガール　百貨店や商店の売り子女店員。17、18歳の若い娘さんが、紫や緑色の事務服を着て働くことは、第一次世界大戦後の新現象。女店員に近代的な美人が多いので、今はショップ・ガールの時代だなどといわれる。ショップメードも同じ。

シルク・ガール　絹糸宣伝のマネキン・ガール。1933年夏のシカゴ博覧会に派遣された片倉製糸の秦女史、郡是《グンゼ》製糸の森女史を以て嚆矢《こうし》とする。「生糸使節」とも称された。

シロネズミ・ガール　白粉、口紅の美しい顔をしながら売り上げ金をごまかす女販売係。★白鼠は大黒天の使いで、その家は富むとされた。転じて忠実な奉公人をさすが、ここでは「鼠が塩を引く」の古諺から少しずつでも度重なって大金となるとの意味をかける。

シンギング・ガール　歌妓。芸者。シンガーやドイツ語風にジンゲルまたはゲイシャ・ガールともいう。

ジンケン・ガール　人絹は人造絹糸。腰巻から着物、羽織に至るまで人絹づくめといった工合に見栄ばかり飾って、実質の空っぽな女。ごまかし主義で実の無い女性。レーヨン・ガールともいう。

スイート・ガール　尖端婦人の新職業で、会社直属のマネキンといったようなもの。マネキン嬢ほどにコケティッシュでなく、明朗・快活な女性。会社より派遣されてスマートな洋装で販売店の店頭に立ち、いつもスイートな笑顔を見せながら製品の宣伝等を行う。

スイエイ・ガール　映画劇中に半裸体の水泳着で現れる女優。

スウィート・ガール　菓子屋のマネキン式売り子。★1932年の森永キャンディーストアによる第1回募集には600名が応募し、5人が選ばれた。その後も応募者が殺到し、「お菓子を通した社交界の麗人」と呼ばれる花形職業となった。

スキー・ガール　女スキー狂。モダンなスキージャケッツ、頸巻を伊達に後へ巻き、技術はともかく恰好《かっこう》だけは一人前の女スキーヤー。

スクール・ガール　ショートスカートのユニフォーム、真っ黒の顔で闊歩する現代の女学生。潑溂《はつらつ》たる元気に満ちている。

スクリプト・ガール　①映画監督の下でその仕事の一部を助けてゆく尖端的な婦人。1931 年には日活に 2 人いるだけだった。② 1933 年ごろ松竹蒲田撮影所で採用した女子脚本係り。新時代尖端をゆく婦人新職業。かくして男子就職の分野へ婦人が侵略して拡大強化してゆく、まさに男子恐怖時代を現出している。③転じて、他人様のことをあれやこれやと批評する女性。

スコーア・ガール　撞球(ビリヤード)、ベビーゴルフなどで競技者の得点を数え、記録する女性。

スタンド・ガール　①酒場、カフェー専門の客引き女。②食卓台《スタンド》の間に立ってサービスをする飲食店のマネキン・ガール。③大阪地方で流行している最新の職業。デパート、停車場等の繁華な地点にあって、掲示板の代用をなす。即ちこれに手紙を預け、又は用件を話しておき、やがて来るべき相手の者に伝達させる。スマートなユニフォームを着て鞄を提げている。「生きた告知板」と別称される。

スタンド・フラッパー　試合のあるたびに野球見物に出かけるモダン・ガールを嘲った語。

スタンプド・ガール　相手が決まった女性。非処女。サイン・ガールも同じ意味で使う。

ステーヂ・ガール　舞台女優。女流舞台舞踏家。

ステタ・ガール　節操や貞操などを「捨てたガール」と奔放な女性を語呂合わせで呼ぶ語。★星製薬に勤める女性を「星ガール」と呼ぶのも「欲しがーる」とかけた造語であろう。

ステッキ・ガール　職業的に街頭散策のお供をする女。初めは空想的産物であったが、それに誘発されて銀座街頭にトップを切ったものがある。和製英語としてアメリカからイギリス、フランスにまで伝わったという。略称は「スガ」。★ガールを付けずステッキだけで、共に歩む際の補助という意味で「妻君・配偶者」をさして使われると記す辞典もある。実在性を疑う声もあったが逮捕者についての新聞記事もある。1930 年、銀ぶらガイド社婦人部が「ステッキ・ガール」を採用したが、これは 1 時間 3 円で銀座を案内する職業ガイド嬢であった。

ストッキング・ガール　ショート・スカートに長い靴下をはいて舗道を闊歩する有様が、靴下が歩いているように見えるとして、この名がある。

ストリート(ストリイト)・ガール　街の女。辻君《つじぎみ》。繁華街や公園などに出没して客を漁る闇の女。ストリート・ウオーカーともいう。ストリ

ート・エンゼルは街の天使。いずれも新造のガールではない。ロンドン、パリからずっと連綿たる私娼というガールである。★一方の脚を少し曲げて四囲をキョロキョロと見回す姿が鶴に似ていることから、フランス語を借りて、グリュー(grue)とも呼んだ。

ストリート・マネキン　店頭より街頭へ進出したマネキン嬢。ウインクを乱発しながら道行く人に宣伝ビラやマッチを配っている。

スパイ・ガール　女スパイ。美貌とエロの陰に恐ろしい毒牙をかくして国際外交の裏面にて大きな役割を務める。

スピーキング・ガール　①話す女。しかし、ペチャペチャとうるさく喋る女ではなく、新鮮な話題をフンダンに提供して、退屈した心を明るく解《とか》してくれる女、つまり「話せる女」のこと。②茶談嬢。面白い話題をたくさん持ち合わせて知識階級の消閑的な話相手となって飽きさせない新職業婦人。③話の巧みな高級女給。④相手が高齢な場合は「茶飲み友だち」と訳す。

スピード・ガール　スピード時代の必然的産物で何事によらず高速度を喜ぶ娘さんである。自動車や飛行機が好きなのは言うまでもない。スピード恋愛にスピード結婚、スピード離婚、フルスピードで世の中を押し渡って行こうとする最尖端に立つ近代娘。

スプリング・ガール　猥褻《わいせつ》な絵画(春画)や写真を街頭で販売する女性。

スポーツ・ガール　①スポーツを愛好する女性。しかし、必ずしも自分でスポーツをやる女という意味ではなくスポーツマンに夢中になる女性もさす。②スポーツとは関係なく、身体の発達の均斉のとれた、肉体美をもった娘。

スポンヂ・ガール　化粧用・事務用の水分を吸収する海綿(スポンジ)が水を吸い込むように、新知識を吸収したがる思春期の少女。

スモーク・ガール　タバコを吸う女。転じて生意気な女。煙草をプカプカくゆらして男を手玉に取る女性。近頃は痩せたい一心で喫煙する女性も多い。スモーク・イーター(smoke-eater)ともいう。

制服の処女　制服を着た女学生のこと。★1931年公開のドイツ映画で女優ドロアテ・ウィークが出演して話題となった『制服の処女 Mädchen in Uniform』から流行。

セールズ・ガール　ショップ・ガールに同じ。女店員、女販売員。セールズ・ウーマンとも。

セコンド・ガール　仲働きの女中。

セックス・ガール　男性を挑発して性欲的感覚をそそる女。売笑婦と同義ではない。

セニョリタ　スペイン語の未婚女性(senõrita)から、清楚にして、しか

もイットのある近代女性をさして使われる。

センタン・ガール　尖端娘。流行よりも先走った突拍子《とっぴょうし》もないことをする女性。

センチ・ガール　センチメンタル・ガールの略。古くさい感傷主義にとらわれている女性。日暮れになると知らず知らずに泣けてくる情にもろい娘。安っぽく涙を流す女。★センチはセンチメタルの略語。情にもろい女性は「御《お》センチ」、男性は「センチ」ともいう。

センネット・ガール　海水浴美人。水泳着美人。Sennet girl。アメリカ映画でマック・センネット氏が起用した海水着美人女優から流行した。★センネット（セネット）はチャップリンを初めて映画に出演させた映画プロデューサーで監督・脚本家・俳優でもあった。

ソーシャル・ガール　社交好きで派手な女。どこへでも出しゃばる女性。

ソサイエチ（ソサィエティー）・ガール　社交界の若い女、社交婦人。転じてどこへでも出しゃばる女。ソサイエチー・レデー、ソサイエチー・ウーマンともいう。

タ

ダイキュー・ガール　大弓嬢。流行した大弓場のサービス・ガール。アロー（arrow）・ガールともいう。

ダイニング・ガール　百貨店などの食堂給仕女。

タイピスト・ワイフ　タイピスト兼オフィスの雑用係。会社幹部には準細君的奉仕をなす。オフィス・ワイフと同じ。

タクシー・ガール　①円タクの女助手。②タクシーの女運転手。尖端的婦人職業の一つ。

タッチング・ガール　触覚嬢。触れる女の和製英語。キッスや握手など肉体的の触覚を売物にする尖端的職業婦人。タッチ・サービスをする女。握手が10銭、キッスは50銭だそうである。タッチ・ガールともいう。

タバコ・ガール　①専売局の女工。②タバコを売る娘。

ダンシング・ガール　踊り子。舞妓。女の舞踏芸人。ダンサー。

ダンス・ガール　①ダンスの相手をして料金をもらう女性。②両脚に保険を掛けるほどに足を大切にするダンスホール専属のダンサー。

男装の麗人　男子の姿に身をやつした婦人。★1930年9月、浅草松竹座で開演した「松竹オンパレード」に水の江瀧子がショートカットにシルクハット、タキシードの紳士姿で登場して注目を浴びた。翌年5月の「先生様はお人好し」の男役から「男装の麗人」という呼称が広まった。宝塚少女歌劇団の小夜《さよ》福子や春日野八千代などの男役スターも「男装の麗人」と

呼ばれ、それを真似する女性も現れた。「東洋のマタハリ」川島芳子も村松梢風『男装の麗人』(1933年)によって紹介された。1941年、歌劇団の男装は禁止となった。

チーフ・クラーク　外国人観光客の増加に伴い、愛嬌百パーセント、外国語もペラペラで対応するホテルの女番頭。

チチナ　おしゃれ女。けばけばしいお化粧をしている上に、性的魅力を多分にもった女性。ジャズ音楽で最も浮ついた調子とされた「Titina(チチナ)」から転借。★チチナは元来フランスで流行し、アメリカに渡ってダンス曲やジャズなどにアレンジされた。映画「モダン・タイムス」でチャップリンが歌い踊った曲としても知られる。

チット　おてんば娘。おはね女。生意気な小娘を意味する英語のchitから。

チャー・ガール　雑役をこなす女性。雑用を意味する英語のcharから。

チョイト・ガール　チョイトチョイトの艶声で通行の男子に声をかけて店に呼び込む女性。

チョコレート・ガール　①色の黒い娘。②甘く苦い思いを男性が感じる女性。

チンドン・ガール　町まわりの宣伝業の娘。人目にひく服装をして鉦《かね》や太鼓・三味線・クラリネットなどでチンチン・ドンドンと鳴らしながら広告・宣伝を行う広目《ひろめ》屋。★チンドン屋を「日本特有の街頭ジャズ」と評する辞典もあった。チンドン屋は失職した映画館の楽士の転業者が多く、客寄せのジンタと呼ばれる曲調を奏したことからジンタともいう。

ツーリスト・ガール　遊覧案内嬢。熱海ホテルが、旅客吸集策として教養があって美人で外国語の話せる女性を初めてツーリスト・ガールに採用。番頭さんの案内よりこの方が旅客は喜ぶにきまっている。

ヅカ・ガール　ヅカは宝塚少女歌劇団の略称で、ヅカ・ガールは劇団員の少女。緑の袴を短めにはいた姿で人気を呼んだ。その熱狂的なファンは宝塚党で、略してヅカ党と呼ばれた。

ツルベ・ガール　釣瓶《つるべ》のように昇降するエレベーター専門の女スリ。★エレベーターの中で掏摸《すり》取ることを隠語で「つるべ稼ぎ」と言っていた。

ツン・シャン　①ツンは三味線を弾くこと、シャンは美人であることから美人芸者。②ツンとすました美人。

帝劇美人　①お芝居を観《み》に行くというよりは自分の姿を見せに行く自称美人の虚栄女に対する嘲笑語。②家庭内や街上では目立たない女性でも帝劇に入ると電飾などに映えて美人に見えることをさす。このため見合いの場所に帝劇は良く使われた。★帝国劇場以外でも「芝居見物に人に見せんがために着飾って行く気障な女」を呼ぶ「お芝居美人」という

モダン語があった。1910年の歌舞伎座の筋書には「今日《きょう》のお芝居に御出の方は、明日《あす》にでも三越へ御出下さい」などの広告が出されていた。1911年に帝国劇場が開場すると「帝劇を見ずして芝居を談ずる勿《なか》れ、三越を訪《と》わずして流行を語る勿れ」などのうち、「今日は帝劇、明日は三越」がキャッチフレーズとなって流布した。

テイケット(チケット)・ガール　停車場や劇場・映画館などの女切符売。札売娘。チケツ、テケツ・ガールともいう。チケツ、テケツはチケットを訛って日本語化した語。観客を呼び込むために採用された女性は、テケツ・マネキンとも呼ばれる。★1909年、明治座の切符売場に女子事務員が雇用された。

デカダン・ガール　傲慢《ごうまん》だが意志弱く、感情的で敏感だが常識のない娘。

デコイ(ディコイ)・ガール　囮《おと》りの娘(decoy-girl)から。①甘そうな男を物色して、待合なりホテルに連込んで金だけ先に取ってから、いざという時に姿を消すか凄いお兄さんが現れる客引き女。②自己の美貌を「おとり」に使い、超尖端的モダンに装った客引き女。マネキン・ガールもデコイ・ガールの一種。

デパート・ガール　百貨店の女店員。美しい肢体を事務服に包んで売場に立つ。ショップ・ガールともいう。

デモ・ガール　①争議などのデモ(示威運動)に加わる戦闘的な女性。②「あれでも」女性かという気性や言動をみせる娘。

テレフォン・ガール　電話交換嬢。テレガール、モシモシ嬢、ヘロー(hallo, helloの転訛)ガール、ナンバン・ガールなどともいう。

テロ・ガール　気に入らないことがあると直ぐ暴力行為に出る女。ブルジョアのわがまま娘は、召使にとって恐るべきテロ・ガールである。

テンプル・ガール　尼僧でありながら禁制を犯し、猥褻行為を売る女性。

ドア・ガール　ホテルや劇場などで客の送迎やドアの開閉サービスなどをする女性。

トーキー・ステッキ　多少の話術を心得たステッキ・ガール。一定の報酬を貰って恋人のように話し相手になって散歩してくれる女性。★英語の発声映画(talkie)と杖(stick)を合わせた和製英語。

トーキー・マネキン　人形みたいに黙って立っているばかりでなく、ちょっとした口上や御愛想をふりまくマネキン嬢。

トップ・ガール　常に流行の最先端を身につけようとする女性。

ドライブ・ガール　自動車に同乗して男を慰めることを職業とする女。また自動車で逢い引きする女。

トラ・ガール　①酔っ払い女の意ではなく、急進・左翼主義を意味するドイツ語Ultralinkenのウルトラの略。思想的確信もないままに急進

主義思想にかぶれるモダン・ガール。男性はトラ・ボーイ。②虎が遠くからは優美に見えるが近寄ると怖いことから外柔内剛の女性。★現在、女性トラックドライバーがトラガール、トラ女子と呼ばれている。

トラム・ガール　郊外電車などに同乗して男性客の話し相手を勤める職業婦人。Tram-girl。

トランク・ガール　旅行者がトランクを携行するように、汽車や汽船で旅行する人に同伴して行くことを職業とする女。旅行ガールともいう。

トレイン・ガール　男が一人旅する時、列車に同乗して旅愁を慰めたり、その他いろいろの世話をするサービス・ガール。

ドレス・メーカー　婦人洋服の仕立てをする新職業婦人。洋裁師。洋裁店。★現在ではデザイナーを含めドレス制作者全般をさす。1926年に杉野芳子がドレスメーカー・スクール(同年、ドレスメーカー女学院と改名)を開校し、洋裁や製帽などを指導してモダン語となった。開校当初は和服で通学した女生徒も、29年の卒業式には全員が自作の洋装で出席した。創立10周年に日本初の本格的ファッションショーを開催し、39年にはデザイナー養成科を設置した。

トンボリ・ガール　「てなモンヤナイカナイーカ」とおっしゃる大阪は道頓堀を中心としたカフェーの女給や不良少女など、その数幾万とも知れぬガールの総称。大阪特有の浪花情緒がジャズに打ち負かされて変わった道頓堀の赤い灯・青い灯の中から生まれた。

ナ

ナッチ・ガール　舞妓、踊り子。ナッチ(nautch)は、インドなどの舞踏・踊り子。ノーチ・ガールとも呼ぶ。

ナンセンス・ガール　①常識は発達しているものの、深みに欠けている都会的モガ。②普通人の常識からは考えられない突飛な行動をする娘。

ナンバン・ガール　電話番号を何番と聞くことから電話交換嬢。交換姫。テレフォン・ガールなどともいう。

ニュース・ガール　新聞紙を立ち売りする娘。

ネーケッド・ガール　曲線美を誇るべく裸体同様の薄物を着て歩く女。Naked-girl。

ネクスト・ガール　英語のネクスト(next)から、次から次へと渡り鳥のように男性を変えていく女性のこと。男性を停車場に喩えて、駅ごとに停車する女性を停車ガールともいう。

ノーストッキング・ガール　靴下をはかずに素足のままで大道を闊歩するモガ。健康美を誇る娘。ヌードストッキング・ガールともいう。

ノーズロ・ガール　女性用の下ばきであるズロース(drawers)を着用し

ない洋装の女性。ズロースはドロワース(ズ)の転訛。ノーズロース・ガール、ノンズロース・ガール、ノズ・ガールとも呼ばれた。ノンズロと略す。★英語では drawers-less。

ハ

バー・ガール　酒場の女給仕。

バーバー・ガール　理髪店の女職人。

ハイスピード・ガール　①高速度で自動車を走らせつつ逢い引きを楽しむ女性。②スピード・ガールより更に高速度で恋愛を遍歴する女性。

ハイヒール　人のはかない踵《かかと》の高い靴を愛用して尖端を突っ走る気位も高いモダン・ガールの別称。

ハウス・キーパー　① house-keeper で一戸を構えた人、所帯や事務所などの管理者。日本では家政婦、派出婦をさす。②共産党員のシンパまたは女共産党員で、共産党のアジトの家政婦となったり、また自分が一戸を借りて党員を匿《かくま》ったりする女性のこと。

ハクアイ・ガール　無報酬で相手を選ばず、博愛衆に及ぼす女性。

ハシュツ・ガール　①派出婦。家事・宴会・着付けなど各家庭の求めに応じて派出婦会から派遣される臨時雇いの職業婦人。②家庭に赴いて病人の手当や介護などを行う看護婦。

バス・ガール　①乗合自動車バスの女車掌。②銭湯(bath)の番台に座っている番台ガール。★いずれも和製英語。英語で女性車掌は bus conductress, guide, clippie など。

パタ・ガール　パタパタと音を立てる patter から、ぺらぺら喋り、走り回る娘。お転婆嬢。

バッグ・ガール　売春宿(bagnio)の女から、売笑婦。

バッド・ガール　不良少女。おてんば娘。ヴィニア・デルマーの小説『Bad Girl』から。★1931 年に発売された「銀座のバッドガール」(西條八十作詞)では「ボクは銀座のバッド・ガール　粋な断髪シガレット　脇にかかえたマルクスの本は　昼寝の枕なの　ブラボー、ブラボー、バッドバッドバッドバッドガール」と歌われている。ここでのボクは女性の自称。女学生の間では、男装の麗人・水の江瀧子が使っていた「キミ(君)、ボク(僕)」で呼び合うことが流行した。

ハマ(・ガール)　ハマは横浜の略語。本牧付近で活動や営業をしているガールをいう。

バモ　男のように酒をあおったり、喧嘩を売ったりする野蛮なモダン・ガール。★バーバリズム(野蛮主義)とモダニズムを合わせた和製英語。

パラシュート(パラシューター)・ガール　落下傘で飛行機から飛びおり

る尖端的おてんば娘。落下傘嬢。★1931年3月、日野パラシュート研究所の宮森美代子が女性初のパラシュート降下に成功し、「空の女王」と呼ばれて話題となった。

バラッド・ガール　小唄映画の封切に際し、映画館に出演する唄い女。

バルーン・ガール　黄衣・銀衣をまとい外見ははなはだシックだが、その精神内容はガスを入れた風船のように空虚な娘。風船娘。★バルーン(baloon)は、風船・軽気球。

ハンドバッグ・ガール　手カバンを携帯する女。新しがりの女性をさす。バッグ・ガールともいう。★ハンドバックと記す辞典が多かった。

ピァオリャンシャオチィ　中国語の「漂亮小姐」からお洒落で、あでやかなモダン・ガール。

ビー・エス・オー　バック・スタイル・オンリー(back style only)の頭文字。後姿だけの意で、後姿美人。

ヒー・ガール　he girlで男性的な振る舞いをする娘。男勝りな女性。

ビーフステーキ　牛の焼き肉ではなく、「美婦素敵《ビフステキ》」を洒落て映画女優の名花をさす。

美給　美人の女給仕。★手の汚れない内職を募集文では「美職」と呼んだ。

ビジネス・ガール　①女事務員。オフィス・ガールともいう。②事務的に次々と交際相手の男性を代えて事務的恋愛《ビジネス・ラブ》に励む女性。

美粧士　美顔術を施し、髪形・服装を整え飾る尖端職業婦人。★現在は、美容師。1923年3月、アメリカから帰った山野千枝子が丸の内ビル内に「丸の内美容院」を開設してから、美容院という呼称が使われるようになった。しかし、当初は美容院と病院の発音が紛らわしかったこともあってか、美粧院や美粧士がモダン語として使われた。

ピスト・ガール　女タイプライター係。女印字生。普通には単にタイピスト、略してピストと呼ぶ。★邦文タイプライターは1915年に杉本京太によって考案され、最新の事務機器となった。杉本は華文(中国語)タイプライターも製作して上海で販売した。

左娘《ひだりむすめ》　左傾した娘。社会主義思想やプロレタリア運動に共感を示す女性。★左傾は「急進的なこと、左翼的なこと、過激思想・社会主義思想にかぶれること」などを意味するモダン語。対語は右傾。社会運動で戦闘的な前衛になることを、経済的に苦しくなることや運が傾くことを意味する「左前」とかけて「左前になる」とも洒落ても使われた。

ピュア・ガール　純真な娘。未だ世の汚れを知らぬ純真無垢の乙女。

ビラ・ガール　商店広告用のビラを配る女。多くは商店にではなく広告社に雇われている。★ビラの語源については、英語bill(ラテン語billa)の転訛、あるいは片や枚(ヒラ)の転訛、ヒラヒラと薄い紙の状態をさす、

など諸説ある。

ビリヤード・ガール　撞球場の数取り女性。ゲーム・ガール、カウンター・ガールともいう。

ビル・ガール　ビルディング内の会社や商社に勤務するビジネス・ガールやショップ・ガールなどの総称。ビル子、ビルッ娘《こ》ともいう。

ビル子　①東京丸の内ビルに通勤する女性。②ビルに勤める女性がおしゃれと見なされたことから、おしゃれをする女性やその真似をする娘。

ヒロイン　小説や映画に現れてくる女主人公から転じて、女将またはカフェー等の女給の花形、あるいは喫茶店を経営する女主人。

ヒロイン・ガール　小説の女主人公に自らを擬して色々といたずらを試みる女。

ファクトリー・ガール　工場に勤める娘。工女。

ブイ・ガール　海水浴場で浴客の求めに応じて遊泳のお相手をする職業婦人。ブイ(buoy)は海上の浮標や救命袋。

プール・ガール　プールで衣物を預かったり、入場料を取ったりする婦人。1931年夏、神宮外苑にプールが新築されて現れた新職業。

フォーリー・ガール　①馬鹿げた・狂気を意味するフランス語のfolieから予想外の行動をする女性。②浅草のカジノ・フォーリーから転じてレビュー団やサーカスの女性。

フォルム・ガール　シークガールより一層あたらしい欧米のスタイルと美的感覚を兼ね備えた尖端的で理想的な女性。★雑誌『新青年』で作られた新語。フォルムはフランス語のformeから。

ブッキング・ガール　劇場や停車場の出札嬢。テケツ・ガールともいう。

ブックキーピング・ガール　簿記・会計係の女性。

フラート・ガール　いちゃつく、バタバタする、浮気をするなどを意味するフラート(flirt)から、おてんば娘。フラフラと浮気する女性。思わせぶりな服装で恋を弄ぶ女性。

プラット・ガール　女駅売人。停車場でいろいろの物を売る女性。

フラッパー・ガール　英語のflapperから、華やかで無邪気、軽快な娘。フラッパーは当初、箱入娘の意味で使われたが、近頃では皮肉にも逆の意に用いられる。アメリカ映画とともに広がった。

フラワー・ガール　花売り娘。

フラワー・ビン　べたべたに白粉を塗る女性。フラワ―(flour)は小麦粉、ビン(bin)は蓋付きの箱・容器から、小麦粉の容器の中に顔を突っ込んだように見える厚化粧の女性。

プリンタース・ガール　印刷所で働く女性。主として解版女工をいう。

プレイ・ガール　劇場、キネマ館、音楽会のどこへでも臨時恋人として

同伴し報酬を得る婦人新職業中の変り種。

フレッシュ・ガール　①見るからに健康そうな若々しい潑溂とした娘。新鮮(fresh)な感覚と朗らかな若さを有し、時代の尖端を行く女性。処女の意にも用いる。②肉欲的・肉感的(flesh)な魅力を振りまく女。

プロ・ガール　①プロレタリア解放運動や無産政党の女性闘士。②劇場でプログラムを渡したり販売したりする女事務員。③売笑婦《プロティステュート》。

プロフェッショナル・ビューチー　おしゃれすることを職業のようにして毎日を送っている女性。

ブンセン・ガール　印刷所の文選女工。原稿に合わせて、活字を選び取って並べる女性。

ブンピツ・ガール　文筆派出婦。作家や学者に雇われて原稿の清書や代筆、翻訳などを行う女性。コピー・ガールともいう。

ベスト・ガール　恋人、情婦。

ヘソオシ・ガール　指で相手のへそを押して交渉を進めるエロ的内職をする女給。

ペット・ガール　①受持の先生から特別に可愛がられている女生徒。②同性愛の相手方。

ベビーゴルフ・ガール　小規模のベビーゴルフ場で客の接待をする婦人。★アメリカで流行したベビーゴルフ(ミニ・ゴルフ)場は郊外やビルの屋上に作られ、1932年の東京に100か所以上あった。

ペン・ウーマン　女流文筆業者、女流作家。才能豊かな人を閨秀《けいしゅう》作家とも呼んだ。

ポウン・ガール　質屋通いをする女。pawnshopは質屋。

ホース・ガール　乗馬好きの娘。乗馬ガールともいう。

ボート・ガール　オールを握ってボート遊びのお相手もするし、お望みに応じて水泳のお相手もするという尖端的な職業娘。

ボールド・ガール　大胆で厚かましい、いかにも図々しい娘。bold-girl。

ポスター・ガール　広告・宣伝のための貼り紙・団扇《うちわ》などの写真や絵のモデルになる女性。

ポスト・ガール　街頭や駅・百貨店の前に立って伝言や手紙の受け渡しを仲介する尖端職業婦人。サービス・ガール、スタンド・ガール、メッセンヂャー・ガールともいう。

ボックス・ガール　劇場等の座席係の女、桟敷《さじき》係。

ホット・スタッフ　あだっぽい女。多情な女性。hot-stuffは西洋料理で熱い飲食物。転じて情熱的でセクシーで流行の尖端を行く女性をいう。

ホテル・ガール　ホテルが客引きのために雇う受付嬢やマニキュアなどのサービス嬢。

ポリス・ガール　女巡査。

ポリチカル・ガール　政治好きの女性。政治に熱狂する娘。婦人参政権論者の卵をいう。

ホワイト・ガール　接客係。女子案内人。白服や白い前掛けを着用していることから。

ホワイト・シスター(ガール)　①修道女、尼僧。②白衣の看護婦。

ホワイト・スレーヴ　原義は外国に連れ出された白人売春婦。モダン語では、白粉を首筋に濃く塗りつけた売笑婦をさして用いられてきた「白首」に転用。ホワイトと略す。

ポンヒキ・ガール　相場に事よせて田舎の金持ち紳士から金をごまかし取る女性。★ポンヒキは、ぽんひき、ぽんぴきともいい、土地に不案内な人をだましたり、誘拐したりする事やその人をさした。

マ

マージャン・ガール　①麻雀倶楽部で客にサービスする娘。1930 年 5 月までの統計に依ると東京における麻雀ガールの数は実に 270 名、芝の桜田本郷町には麻雀ガール養成所まであって「エロ、サービス」も教えるとのこと。②麻雀狂の女。

マーメイド・ガール　女性の人魚(mermaid)から転じて女子水泳家。水泳の女性指導者。

マダムケーオー　野球ファンで慶応びいきの婦人。この題名の映画や芝居が人気を博した。

マッサージ・ガール　①フランス語 massage から、西洋式もみ療治《りょうじ》や按摩《あんま》術を施す女性。②顔面を手の指でさすったり、もんだりして刺激を与えて新陳代謝を良くする美顔術を施す新職業婦人。美顔術師。★1872 年、東京・銀座に日本初の西洋式調剤薬局として創業した資生堂は、1916 年に化粧品部を開き、さらに 1922 年に化粧品部に美髪科・美容科・子供服科を設けた。美髪科では結髪とともに美顔術とマニキュアを施す技術と化粧品を扱った。美顔術には美眉術なども採り入れられていった。

マッチ(マチ)・ガール　宣伝用の小箱マッチを街頭に立って配る町娘。マッチと町を掛けた言葉。専業婦人だけでなく、客寄せや店の宣伝のために町角に立つ女給や女店員などもいう。

マニキュア・ガール　爪掃除や美爪術《びそうじゅつ》を施す女。男の手を柔い艶《つやや》かな手で、ソッと握り、「お爪お磨きしましょう」という美爪術娘がいるために大変流行《はや》る理髪店が早稲田あたりにあるとのこと。婦人のモダン職業の一つ。女爪磨師、美爪術師、マニキュアリストとも呼ばれる。

マネキン・ガール　百貨店、化粧品店、洋品店などに期間を定めて雇用

され、商品の宣伝にあたるモダン職業婦人。略してマガ。★マネキン・ガールが初登場したのは1922年の平和記念東京博覧会。1928年1月、大阪の中山文化研究所では「美装員」と称して採用した。一般に知られるようになったのは、1928年3月の御大礼記念博覧会に高島屋呉服店がマネキン人形と一緒に「画に遊ぶサロン」というコーナーに和服を着用した女性をソファーに座らせてからで、この時はほとんど不動だった。1929年には山野千枝子がアメリカのシステムにならってマネージメント料を取るマネキン・ガール派遣業の「東京マネキン倶楽部」を設立した。マネキン・ボーイは1930年2月、丸ビル内の洋服屋で初登場。

マリー　鞠《まり》のようにはね歩くおてんば娘。

マリーン(マリン)・ガール　定期航路の客船に乗組んで船客へのサービスをする新職業婦人。摂陽商船淡路航路などにこの種の尖端女性が爽やかな海気を吸いながら活躍している。エア・ガールの向こうを張って東京湾汽船会社にも現れた。★その衰退後には、大島汽船などでジャズ楽団などを組織するマリン・ボーイが現れた。

マルクス・ガール　①生かじりのマルクス主義をふりかざす女性。②理屈っぽい女性。必ずしもマルクス主義を吹聴するわけではない。③腹を丸くした若い妊婦。

マルビル・ガール　東京・丸の内ビルディング街の会社や商店に勤めているビジネス・ガール、ショップ・ガールの総称。多く断髪・洋装の尖端女群として付近のすべての男性の憧れの的となっている。丸ビル女《おんな》、ビル子とも呼ばれる。★丸ビルに勤める男性は「丸ビルマン」で、その中で典型的な人を「丸ビルタイプ」と呼んだ。

ミシン・ガール　ミシンを用いる裁縫女工。

ミス・シセイドウ　資生堂が店頭での美容説明と相談に応じるために採用した女性。★1934年に1期生9名が240人の応募者から選ばれてデビューした。当初は日本各地で最新の美容法と美容技術を演劇形式で伝える「近代美容劇」を演じ、その後で顧客の相談に応じて美容処方箋を手渡した。現在のビューティー・コンサルタントの前身。

ミスター・ガール　①男性のような言動の女性。②男装を好む女性。

ミヂネット　正午を意味するフランス語ミヂーから、昼休みの時間に街頭を散歩する百貨店の売り子やタイピスト等の職業婦人。★フランス語 midinette は、主に服飾店や婦人帽子店などで働く若い女性を指す。

ミニアチュア・ガール　ミニチュア・ゴルフ(小型ゴルフ)場で競技者の相手を勤め、興趣を高める新職業婦人。初心者には競技の教授もしてくれる。ミネチャ・ガールともいう。

ミニヨン　愛人、お気に入り。転じておてんば娘にも使う。★英語の

minion お気に入りから。

ミュージック・ガール　人に会えばベートーベンなどを語り、道行く時は難しい楽譜かヴァイオリンを掲げているような生かじりの音楽狂の女性。真面目な音楽ファンをミュージック・ガールとは呼ばない。

ミルク・ガール　①牛乳売りの少女。牛乳を配達する女。②牛の乳を搾る女で、ミルク・メードともいう。

ミンクス　おてんば娘。生意気な跳ね返り娘。英語の minx から。

ムチャーチャ　お姉さん、姐さん。新輸入語で、若い女性に「ねえ、ちょっと」「君」などと馴れ馴れしく親愛の意をこめて呼びかける言葉。ちょっとエロ的に響く所がこの語のモダン語としての価値である。★語源は不明。スペイン語かと推測する辞典が多いが、スペイン語で「女の子」を意味する muchacha と明記する辞典もある。

メイル・ガール　1930 年暮れに出現した尖端的職業で、書状の伝達や伝言を行う。ポスト・ガール、サービス・ガールともいう。

メッセンヂャー・ガール　①料金を取って走り使いをする少女。②社長や重役の命令や書類を持って、社員間や会社間の連絡をする事務員。

メリー・マグダレン　①コーラス・ガール。②ドンチャン騒ぎの酒席に侍る女性をさしても用いられる。酌婦、女給の類。★アメリカの俗語 Merry Magdalen から転借。マグダレン(Magdalen)は、マグダラのマリアからの転義で更生した売春婦。

モーション・ガール　街頭を押し回って行きずりの異性にウインクを乱発したりして、初心《うぶ》な青年を誘惑して恋愛遊戯を楽しむ不良ガール。

モーター・ガール　自動車でドライブする男と同乗することを職業とする女。オート・ガールともいう。

モール・ガール　散歩する男のお伴をすることを職業とする女。★モール(mall)は、商店街で並木などを植えたりして遊歩道風にした空間のこと。

モスリン・ガール　モスリン工場の女工。★mousseline は薄手で柔らかな毛・綿織物。イラク北部のモースルから世界に広がった布地。モスリン工場での待遇は悪く労働争議が頻発した。細井和喜蔵は、東京モスリン亀戸工場で働いて待遇改善運動に参加した経験をもち、モスリン女工の妻に生計を支えられて『女工哀史』(1925 年)を著した。

モダン・ガエル　蛙のようにお尻の大きなモダン・ガール。その鳴き声と同じように大声で話し続ける女性もさす。

モダン・ナガシ　モダン流《なが》し。断髪に洋服、厚化粧に引眉毛などの風体《ふうてい》で流行を追う女性。★バイオリンやハーモニカなどで伴奏してカフェーなどを流し歩く芸人もモダンナガシと呼ばれた。

モダン左褄《ひだりづま》　ロシアのコロンタイ女史の『赤い恋』に共感し、憧れる

娘や女給。★左褄は、左方の着物のつまを取って歩くことから芸者の異称。ここでは自由恋愛結婚と性生活を公的生活から截然と区別すべきだと主張した社会主義思潮に同調することから左が強調された。

モデル・ガール　美術家に雇われ様々なポーズを取り、神聖な芸術に奉仕する女性。資本は豊満な肉体一つである。報酬は時間ぎめで、その作品が展覧会などに入選すれば相当の謝礼金もある。

ヤ

ヤトナ　①雇女の略。家政婦、派出婦などと同じく他人の家庭に雇われて働く女。②雇仲居の略。臨時雇いの女性。時間制で客の需《もと》めや好みに応じて、奥様風にも令嬢風にも装い、客席に侍りあるいは外出の同伴をする女。「やとな倶楽部」は、その供給周旋する所。1925年ごろには流行しなくなった。

ヤマノオンナ　女登山家ではなく、東京上野で開催される博覧会および諸種の展覧会などで雇い入れる女看守人のこと。★博物館や美術館などがあり、博覧会が度々開催された上野公園あたりが「上野山」「上野の山」と呼ばれたことによる。

ユーアイ・ガール　アメリカで流行していた友愛結婚を口実に次々と異性を取り換える女。★友愛結婚(companionate-marriage)は、一定の期間産児を制限し、その間は互いに負担を負わず自由な離婚を認める結婚様式。

ユーカン・ガール　①交通頻繁な街頭に立って夕刊を売る少女。②金持ちの家に生まれて遊戯的恋愛を享楽する有閑不良少女。

養燕家《ようえんか》　自分より年下の若い男、いわゆる「若い燕」を可愛がって手なずけておく遊戯性に富んだ有閑婦人のこと。★その代表例として批判を浴びたのは、平塚らいてうだった。

ヨタ・ガール　でたらめな生活をする娘。不良少女。

ヨット・ガール　快走艇を乗り回すおてんば娘。

ラ

ライス・ガール　男の相手をしてその報酬に食事をおごってもらう娘。

ライト・スカーツ　スカートの軽い女から、浮気な女性。

ライブラリー・ガール　図書館の女事務員。書籍貸し出し係の女性。

ラディカル(ラヂカル)・ガール　自由主義的・社会主義的な演劇やレビューに興味をもつ女性。主義主張もなく何となしに左翼に憧れを抱いたり、左翼演劇を見て興奮するモガ。

ランチ・ガール　接吻と昼食を交換する女。ライス・ガールに同じ。

リーディング・ガール　主役の女優。男性が主役の場合は、その相手役

を務める女優。リーディング・ウーマンともいう。

リップ・ガール　唇ガール。銀座や新宿の街頭などで、唇感の魅力を一回一円などで売る女。キッス・ガールと同じ。

リュウコウ・ガール　流行ばかりを追って歩く女性。ヴァニティー・ガールともいう。

レコード・ガール　お客のリクエストなどに応じて、手回しの蓄音機などで心地よいレコード音楽を聞かせてくれるカフェーや喫茶店の女給。★多くは流行歌のレコードが流されたが、クラシック音楽を専門とする音楽喫茶として1926年に「ライオン」(東京・渋谷)が開業し、ジャズ音楽を専門とするジャズ喫茶として1929年ごろに「ブラックバード」(東京・本郷赤門前)、1933年に「ちぐさ」(横浜・野毛)が開店して全国的に広がる契機となった。1920年代半ばには「レコード・コンサート」がモダン語辞典に載った。1943年1月、ジャズなど米英の楽曲約1000種が演奏禁止となった。

レストーラン(レストラン)・ガール　料理店の給仕女性。女ボーイ。

レスビヤ(レスビア)・ガール　同性愛の女性。「レスピア」ともいう。

列車ガール　1930年東洋軒が鉄道省の認可を得て食堂車でのサービスに採用した女給仕。紺サージのワンピースドレス、白いエプロンの12名の少女が人気を呼んだ。

レビュー・ガール　①レビューに出演する女優。歌と踊りのできる女優。レビュー・ダンサー。②性的魅力・イットを発散する尖端的女優。

ワ

ワックス・ドル　蠟《ろう》人形(wax-doll)から転じ、美しいが表情の乏しい娘。

ワンサ・ガール　①映画女優の卵で主役になれず群衆大勢の場面にワンサワンサと出てくる大部屋の端役女優。②女優を気取るキザな女。★「かつては娘であった」という意味のワンス・ア・ガール(once a girl)が短縮した語という説もあった。対語として、大部屋の端役男優は「ワンサ・ボーイ」「フンイキ・ボーイ」という。1967年、衣料品メーカーのレナウンが新商品「イエイエ」のCMを放送した際に踊り回る若い女性たちが「ワンサカ」と呼ばれ、おしゃれな女性たちは「イエイエ族」と称された。

ワンパス・ガール　ワンサ・ガールの中から見込みがあるとして選ばれた新進女優。アメリカの西部映画協会(Wampas)が1年に1度選出する新進女優から転用。★1人だけが採用(パス)されることによるとの説もある。

加藤秀一『性現象論――差異とセクシュアリティの社会学』勁草書房、一九九八年。

金振松『ソウルにダンスホールを』川村湊監訳、安岡明子・川村亜子訳、法政大学出版局、二〇〇五年。

斎藤光『幻の「カフェー」時代――夜の京都のモダニズム』淡交社、二〇二〇年。

斎藤美奈子『モダンガール論』マガジンハウス、二〇〇〇年。

菅野聡美『〈変態〉の時代』講談社現代新書、二〇〇五年。

添田知道『流行り唄五十年――唖蝉坊は歌う』朝日新聞社、一九五五年。

徐智瑛『京城のモダンガール――消費・労働・女性から見た植民地近代』姜信子・高橋梓訳、みすず書房、二〇一六年。

竹内瑞穂『「変態」という文化』ひつじ書房、二〇一四年。

千賀真智子編『「あら、尖端的ね。」』岡崎市立美術館、二〇〇九年。

中右瑛監修『大正ロマン昭和モダン展』イー・エム・アイ・ネットワーク、二〇〇八年。

西沢爽『雑学歌謡昭和史』毎日新聞社、一九八〇年。

日本文学協会新・フェミニズム批評の会編『『青鞜』を読む』学芸書林、一九九八年。

南博編『日本モダニズムの研究』ブレーン出版、一九八二年。

毛利眞人『ニッポン　エロ・グロ・ナンセンス』講談社選書メチエ、二〇一六年。

山田俊幸監修『大正イマジュリィの世界』ピエ・ブックス、二〇一〇年。

Silverberg, M., *Erotic grotesque nonsense*, Berkeley; University of California Press, 2006.

The Modern Girl Around the World Research Group ed., *The Modern girl around the world: Consumption, Modernity, and Globalization*, Duke University Press, 2008.

山室信一

1951年，熊本県生まれ．東京大学法学部卒．衆議院法制局参事，東京大学助手，東北大学助教授，京都大学教授など歴任．博士(法学)．
現在―京都大学名誉教授．
専攻―思想連鎖史．
著書―『法制官僚の時代――国家の設計と知の歴程』(木鐸社)，『思想課題としてのアジア――基軸・連鎖・投企』(岩波書店)，『増補版キメラ――満洲国の肖像』(中央公論新社)，『ユーラシアの岸辺から――同時代としてのアジアへ』(岩波書店)，『日露戦争の世紀――連鎖視点から見る日本と世界』(岩波新書)，『憲法9条の思想水脈』(朝日新聞出版)，『アジアの思想史脈――空間思想学の試み』『アジアびとの風姿――環地方学の試み』(「近現代アジアをめぐる思想連鎖」二部作．人文書院)，『東アジア近現代通史』上・下(共著，岩波書店)，『明六雑誌』上・中・下(中野目徹・共編，岩波文庫)ほか．

モダン語の世界へ
――流行語で探る近現代　　岩波新書(新赤版)1875

2021年4月20日　第1刷発行

著　者　山室信一《やまむろしんいち》

発行者　岡本　厚

発行所　株式会社　岩波書店
〒101-8002　東京都千代田区一ツ橋2-5-5
案内 03-5210-4000　営業部 03-5210-4111
https://www.iwanami.co.jp/

新書編集部 03-5210-4054
https://www.iwanami.co.jp/sin/

印刷・三陽社　カバー・半七印刷　製本・中永製本

ISBN 978-4-00-431875-0　　Printed in Japan

岩波新書新赤版一〇〇〇点に際して

ひとつの時代が終わったと言われて久しい。だが、その先にいかなる時代を展望するのか、私たちはその輪郭すら描きえていない。二〇世紀から持ち越した課題の多くは、未だ解決の緒を見つけることのできないままであり、二一世紀が新たに招きよせた問題も少なくない。グローバル資本主義の浸透、憎悪の連鎖、暴力の応酬――世界は混沌として深い不安の只中にある。

現代社会においては変化が常態となり、速さと新しさに絶対的な価値が与えられた。消費社会の深化と情報技術の革命は、種々の境界を無くし、人々の生活やコミュニケーションの様式を根底から変容させてきた。ライフスタイルは多様化し、一面では個人の生き方をそれぞれが選びとる時代が始まっている。同時に、新たな格差が生まれ、様々な次元での亀裂や分断が深まっている。社会や歴史に対する意識が揺らぎ、普遍的な理念に対する根本的な懐疑や、現実を変えることへの無力感がひそかに根を張りつつある。そして生きることに誰もが困難を覚える時代が到来している。

しかし、日常生活のそれぞれの場で、自由と民主主義を獲得し実践することを通じて、私たち自身がそうした閉塞を乗り超え、希望の時代の幕開けを告げてゆくことは不可能ではあるまい。そのために、いま求められていること――それは、個と個の間で開かれた対話を積み重ねながら、人間らしく生きることの条件について一人ひとりが粘り強く思考することではないか。その営みの糧となるものが、教養に外ならないと私たちは考える。歴史とは何か、よく生きるとはいかなることか、世界そして人間はどこへ向かうべきなのか――こうした根源的な問いとの格闘が、文化と知の厚みを作り出し、個人と社会を支える基盤としての教養となった。まさにそのような教養への道案内こそ、岩波新書が創刊以来、追求してきたことである。

岩波新書は、日中戦争下の一九三八年一一月に赤版として創刊された。創刊の辞は、道義の精神に則らない日本の行動を憂慮し、批判的精神と良心的行動の欠如を戒めつつ、現代人の現代的教養を刊行の目的とする、と謳っている。以後、青版、黄版、新赤版と装いを改めながら、合計二五〇〇点余りを世に問うてきた。そして、いままた新赤版が一〇〇〇点を迎えたのを機に、人間の理性と良心への信頼を再確認し、それに裏打ちされた文化を培っていく決意を込めて、新しい装丁のもとに再出発したいと思う。一冊一冊から吹き出す新風が一人でも多くの読者の許に届くこと、そして希望ある時代への想像力を豊かにかき立てることを切に願う。

（二〇〇六年四月）